### 中山大学政治学丛书编辑委员会

**学术顾问**：夏书章　王乐夫

**编辑委员会成员**（以汉语拼音为序）：

郭巍青　郭小聪　郭忠华　何包钢
　　　　　　　　　　　　　（澳大利亚）
何高潮　黄冬娅　黎汉基　李连江
　　　　　　　　　　　　　（香港）
马　骏　任剑涛　谭安奎　王　清

王绍光　肖　滨　徐俊忠　徐忠明
（香港）
张海清　张紧跟　郑永年　朱亚鹏
　　　　　　　　（新加坡）

郭忠华 / 著

# 公民身份的核心问题

The Core Issues of Citizenship

中山大学政治学丛书 ⑭

中央编译出版社
Central Compilation and Translation Press

# 目 录

导论 ······················································· 1

## 一、公民身份的理论基础

**第一章 公民身份的理论轮廓** ························· 17
　一、身份、地位、公民身份 ························· 17
　二、公民身份的核心要素 ··························· 21
　三、公民身份的历史源流 ··························· 33
　四、公民身份的获得方式 ··························· 45
　本章小结 ············································ 50

**第二章 公民身份的涵义解析** ························· 51
　一、公民身份的核心内涵 ··························· 52
　二、公民身份的扩展内涵 ··························· 59
　三、概念涵义的变迁机制 ··························· 63
　本章小结 ············································ 67

## 第三章 公民身份的理论传统 ………………………… 69
一、公民自由主义 ………………………………………… 69
二、公民共和主义 ………………………………………… 73
三、当代发展走向 ………………………………………… 77
本章小结 …………………………………………………… 80

## 第四章 公民身份的研究方法 ………………………… 82
一、理论框架 ……………………………………………… 82
二、五种进路 ……………………………………………… 86
三、本土研究方法问题 …………………………………… 96
本章小结 …………………………………………………… 105

# 二、公民身份的思想资源

## 第五章 现代公民身份的起源：
### 韦伯与梁启超 ……………………………………………… 109
一、核心问题与研究视角 ………………………………… 109
二、西方公民身份的起源：韦伯 ………………………… 116
三、中国公民观念的兴起：梁启超 ……………………… 127
四、公民身份起源的再认识 ……………………………… 137
本章小结 …………………………………………………… 142

## 第六章 劳动分工与个人自由 ………………………… 145
一、马克思：异化与人的全面发展 ……………………… 147
二、涂尔干：失范与道德个人主义 ……………………… 153
三、韦伯：合理化与价值理性的迷失 …………………… 157
四、对三大思想家的比较 ………………………………… 163
五、结语：个人自由的三种前景 ………………………… 176

本章小结 ………………………………………… 179
**第七章　人权与公民权：马克思** ………………… 181
　　一、人权、公民权的兴起 ……………………… 182
　　二、人权、公民权的本质 ……………………… 188
　　三、人权、公民权的终结 ……………………… 193
　　本章小结 ………………………………………… 197

## 三、公民身份与民族国家

**第八章　公民身份与国家认同** …………………… 201
　　一、既有观点的检视 …………………………… 202
　　二、国家认同的动态变化 ……………………… 206
　　三、国家认同的建立基础 ……………………… 211
　　四、国家认同的形成方式 ……………………… 215
　　本章小结 ………………………………………… 219
**第九章　公民身份与民族主义** …………………… 221
　　一、既有观点的检视 …………………………… 222
　　二、民族主义启蒙性的条件 …………………… 226
　　三、民族主义启蒙性的范围 …………………… 229
　　四、公民身份、民族主义与侵略性 …………… 233
　　本章小结 ………………………………………… 236
**第十章　公民身份与社会权利** …………………… 238
　　一、社会权利的历史缘起 ……………………… 238
　　二、自由资本主义的社会权利 ………………… 242
　　三、福利国家的兴起 …………………………… 247
　　四、福利国家的危机 …………………………… 251

五、社会权利的发展趋势 …………………………………… 261
本章小结 ……………………………………………………… 265

**第十一章　公民身份与中国国家建构** …………………………… 267
一、翻译的现代性 ……………………………………………… 268
二、清末的国民语义与民族国家 ……………………………… 273
三、民初的国民语义与国家想象 ……………………………… 282
四、翻译的现代性与民族国家想象 …………………………… 293
本章小结 ……………………………………………………… 297

# 四、公民身份的发展展望

**第十二章　当代公民身份的走向** ………………………………… 301
一、公民身份的涵义变化 ……………………………………… 301
二、公民身份的层级变化 ……………………………………… 307
三、多元公民身份的发展趋势 ………………………………… 314
本章小结 ……………………………………………………… 321

**参考文献** …………………………………………………………… 323
**后　记** …………………………………………………………… 348

# 导　论

　　本书是我所著公民身份两卷本著作之上卷。上卷旨在廓清公民身份理论的核心问题，下卷则旨在探讨中国公民身份的历史起源、发展和当前状况。目下，上卷业已完成，下卷也已过半。在历史的车轮早已辗过21世纪门槛之时，再来强调公民身份对于现代政治之重要性已不啻是一种陈词滥调，然我设计写作这两卷著作却并非无的放矢。在过去半个多世纪的时间里，不仅西方公民理论和公民实践的变化堪比地覆天翻，中国的情况亦然。然放眼中西学术界，就这些变化进行总结者，却仍属寥寥。缺乏对历史变迁之总结，则不能理解当下之变化；缺乏对西方公民理论之认识，则无由理解中国公民身份之形成与发展，这是浅显的道理。对于吾侪生于斯、长于斯的中国而言，公民观念扎根本土实仍未超过一百年，公民之社会土壤仍然贫乏，公民之观念仍需普及。吾人以国家之民主、人民之永福作为不易追求，公民之道不可不讲。基于此种认识，两卷本著作旨在厘清公民理念之真谛、总结本土公民之实践、参与与西方理论和实践之对话，以实公民之理，以扬公民之道。

　　本书命名为"公民身份的核心问题"，但何种问题才称得上是核心问题，实存在着不同的理解。对于自由主义者来说，权利是其关注的核心问题；对于共和主义者而言，美德和参与是核心问题；对于女性主义者来说，性别之平等是核心问题；对于环境主义者而言，环境伦理之确立是核心问题；对于少数民族者来说，文化之保全和民族之平等是核心问题。本书无意立足于特定的理论立场，张目特定理论流派的主张，而是循序以四大要素作为阐发之框架，概括公民身份在不同层面所呈现的核心问题。这些要素是公民身份的"理论基础"、"思想资源"，公民身份与民族国家的关系和公民身份的发展展望。公民身份的理论基础是了解公民身份的进阶，包括理论之轮廓、概念之涵义、观念之转捩和研究之方法等；公民身份的思想资源旨在清理现代公民观念的来源与本质等问题；民族国家乃现代公民身份之政治樊篱，公民在民族国家中形成的认同、权利以及与民族的关系等，乃现代政治研究之基本主题；公民身份的发展展望则着眼于公民身份的未来，探讨公民身份的发展趋势。这四个要素构成了本书论述的四大板块。

当今学术界对于公民身份之研究虽有汗牛充栋之富，然大都聚焦于某一特定的主题。大者如某一思想流派之主张、某一历史时期之状况；小者则如某一人物之思想，或者某一运动或某一群体之公民主张、公民行动等。对于初次接触公民身份这一主题的读者来说，此类著作或许过于局部或者深奥，无法窥一斑而识全豹。有鉴于斯，我把两方面的目的结合在一起：一是使读者了解公民身份之基本知识；二是对公民身份的核心问题进行深入探讨。第一部分实际上是理解公民身份的入门砖，读者只要阅读了第一部分的四章，便能对公民身份形成总体印象和初步了解。如其在阅读这部分之后尚有继续了解之兴趣，其他三部分的内容则可以予以满足。总体而言，《公身身份的核心问题》既在于使读者了解公民理论之初步，又在于使读者对其有更深的认识。

公民身份由"公民"与"身份"连缀而成。时下学术界对于公民的界定颇多，但一言以蔽之，"公民"不外去除个体的自然和社会特性而在人与人之间构想出来的普遍政治属性。个体的自然和社会特性包括容貌之美丑、教育之高低、财富之多寡、身体之强弱、地位之隆瘁、出身之贵贱等；个体的普遍政治属性则体现在身体之独立、思想之自由、言论之自由、地位之平等、权利之平等、义务之平等诸方面，它们皆为现代政治所主张之原则，尽管未必全然兑现于现实社会中，但作为一种原则和理想，它们始终是政治和社会革命的动力源泉。何谓身份？身份即个体在特定群体或共同体中所扮演的角色。共同体由个体联合而成，个体在其中扮演着或这或那的角色。把身份与公民连接起来，公民身份就是个体在政治共同体中的正式成员身份以及由此形成之权利、义务、情感、行为等。公民身份是相对于奴隶、农民、附庸等身份而言的，表征了现代社会人与人之间的关系。主导此前社会的是依附关系，公民身份则要建立起不存在任何依附性的平等关系。

但谁都知道，这种平等的追求如果缺乏实现的途径，将变成一种纯粹的乌托邦想象，将不能在现实社会中形成真实的影响。公民身份的精髓在于，它在构想这种平等地位的时候，还衍生出通往此种理想的途径，那就是权利、义务、德性、行动等，这些因素构成了公民身份的核心要素。个体在政治共同体中的正式成员身份若无相应的权利、义务相伴随，平等的身份就无法得到保证，共同体内部的平等理想就将流于空想；个体在共同体中如果缺乏相应的公民情感和美德，人与人之间就可能蜕变成乌合之众的争斗而非彼此间的信任和帮助；个体的权利、义务和德性如果没有贯彻在相应的行动上，它们便无法转化为现实，并且无法得到再生产和创新。

将公民身份诸要素适用于不同的范围，则形成不同种类的公民身份概念。当这些要素仅适用于小型而紧凑的城邦，便形成了共和主义的公民身份；当其适用于大型民族国家，则形成自由主义的公民身份；当其适用于性别平等问题，则形成女性主义的公民身份；当其用于环境领域，则形成环境主义的公民身份；当其适用于文化领域，则形成多元文化主义的公民身份，等等。同理，当公民身份诸要素被不同地强调和彰显时，则形成不同的公民身份传统。例如，当公民品德和公民参与被置于公民身份的核心地位时，公民共和主义传统便应运而生；当公民权利被视为公民身份的本质时，公民自由主义传统便成为主流的形式。当公民身份的平等理想被进一步认识到和更彻底地贯彻到社会甚至是自然的各个领域时，多元主义的公民身份便成为该时代的特色。社会变迁不仅将特定的公民身份要素推向前台，而且使公民身份诸要素之间发生流变，造就不同的公民身份观念和理论传统。时代变迁导致人们思想观念的变革，观念的变革又或迟或早地反映在公民身份观念上，导致公民身份理论传统的演变。历览公民身份之古今变迁，其经历了一个从小范围到大范围、从一元到多元、从公共领域向私人领域延伸的过程，与这些过程相携发展的是公民身份从最初的星星之火发展成为当今的燎原之焰。

论及公民身份的核心问题，还不能不讲方法论问题。是否该以"进化论"的方式看待公民身份的历史发展？还是必须把其看作是自上而下的"统治阶级策略"？抑或把其看作是自下而上的"地位和权利争取"？或者把其看作是一个上下互动的发展过程？或者压根就是马克思所说的资产阶级的政治欺骗？本书将评价这些研究视角之得失，同时还尝试性地提出公民身份的研究框架。公民身份是一个极为情境性的概念，任何有关公民身份的研究都必须重视其形成之背景。公民身份必须具有相应的主体，历史上，何者可以被称作公民，何者必须被称作贱民或者外人，并非无界限可言。为此，公民身份的主体不可忽视。尤其当从行动主义视角来探讨公民身份，旨在考察非公民如何成为公民或者公民身份制度如何发生变化和创新时，公民身份的主体问题将变得愈加复杂。同样，公民身份的实践内容在不同的历史时期亦差异甚迥，其所彰显者，既可能是权利，亦可能是义务；既可能是情感，还可能是其他内容。为此，内容亦成为公民身份研究之核心部分。然而，公民实践到底发生在何种场所之中？是发生在小型城邦，抑或大型民族国家？是发生在工厂的车间，抑或是发生在学校的教室或者身体的某个部分，公民身份的实践场所诚为复杂，而有关公民身份之研究不能置其于不顾。最后，公民身份的厚度问题，即要求公民对共同体和其他公民具有多大的情感投入的问题,是将共同体置于至上地位,抑或把其看作为自身服务之工具;是要把其他公民视为兄弟,抑或仅仅把其视为同行公民即可。在不同的历史时期和不同的社会情境下,公民的情感投入并非恒定,公民身份研究亦必须重视之。凡背景、主体、内容、场所、厚度五端,即本书所要提出之研究框架。

在第一部分论述的基础上,本书第二部分转入对公民身份思想史问题的探讨,探讨经典思想家围绕公民身份起源、个人自由、公民权本质等问题所做的解释。在这一方面,有四位思想家进入本部分的视野:马克思、涂尔干、韦伯和梁启超。这些思想家尽管生活在不同的社会,而且思想旨趣也大异其趣,尤其是作为东方思想家的梁启超,但他们大致都生活在相同的时代,而且都面临着在各自所处的背景下对现代性做出解释或者建构的问题。马克思、涂尔干、韦伯被誉为西方现代社会理论的三大经典思想家,梁启超则是东方启蒙的思想巨匠。除马克思之外,公民主题在其余思想家那里都占据着重要的地位,他们都对公民身份问题进行过专门和开创性论述,马克思尽管没有对公民身份进行过专门论述,但其在《论犹太人问题》等篇章中有关人权、公民权问题的阐述同样具有开创性,同样对后世产生了广泛的影响。从总体而言,三大思想家对西方公民观念的兴起、功能和本质等做出了有力的解释,梁启超则对于东方社会和后发展国家公民观念的产生进行了独特的尝试。以上述四大思想家的著作作为基础,本书旨在厘清以下几个问题:

第一,公民身份的起源问题。在西方学术界,公民身份长期被看作是西方文化的独特产物,以印度和中国等为代表的东方社会或者前殖民地社会不可能孕育出公民或者类似观念。但我希望表明的一点是,这是一种积习的"东方主义"成见,现代公民观念不仅是西方的产物,同时也是东方的产物。或者更直白地说,现代公民身份是东西方互动的产物。以韦伯等为代表的思想家在想象西方公民形象时不仅从西方内部挖掘资源,而且以东方作为映照之镜。通过自主与奴役、理性与感性、去魅与巫术、平等与种姓、公民武装与君主武装、商业社会与治水社会等一系列二元对比,西方成为独立、自主、理性、平等、自治、权利等现代政治精神之摇篮,东方则成为奴役、专制、巫术、种姓等传统政治之渊薮。① 从理论建构的角度来看,西方公民理论的成形不仅得益于城邦历史和中世纪城市政治等有限实践,而且得益于东方社会所扮演的反面角色。如果说韦伯在阐述现代公民身份起源时秉持的是此种东方主义立场的话,梁启超在催生近代中国之公民精神时秉持了同样的立场,他也从这一系列强烈二元对比的角度来呼吁抛弃本土文化和学习西方精神。② 公民理论的这种建构方式一方面提醒我们要看到东方社会在现代公民观念理论化过程中所发挥的作用,另一方面还提醒我们必须注意到这种以平等、权利、德性、参与等为核心的观念在其产生之时,并非建立在东西方彼此平等的基础上。

第二,关于个人自由的问题。平等乃隐含在现代公民身份后面的核心假设,但现代政治学之平等、权利、民主、法治等理念所指向者皆为个人自由的问题。关于自由与现代政治之间的逻辑关联,已为无数中外思想家所论证过。但无论自由在理论上表现得多么绚烂和迷人,关键还在于它能在多大程度上被兑现于现实。面对现代性已然扬帆起航的现代社会,个人自由将会如何发展,将如何得到实现? 以马克思、涂尔干、韦伯为代表的经典思想家就这一问题进行过探讨,并且彼此形成了复杂的知识关联。马克思秉承私有制、劳动分工、异化的论证路线证明,在资本主义生产资料私有制的条件下,现代劳动分工的发展将导致异化的发展,而异化的加剧又将导致个人自由的不断丧失,个人日益屈从于自己所制造的劳动产品。实现个人自由的关键不在于使社会重新回到已经被其突破的传统社会,而是必须废除资本主义的生产资料私有制。随着

---

① 参阅 Max Weber, *The City*, translated and edited by Don Martindale and Gertrud Neuwirth, London: The Free Press, 1958, chapter 1 and 2.
② 参阅梁启超:《新民说》,宋志明选注,辽宁人民出版社,1994 年。

私有制的废除，人们奴役般地服从劳动分工的情形也将消失，社会将前进到生产力高度发展、个人高度自由的共产主义社会。

如果马克思设想的是一条通过消除外部强制来实现个人自由的路径，涂尔干则多少与之相反。劳动分工在涂尔干的理论体系中处于核心地位，在他看来，劳动分工的发展意味着社会从机械团结向有机团结过渡。如果说机械团结社会意味着个性得不到张扬，集体意识统治着个人，有机团结社会的来临则意味着个性的发展和个人自由的曙光，因为在有机团结的社会，每个人都履行着他人所无法取代的职能，他是整个社会所不可或缺的部分。当然，与马克思一样，涂尔干也认识到，社会转型过程中的确出现大量的"失范"现象，如欲望没有节制、社会纷争不断等，但问题的根本不在于劳动分工本身，而在于传统团结纽带已经被消解，新的社会团结又尚未建立之故。因此，形成以高度劳动分工和高度个人自由为基础的社会的关键在于重建社会团结纽带，使个体认识到自身在有机团结社会所扮演的角色，通过个体心理认识的转化和社会道德权威的重建来迈向个人自由的社会。

较之于马克思和涂尔干，韦伯则给我们展示了一条更加无奈的前景，那就是随着工具理性的发展，人类社会将无可避免地生活在官僚制的"铁笼"当中，个人自由的前景黯淡。在韦伯的理论体系，现代社会的起航本来得益于新教徒对于价值理性的执着，其对于自身已被上帝所预选的信念以及由此产生的"天职"观念等，表明了价值理性在调节个体生活时所具有的支配力量。"被选"、"天职"等价值理性使个体在世俗生活中保持着一种"入世中的出世"状态，即新教徒对于世俗生活的冷峻、理智、节俭等品德导源于其精神上的价值追求。但问题在于，曾经照亮了新教徒内心世界的价值理性随着现代社会的发展而日益隐退，整个社会越来越处于工具理性的支配之下。在缺乏价值理性所带来的内心满足和愉悦感的情况下，工具理性所催生的社会将纯然成为社会个体的外部束缚。

在这个劳动不仅没有废除，而且还变得更加全球化的社会，个人自由是否将取道三大思想家所设想的路径前行，目前还难有定论。但无论如何，作为与公民身份关联在一起的基本理念，三大思想家至少展示了个人自由的复杂性。无论情况将变得如何复杂，有一点可以肯定的是，即使劳动分工更加全球化，即使官僚制支配形式变得更加完备，公民身份的理念也不会随之消失，相反，目下的情况已经证明，它也同样变得更加全球化和深入化，与之相随的自由理念也变得更加普及和彻底。

第三，公民身份的本质问题。马克思把公民权看作是人类政治解放的结果，公民权与人权的分离意味着国家与市民社会的分离。个体在国家领域被看作拥有普遍平等的地位，都拥有平等的民事权利、政治权利甚至是一定程度的社会权利。市民社会领域则是千姿百态的私人生活领域，马克思把其看作本质上是"做生意"的领域。在这一领域，人权更加重要。人权体现在做生意的权利，尤其体现在私有财产权上。按照经济基础决定上层建筑的原理，资本主义国家本质上是"理想的总资本家"，即服务于资本家经济活动的需要。反映在公民权与人权的关系上，这意味着公民权最终服务于人权，公民权所主张的平等、权利等实质上服务于经济市场中的平等和权利需要，公民权因此本质上不外是资产阶级的虚构出来的权利。[①] 马克思的有关公民权本质的观点与其思想主旨保持一致。回到公民身份的视野中来，马克思的观点体现出类似于迈克尔·曼所谓的"统治阶级策略"观点，即公民权利实际上是统治阶级进行政治统治的"策略"。但我想提出的是，这种观点尽管看到了公民身份的部分本质，但并不足以涵盖公民身份的全部。我们在看到"自上而下"授予的公民权利的同时，还必须看到公民权利同时也是"自下而上"争取的结果。同时还必须注意到，一种学说无论如何被尊奉为真理，公民权或许都不能以政治虚构之名而轻飘飘地被打发，它对于个体

---

① 《马克思恩格斯全集》第3卷，人民出版社，2002年，第185页。

的社会和政治生活仍然具有本质性意义。

就当前的情况而言，尽管全球化已经带来了地方化和全球化的双向发展，但公民身份的核心部分仍然体现为个体在民族国家的正式成员身份。当代的公民身份层级结构尽管已经变得复杂，但民族国家的公民身份仍然最为重要。因为无论如何，个体首先是居于特定国家的个体，民族国家是当今世界所有政治形式中最重要的一种。正因为如此，公民个体与民族国家之间存在着千丝万缕的关系。在这一方面，尤其体现在公民对国家的认同、公民与民族的关系、公民的权利等方面。

关于公民的国家认同，面对汹涌而来的全球化浪潮，理论界已出现两种彼此相反的主张：或者用国家认同来重新规范公民身份，使公民身份重新回到民族国家的雕笼；或者干脆切割民族国家与公民身份的关系，使后者能够接纳由于地方化、地区化和全球化所带来的冲击，形成不再以民族国家为言说对象的公民身份体系。① 我想要提出的观点是，这些主张尽管正视了当代公民身份所面临的严峻挑战，但逼迫公民身份与民族国家保持婚姻状态或者强迫公民身份与民族国家离婚的做法都未必可取。从本质上说，民族国家建立在以民族为核心的文化共同体和以政权为核心的政治共同体的基础上，公民的国家认同未必表现得形式单一。首先，公民的国家认同是动态的。由于政治制度的变迁、民族成分的改变、移民群体的出现，甚至是由于其他国家的外在影响等，都可能使公民的国家认同表现出动态的特征。其次，公民的国家认同是多元的。国家认同不仅表现在以文化共同体为指向的归属性认同和以制度为指向的赞同性认同上，而且还表现在以未来为指向的规划性认同、以外在对象为指向的抗拒性认同、以亚国家为指向的亚国家认同等方面。最后，国家认同并不是由文化所预先地决定了的，也不是完全由个体所理

---

① 关于重新用国家认同来规范公民身份的观点，可参阅 David Miller, *Citizenship and National Identity*, Cambridge: Polity Press, 2000。关于拆散公民身份与民族国家之间联系的观点，可参阅基思·福克斯：《公民身份》，郭忠华译，吉林出版集团有限责任公司，2009 年。

性地选择的，任何认同都是社会结构与个体行动之间互动的结果。国家认同的这些特点要求我们对其持更加审慎的态度。

论及公民身份与民族国家的关系，还不能忽视公民与民族这两个不同指向但又彼此关联的群体。公民更多指向政治的维度，民族则更多指向文化的维度。然而，作为一种无比明显的事实，个体不仅是政治共同体的成员，而且也是民族共同体的成员。公民与民族之间从而无可避免地形成各种错综复杂的关系。吉登斯曾经断言：当民族主义导向国家主权时，将变得更加具有侵略性；当民族主义导向公民身份时，则将变得更加具有启蒙性。① 这种定义方式尽管简洁而有力，但却留下太多显而易见的漏洞。不仅民族主义启蒙性的含义未必如字面上表现得那么简单，如果将其与公民身份联系在一起，由于公民身份内在的种类复杂性，启蒙的含义也将变得更加复杂。对于这一问题，我想要表达的观点是，民族主义启蒙性绝不是没有边界的启蒙，由于公民身份兼具接纳与排斥的性质，民族主义的启蒙性也必然停留在特定的边界。超过这一边界，它就可能变得非常具有排斥性或者侵略性。当公民身份的边界与民族的边界不完全一致时，民族主义的启蒙性将变得更加复杂。同时，与国家认同一样，还必须看到民族主义启蒙性的动态特征，某个时期具有启蒙的性质，并不保证由于情境的变化而变得具有排斥性和侵略性。我因此认为，即使受到公民身份观念的强烈影响（比如先建立起公民共同体，再发展出民族共同体），民族主义的启蒙性也是非常复杂、动态和有限的。

权利与义务是公民个体与民族国家之间最重要的联系纽带。从某种意义上说，公民身份是社会个体与民族国家之间的契约关系：国家保证个体享有特定的权利，个体则必须为国家履行相应的义务（包括忠诚、

---

① 安东尼·吉登斯：《民族—国家与暴力》，胡宗泽、赵力涛译，三联书店，1998年，第261页。

参与等)。但与国家认同和民族主义一样,权利也不是恒定和均匀的,不同历史时期具有不同的权利种类和权利理念。尽管已经遭受无数批判,马歇尔范式所表明的权利种类及其与民族国家机关之间的演进关系仍然深具影响。对于公民权利的问题,我希望表达的意思主要有:一是当历史演进到20世纪中后期之后,权利已从原来关注的传统类型的权利发展成关注各种新社会群体的权利。我们可以把前者归结为马歇尔所区分的三种权利——民事权利、政治权利和社会权利,而把后者归结为环境权利、女性权利、少数性取向者权利、少数民族权利、动物权利、后代权利等。新型权利的张目已成为我们这个时代的特色。① 二是从原来线性发展的权利转变为多元并存的权利。马歇尔以自然进化的方式将民事、政治和社会权利的发展分别归结为从18到20世纪的三个世纪,其中线性进化的意味非常明显。但综观当代公民权利的现状,不仅传统类型的公民权利没有丧失其重要性,而且还在这些权利上面衍生出各种类型的新权利,出现多元权利并重的格局。三是权利与义务的界分开始变得模糊。在过去两三个世纪,权利与义务的界分相对是清楚的,但在当下实践中,这种界线开始变得越来越模糊。以福利权利为例,在20世纪中期福利国家建立之时,它完全被看作是公民应得的权利而非义务。但20世纪晚期的福利改革却使这种权利与义务的界线变得模糊了。根据"积极福利"的观点,"无责任即无权利"。② 体现在失业救济方面,政府减少对失业者的直接救济,将更多的资金用于再就业培训和技能提高等方面,失业者只有在积极参与再就业培训之后才能享受失业救济。

关于中国公民身份与民族国家的章节或许是本书中最具历史感和中

---

① 这方面最具里程碑意义的事件莫过于2015年6月25日美国最高法院裁定同性婚姻合乎美国宪法,同性情侣从而取得合法婚姻的权利。
② 安东尼·吉登斯:《第三条道路:社会民主主义的复兴》,郑戈译,北京大学出版社,2000年,第70页。

国性的一章。这不仅因为该章不是纯粹的理论分析，而且还因为它所表现出来的两方面特色：一是东方国家在引入西方公民身份话语时所表现出来的"翻译现代性"（translated modernity）现象[①]，二是通过最初的公民身份语义所表现出来的中国民族国家想象。出于理论关怀的需要，我这里只想对前一点稍加阐明。尽管前文已经表明，东方社会在西方公民身份理论化过程中也扮演了重要的角色，但在那里，东方社会扮演的仅仅是一种反面的角色，即从公民身份对立面的角度衬托西方公民的形象，东方社会内部并没有孕育出西方类型的公民观念。那么，西方公民观念又是如何扩展到东方社会的？就中国的情况而言，翻译是最重要的途径，它是作为救亡和启蒙的手段而被当时的先进知识分子引入的。顾名思义，"翻译现代性"就是旨在通过翻译的方式来实现国家的现代性转型。Citizen、citizenship 是清末民初知识分子所翻译的大量概念中的两个。知识分子针对中国民族国家建构的需要，"有选择性"地翻译了这些概念的部分语义，舍弃了这些概念在西方背景下的部分语义，同时还针对本土需要有意识地添加了部分语义，最终形成新术语在汉语语言中的涵义。因此，"翻译现代性"集"翻译"与"创造"于一体，本土现代性发展的需要决定了翻译术语的选择和语义的赋予。公民身份与民族国家在中国的情形或许反映了殖民地、后发展国家在现代性转型过程中存在的普遍性现象。

时至今日，公民身份已历两千五百余年，期间多吐故纳新，始成今日蔚蔚之象。两千多年来，公民身份大致经历了三次大的转型：18 世纪以前以小型城邦国家为载体的公民共和主义模式；18—20 世纪以大型民族国家为载体的公民自由主义模式；20 世纪中后期以来以民族国家公民身份为主导、其他公民身份共同发展的多元主义模式。在前两个发展阶

---

[①] 关于"翻译的现代性"语义的更详细解释，可参阅刘禾：《跨语际实践：文学、民族文化与被译介的现代性（中国，1900—1937）》，宋伟杰等译，三联书店，2008 年。

段，公民身份无一例外地是体现为国家中的成员资格，但到第三个发展阶段，国家这一言说对象尽管仍然重要，但已出现太多不是针对国家，而是针对特定主题或者领域的公民身份。20世纪70年代以来，伴随着全球化的出现以及相伴而来的地方化的发展，伴随着对男性中心主义、工业主义、家庭中心中主义等的反思而形成的新社会运动的兴起，公民身份已明显出现复杂化的趋势。这种复杂化不仅表现在公民身份含义的多样性上，而且体现在公民身份范围的多元化上。从前者来看，以前从来不被纳入公民身份思考范围的主题和群体，现在已正式成为公民身份家族的成员，例如女性公民身份、环境公民身份、后代公民身份、科技公民身份、企业公民身份、情感公民身份等。从后者来看，除民族国家公民身份之外，还出现以特定城市为载体的公民身份、以国家组成单位为核心的公民身份（如加盟共和国、州、邦等），甚至是"欧洲公民身份"等。面对如此杂多的公民身份概念，公民身份是否还有何特定所指？这的确是当下许多人心头挥之难去的困惑。有些人甚至认为，公民身份什么都表示，但实际上什么也表示不了。① 面对这样情况，我要表达的观点是：第一，公民身份种类的复杂化不仅没有耗尽其内在的能量，反而表明了其在当下社会的无限生命力。在历史上，公民身份从来没有哪个时候像今天这样受到重视。第二，公民身份理念向此前被看作私人领域或者自然领域的扩展，表明了公民身份理念在各个领域的更加彻底化。我们对此应当持欣喜和欢迎的态度，而不是困惑和悲观。第三，当前公民身份的多元化发展并不是与此前公民身份追求的一刀两断，而是存在着内在的连贯性。公民身份的平等、权利、德性、参与等要素仍然是各种新型公民身份的内在追求，只不过体现在不同的领域、范围或者主体上而已。

---

① Engin F. Isin and Peter Nyers, "Introduction: Globalizing Citizenship Studies", in Engin F. Isin and Peter Nyers, *Routledge Handbook of Global Citizenship Studies*, London: New York: Routledge, 2014, p. 1.

# 一
# 公民身份的理论基础

# 第一章 公民身份的理论轮廓

公民身份是一个复杂的研究主题,本章的目的在于勾画公民身份的基本轮廓,以便为后文的讨论奠定基础。具体地说,本章的讨论将包括四个方面:第一,公民身份与其他社会身份之间的关系,公民身份相对于其他社会身份而言表现出何种独特的性质?第二,公民身份的核心要素。公民身份作为一个复合性概念,内在包含哪些基本要素?第三,公民身份的历史流变,包括,古今公民身份经历了哪些重要的发展步骤?现代公民身份得益于哪些动力的推动?最后,综览当今民族国家的公民身份实践,个体可以通过哪些方式获得公民身份?对于这四个问题的回答,构成了本章接下来四节的内容。

## 一、身份、地位、公民身份

公民身份是一个具有非常强烈政治含义的词汇,相较于奴隶身份、贵族身份、附庸身份等历史上存在的许多主要社会身份而言,它体现了迥异的政治运作方式和政治目的。在社会中,每个人都拥有复杂的身份,如老师、学生、父母、孩子、员工等,每个人都是多种身份的复合体,即可以同时作为母亲、父亲、员工、孩子、志愿者等。那么,公民身份与其他身份之间是一种什么样的关系呢?父母、孩子身份是相对于家庭而言的,经理、员工身份是相对于工作单位而言的,业主、物业管理者是相对于居住社区而言的。与它们不同，公民身份则是相对于国家而言的。相对于家族、社区、工作单位等来说，国家是一个非常政治化的概念。如果说其他身份主要表明血缘、经济和职业关系的话，而且这些关系未必平等，公民身份则强调国家成员之间的"平等"关系。当然，公民身份与其他身份之间并不是完全排斥的关系，个体在拥有公民身份的同时，还可以拥有其他多种社会身份。

要准确地理解"公民身份"的概念涵义，我们必须联系两个英语单词 status 和 identity。这两个词汇在汉语界通常都被翻译为"身份"，但它们的英语含义却大不相同。Status 除表示身份之外，还有一层重要的含义是"地位"，后者通常与不平等联系在一起。让我们先来看看 status 作为"身份"的含义。根据 T. H. 马歇尔观点，"如果我们思考父亲的身份（the status of father），我们大至可以从三个层面来把握该词的意思：一是特定社会对于父亲行为的期待；二是 X 先生作为父亲（有意或无意）采取的行为；三是 X 先生成为父亲之后的全部行为"。在这里，status 与 position 的含义相近，仅仅指个体在社会结构或者社会组织中所扮演的角色或者占据的位置，如父亲、孩子等，这种角色"与某一等级秩序中的位置并不存在直接或者必然的联系"。但是，当 status 表示"地位"含义时，尤其是当它与"社会"一词联系在一起时，即变成"社会地位"（social status）时，其所表示的"不平等"含义便变得明显。对此，T. H. 马歇尔认为："现在一般用'社会地位'一词来表示声望等级中的位置。"[①] 在梅因的代表作《古代法》一书中，status 所表示的"不平等"含义尤为明显。他认为，人类社会的所有进步运动归根结底可以归结为"from status to contract"的运动。Status 表示起源于古代社会的以"家族"为基础的"权力和特权"，contract 则表示以"个人与个人关

---

[①] T. H. Marshall, *Class*, *Citizenship and Social Development*, Doubleday & Co., Inc, 1964, pp. 202 – 206.

系"为基础的"平等"。① 前者的"不平等"含义非常明显。

那么,身份在汉语界又主要表示哪些含义呢?我们大致可以把它归结为两个方面:一是个体在社会关系格局中扮演的角色,表明他是谁或者是什么样的人。我们每个人都拥有的"居民身份证"即是一例,通过拥有这一证件,即表明你是中华人民共和国的合法"公民"。当然,从这一意义而言,"居民身份证"应叫作"公民身份证"。因为居民更多是相对于公民的居住地而言的,比如,物业管理或者社区组织出于管理的需要,可以给所在社区的居住者颁发一个"居民身份证",表明他是本社区的合法居民。但相对于国家而言,该证件的职能重要的是表明谁是公民,谁不是公民,表明公民在"政治"上的平等关系,而不是"居住"关系。二是表示受人尊重的地位。比如,"他是一个很有身份的人",意思是他是一个很受人尊重的人,从这种意义而言,身份具有表示高出普通人的地位的意思。但即便如此,这种"不平等"的地位也主要不是由于阶级、经济基础等社会的结构性力量造成的,即某些人由于特权而形成的高人一等的地位。除权力之外,知识、年龄、智慧等许多其他要素也可以赋予个体这种地位。这种受人尊重的身份很大程度上不是个体有意去争取的,而是其他社会个体由于特定个体的知识、权力、年龄、资历等赋予他的,相当于政治学中的"权威"的意思。综合"身份"的双重含义,可以看出,汉语中的"身份"很大程度上与 status 的含义并不对等,两者的共同之处主要在于表示"角色"的方面。

Identity 在英语中也是一个含义复杂的概念,但其最基本的含义主要有两种:一是表示"身份"之意。比如,identity card 是"身份证"的意思,即用来证明持证人身份的证件。现代国家颁发身份证的主要目的在于表明"谁是公民"和"谁不是公民",即在本国人与非本国人之间做出区分。除此之外,identity 还可以用来表示其他社会身份,只不过这

---

① Henry Sumner Maine, *Ancient Law*, London: John Murray, Albemarle Street, 1870, p. 170.

些身份中的许多未必如"身份证"那样会有一个官方颁发的证件,只是为国家和社会所默认而已。二是表示"认同"和"同一"的意思。它与第一种含义存在关联,但又存在差别。一般来说,个体在社会关系格局中持有某种身份,久而久之,其在心理上也逐步形成与这种身份相关联的心理情感,这种情感就是认同的表现。对于这一点,查尔斯·梯利的界定非常典型。他指出:"认同:指行动者对于某一范畴(category)、关系(tie)、角色、网络、群体或者组织的体验,这种体验通常与共享的故事、传说等公共呈现联系在一起。"① 关于认同的理解,必须注意三个方面:一是认同既可以是私人性的,如个人的政治认同;也可以是群体性的,如阶级认同。二是必须从"关系"的角度来理解认同,任何认同都是相对于广泛社会结构中的角色定位而言的,脱离了社会中的其他参照物,也就无所谓认同。三是认同通常是多重性的,同一个体或者组织可以拥有多种认同。

作为一种跨语际实际,在汉语界,"身份"与"认同"是分开表达的,因此在汉语中不容易发现身份与认同之间的内在关系。但或许正是 identity 将两者联系在一起,为我们思考 citizenship 提供了某些暗示,即"身份"与"认同"之间存在内在的关联,无法将它们分开。如果"身份"是表示个体在社会结构中的稳定角色,那么,随之而来的是其心理上的反应,即认同感的形成。

具体到"公民身份"上来,"公民身份"表示"个人在一个国家中正式的和负有责任的成员资格"②,它表明个体在国家中拥有的"正式成员"身份,以及由于这种正式成员身份而带来的权利义务、情感认同等。这种身份传达出两方面的含义:一是内在含义,在一国范围内,公

---

① Charles Tilly, "Citizenship, Identity and Social History", in Charles Tilly (ed.), *Citizenship, Identity and Social History*, Cambridge University Press, 1996, p. 7.
② 戴维·米勒等主编:《布莱克维尔政治学百科全书》,中国政法大学出版社,2002年,第121页。

民身份是一种超越于父亲、母亲、经理、员工、教师、侍者、销售员等形形色色身份的普遍性身份。在国家内部,无论个体所从事的职业有多大分殊、教育程度有多大差异、贫富有多大差距、民族性有多么不同等,他都与所有其他社会个体一样,是该国的正式成员,拥有该国的公民身份。从这一意义而言,公民是忽略个体之间的特殊性(如容貌、激情、兴趣、民族、财产等)之后而形成的公共人格(如独立、自由、平等、理性等),公民身份则是国家内部超越所有社会差异而形成的普遍性身份。第二,外在的含义。公民身份只对拥有该国正式成员资格的个体有效,不拥有这种成员资格的人则被排斥在外,被看作是外国人、移民等。由于不拥有该国的正式成员身份,他们不享受或者不完全享有作为公民的权利和保护等。

行文至此,许多学者或许会对梅因在《古代法》汉译本一书中提出的"从身份到契约"名言印象深刻,并据以进行反驳。因为,如前文所述,在梅因那里,身份代表了以家族和特权为基础的不平等,契约则代表了以个体和权利为基础的平等。如果把 citizenship 翻译成"公民身份",那么与 citizenship 的本意和世界发展的潮流相背,因为 citizenship 的本质是"平等",现代世界发展的趋势也是从不平等走向平等,现在却再把公民与身份联系在一起,这不是一种翻译错误吗?但是,通过比较 Status 和 identity 的含义,我们可以知道,不论在西方还是汉语界,身份与"不平等"之间并不存在固定的关联,相反,只有当 status 表示"地位"的含义时,才会给人以"不平等"的感觉。因此,从术语翻译的角度来看,把 from status to contract 翻译成"从身份到契约"不是十分恰当,毋宁说人类社会的所有进步规律最好归结为"从地位到契约"。

## 二、公民身份的核心要素

公民身份包含哪些核心要素?这一问题的答案现在并非那么明了。

从表面上看，公民身份是个体所拥有的众多身份当中的一种，比如，他是父亲、儿子、教师、志愿者等，在这些身份之外，他还拥有一种普遍的"公民"身份。但实际上，每一种身份都与特定的权利、义务、认同等联系在一起，每一种身份都有其形成的过程，从而使身份包含的内容不仅仅体现在"他是什么"层次上，而是更加复杂。比如，父亲的身份除表明他是"父亲"外，还意味着他作为"父亲"的权利与义务，社区成员的身份意味着个体是"社区成员"之外，还意味着他拥有作为社区成员的权利、义务、认同等。与此类似，公民身份也是一个拥有丰富含义的概念。就目前而言，它所表达的意思主要有以下几种：

第一，国籍。现代公民身份产生以来，公民身份就一直被看作是"个人在国家（通常指民族国家）中所拥有的正式成员资格"。显然，这种成员资格就是"国籍"的意思。从词义学的角度来看，这也是"身份"一词的最直接意思，因为身份的最主要职能就是表明"个体是谁"。例如，中国公民身份表示他是中国的公民、美国公民身份表示他是美国的公民、德国公民身份表示他是德国的公民等，所有这些都可以用"国籍"来加以概括。正因为如此，《布莱克维尔政治学百科全书》指出："国际法不承认国籍与公民身份之间的任何区别，国籍决定了公民身份。"① 在当代，国籍始终是公民身份研究的重要主题，或者说在界定公民身份的时候，首先把它与民族国家或者政治共同体联系在一起，把它看作是民族国家的成员身份。例如，T. H. 马歇尔把公民身份看作是"共同体的完全成员身份"；② 雅诺斯基认为："公民身份是个人在一民族国家中，在特定平等水平上，具有一定普

---

① 戴维·米勒等主编：《布莱克维尔政治学百科全书》，中国政法大学出版社，2002 年，第 121 页。
② T. H. 马歇尔：《公民身份与社会阶级》，见郭忠华、刘训练主编：《公民身份与社会阶级》，江苏人民出版社，2007 年，第 6 页。

遍性权利与义务的被动及主动的成员身份。"① 把公民身份看作是"民族国家"的成员身份,民族国家从而构成了公民的存在前提和作用平台。公民身份的这种含义意味着,脱离了国家的平台,不仅公民不再存在,谈论公民也没有意义。但正如我们后面将看到的那样,这种观点不是没有问题。

把公民身份看作是"国籍"的做法在当代并没有穷尽它的意义。在当代国际移民浪潮空前高涨的背景下,国籍问题变得尤其复杂。比如,在欧洲,由于欧盟的发展,使得原来以单一民族国家为范围的公民身份变得扑朔迷离,以至于德里克·希特说道:"单一模式的公民概念尽管在其自身的领域非常有效——尽管它从没有成为一个过于简单的概念——但在今天,如果没有多元公民身份的补充,也就无法对它做出适当的解释。"② 即使在国际移民潮流来临之前,多元公民身份(parallel citizenship)至少也存在两个维度:一是同一个体同时拥有两个或以上国家的国籍;二是同一个国家内部,个体拥有多重国籍。比如,在欧洲,由于欧盟的发展,个体在拥有自己国家公民身份的同时,还拥有统一的欧洲公民身份(European citizenship)。对于爱尔兰公民来说,他除了拥有爱尔兰公民身份之外,还拥有英国公民身份和欧洲公民身份。类似的情况使单一国籍变得非常复杂,因为个体通常只生活在某个民族国家,并且拥有该国的公民身份,但现在他却拥有数个国家或者政治共同体的公民身份了。同时,即使在一个国家的内部,个体也可以拥有双重或者多重公民身份。这种情况在联邦制国家尤其明显。在联邦制国家,个体除拥有统一的联邦公民身份之外,还拥有亚国家层次的州公民身份、加盟共和国公民身份或者邦公民身份等。中国表面是一个单一制国家,但其公民身份实际上却是多重的。不要说大陆内部存在着以户籍、民族等

---

① 托马斯·雅诺斯基:《公民与文明社会》,柯雄译,辽宁教育出版社,2000年,第11页。
② 德里克·希特:《何谓公民身份》,郭忠华译,吉林出版集团有限责任公司,2007年,第119页。

为标准的身份差别，而且在香港、澳门等建立特别行政区的地方，其公民身份单列，与内地公民身份也迥然相异，而台湾地区的公民身份则成为大陆之外的另一个体系。

在多元公民身份的基础上，国际移民浪潮的到来则使本就复杂的状况更进一筹。蜂拥而来的国际移民除给本民族的认同造成冲击外，还对既定的权利、义务格局等提出诸多挑战。例如，移民可以享受哪些权利？如果移民也可以享受许多社会权利，那么，他们是否也该履行相应的义务？如果公民与非公民的区别仅仅体现在政治上的投票权的话，那么公民身份的意义是否就仅仅体现在政治权利上？除此之外，随着移民浪潮的高涨，当今还实际上出现了"没有边界的公民"（citizen without frontiers）情形。例如国际记者、国际志愿者、无国界医生、国际律师、国际娱乐明星、国际政治活动家等，他们把公民身份留在自己国家，但却凭借自己的职业特长、特权、声望等资本活动于世界范围内。对于那些已经在自己的职业范围内积累起大量文化和政治象征资本的个体来说，在民族国家之间穿梭不仅完全没有问题，甚至还得到广泛接受。对于诸如此类的个体，我们又应当如何看待其公民身份与职业身份之间的关系。

上述情况表明，国籍是公民身份的最基本要素，也是公民身份研究过程中首先碰到的问题。这一点将在下章第一节解析公民身份概念的基本涵义时进一步论述到。当然，在当代，公民身份的国籍含义并不像以前那样单一和明确，伴随着国际移民浪潮的兴起和国际组织的发展，公民的"国籍"问题变得更加复杂。

第二，权利和义务。这一点以国籍为基础，实际上是公民身份的延伸性含义，但早已成为公民身份的基本要素。个体拥有一个国家的正式成员身份之后，相携而来的是他在该国应该享有哪些权利和必须履行哪些义务的问题。

首先,关于公民权利(citizenship rights)①的问题。自由主义的观点对于这一问题具有代表性,他们普遍把权利置于公民身份的核心位置。公民身份权利的集大成者以 T. H. 马歇尔和托马斯·雅诺斯基作为代表。前者把公民身份看作是由民事(civil)的要素、政治(political)的要素和社会(social)的要素所组成,与民事要素联系在一起的是公民在民事方面的权利,如人身自由、言论自由、思想自由、信仰自由等,与政治要素联系在一起的是公民政治方面的权利,包括选举权、被选举权、担任公职的权利等,而与社会要素联系在一起的则是公民福利方面的权利,如劳动权、休息权、受教育权、住房权、医疗权等。马歇尔的重要性还在于他把三种权利看作是依次演进的关系,而且每一种权利的发展都伴随着相应政治机构的发展。其中,18 世纪是公民权利发展的关键阶段,与之最直接关联的机构是法院体系;19 世纪是政治权利发展的黄金时期,与之关联的政治机构是议会;20 世纪则是社会权利发展的高峰期,与之关联的是教育机构等公共服务机构的发展。② 马歇尔的理论尽管体现出高度的原创性,但此后批判的声音也不绝于耳。

在马歇尔的基础上,美国社会学家托马斯·雅诺斯基再加入"参与权利"(participatory right)。他根据公共领域和私人领域、主动与被动两条标准,把公民社会划分为两个领域:国家领域、公共领域、私人领域和市场领域。国家领域即为国家政权领域,公共领域为非政府组织、民间组织等自愿组织领域,私人领域主要体现在家庭生活领域,市场领域

---

① 目前,汉语学术界对 citizenship right 存在不同的译法,如译为"公民身份权利"、"公民权利"等,同时还存在把 civil right 译为"公民权利"的情形。在西方,citizenship right 是一个包含 civil right、political right、social right 等所有公民权利在内的总体性范畴。有鉴于此,本书将 citizenship right 翻译为"公民权利",表示公民拥有的权利总称,而把 civil right 译为"民事权利",把 political right 译为"政治权利",把 social right 译为"社会权利"。
② T. H. 马歇尔:《公民身份与社会阶级》,见郭忠华、刘训练主编:《公民身份与社会阶级》,江苏人民出版社,2007 年,第 7—8 页。对于马歇尔有关公民权利的详细论述,请参阅第三章第一节。

则主要是以市场为基础的经济领域。与四大领域联系在一起的是公民的四种权利:与政治领域联系在一起的是政治权利,如选举权、被选举权等;与公共领域联系在一起的是公民权利,如结社自由、信仰自由等;与私人领域联系在一起的是社会权利,如教育、住房、医疗等;最后,与市场经济领域联系在一起的是参与权利,体现在劳动者的市场干预权利、参与企业行政的权利以及对资本进行监督的权利等。① 托马斯基的权利框架突出了为马歇尔所忽视的"工业公民身份"(industrial citizenship)的内容。

马歇尔和雅诺斯基的观点体现了以工业主义为基础的传统自由主义权利观,但发展至 20 世纪晚期,伴随着全球化和后工业主义的发展,公民身份的传统权利框架发生了巨大的变化,出现诸多以社会边缘群体为主体的权利理论。如艾丽斯·杨和露丝·李斯特认为传统的公民身份建立在男性中心主义的基础上,忽视了女性的权利,从而提出"女性公民身份"的理论。威尔·金里卡针对当代国际移民蓬勃兴起以及随之而来的多元文化主义的背景,认为传统的公民身份建立在国内支配民族的文化的基础上,忽视了少数民族的权利,提出"多元文化的公民身份"理论。多布森等人在反思传统工业主义的基础上,提出了"环境公民身份"或者"生态公民身份"的观点,认为其他生物也享有与人平等的公民身份。除此之外,公民身份的话题还延伸到性、后代、互联网等领域,出现"性公民身份"、"后代公民身份"、"网络公民身份"等观点,为同性恋或者双性恋者、网民和子孙后代的权利张目。至此,传统公民身份权利被极大延展和深化,呈现出一幅色彩斑斓的权利图景。

其次,关于公民义务的问题。对于公民义务的强调以共和主义表现得最为典型。在 18 世纪之前,共和主义是公民身份思想的主流,以亚里士多德、西塞罗、马基雅维利、卢梭等人作为代表。共和主义对于公

---

① 托马斯·雅诺斯基:《公民与文明社会》,柯雄译,辽宁教育出版社,2000 年,第一、二章。

民义务的强调集中体现在"公民美德"上。例如，西塞罗写道："自然根植于人类当中，对美德有着极强的需求，对公共安全的维护有着极强的渴望，并由此衍生出强大的力量，借以征服愉悦与安逸所焕发出来的所有诱惑。"① 公民必须抵制私念的一切诱惑，全身心地奉献于自己的祖国。除公民美德之外，军事服役、时刻关心国家事务、经常参与国家的公共事务以及与其他公民形成凝聚的共同体也被看作是公民应尽的职责。从这一点而言，公民的价值不像自由主义想象的那样以"个人自由"为核心，相反，公民的价值体现在个体在共同体中享有的"集体自由"上。离开了共同体，不仅公民不存在，而且自由也不复存在。

共和主义对公民责任提出了很高的要求，当历史行进到 18 世纪，随着自由主义思潮成为政治思想的主导形式和民族国家成为政治的主要结构，有关公民责任的传统观点迅速退潮，权利话语取代责任话语成为政治的主流话语。但是，即使如此，公民责任问题也没有完全消失。从这一时期一直到当代，热爱国家、遵守法律、缴纳税收、服兵役、参加选举以及其他公共事务仍然被看作是公民必须履行的义务。在公民义务方面，托马斯·雅诺斯基同样提出了具有启发性的观点。对应于公民权利的四大类型，他把公民义务（citizenship obligations）也划分为四种类型：民事义务、政治义务、社会义务和参与义务。这些义务可以被划分为三种类型：一是支持性义务，如纳税以及从事其他公益性工作；二是关怀性义务，如尊重他人、关怀儿童和老人、孰睦家庭等；三是服务性义务，主要体现在志愿性服务上；四是保护性义务，包括服兵役、协助维持治安等方面。② 这些划分尽管较为具体，但其中也不乏重叠之处。

---

① Cicero (trans. C. W. Keyes), *De Re Publica* (I), London: Heinemann and Cambridge, MA: Harvard University Press, 1959, pp. 1–2.

② Thomas Janoski, *Citizenship and Civil Society: A Framework of Rights & Obligations in Liberal, Traditional, and Social Democratic Regimes*, Cambridge: Cambridge University Press, 1998, pp. 54–55.

无论如何，较之于共和主义的公民责任，自由主义对于公民的要求已大大降低。义务很大程度上被定位在消极的层次上，仅限于维持国家的存在、稳定和基本运转。

最后，把公民权利和义务放在一起来考察，可以看出，公民身份不仅扮演了个体与国家之间的联系纽带，而且体现了个体与国家之间的契约关系。那就是，通过取得在国家的正式成员身份，个体得以享受到各种权利，不具有这种身份的人则无法享受到这些权利。但作为交换，个体也必须向国家履行一系列义务。尽管权利与义务的数量取决于国家所处的历史时期和特定环境，但国家与个体之间的契约关系不会根本改变。从这一意义而言，隐含在公民身份后面的实际上是一种政治契约。有关公民身份的权利与义务问题在下一章的第一节还将继续论述到。

第三，德性。公民德性从宽泛的意义上尽管可以纳入公民义务的范畴，但鉴于它在公民身份中的重要性和特殊性，仍有必要把它单列出来，作为公民身份的基本要素。前文刚刚谈到，公民身份是个体与国家之间的契约关系，但从社会的角度来看，公民身份也是公民与其他同胞的"公共纽带"。由于个体无法脱离其同行公民而单独存在，认同感和美德便极为重要。亚里士多德等古典政治哲学家把个体与其同胞建立美好的政治共同体看作是人的本质。即使在现代社会已显雏形之后，作为现代社会学开创者之一的涂尔干仍然认为：

> 人越是与集体分离，他就越脆弱而倾向于自我毁灭……战争，由于刺激了爱国主义感情，使得对自我的关注退居次要的地位。……相应地，个人与社会之间的联系加强了，同时与生命的联系也再次得到强化。自杀的人数下降了。[1]

---

[1] Emile Durkheim, *Moral Education*, New York: Free Press, 1961, pp. 68 – 69.

这里，共同体以及爱国主义被提高如此重要的地位，甚至不惜以战争作为代价，对于集体的心灵归属则被看作是解决自杀问题的灵丹妙药。其实，即使是进入自由主义高度发展的现代社会，关于"好公民"的讨论和塑造也始终不绝于耳。公民必须热爱祖国，必须有自律性和判断力，必须具有公共精神和合作能力，必须能履行较高级道德行为等，所有这些都被看作是对公民德性的要求。公民德性之所以重要，在于它是现代社会最为重要的黏合剂。这一点必须从公民身份与其他身份之间关系的角度来加以理解。作为一种不言而喻的事实，公民身份始终与其他社会身份交织在一起。公民德性的重要性在于，它可以有效地弥合由于其他身份所造成的裂痕，平息由其他身份所造成的狂热。公民身份尽管不排斥其他社会身份，也不会使他们失效，但却可以抗衡由其他身份所产生的压制和分裂性力量，润滑其他身份所导致的摩擦和张力。

第四，"行动"、"实践"。这一观点实际上是对前文观点的反思和反驳。我们都知道，在公民身份的历史上，大部分学者都把公民身份解释成"静态"的国籍、权利、义务、德性等。但在部分学者看来，这些静态的观点无助于真正理解公民身份的含义，也没有把握住公民身份的本质，实际上，公民身份不是静态和固定的，而是动态和变动性的，这种动态和变动性体现在公民身份的行动和实践上。这种观点在恩靳·艾辛、基思·福克斯和凯文·欧博文等人那里尤其表现得明显。

比如，艾辛认为，既有的公民身份理论把关注的焦点集中在已经取得公民身份的个体上，而把移民、臣民、贱民或者其他未取得公民身份的个体排除在公民身份的分析范围之外，同时，既有的公民身份理论把分析的焦点集中在公民的权利、义务、情感上，如投票、纳税、服兵役、爱国、守法等。但从行动（action）与行为（act）差别的角度来看①，这些活动并非真正的公民身份行为（acts of citizenship），它们只是一些习惯性的公民行动（action of citizenship）。那么，什么才是真正的公民身份行为呢？在艾辛看来，真正的公民身份行为超越守法、交税、选举、服兵役、担任公职等循规蹈矩的活动，而把关注点集中在公民身份到底是如何"创设"出来的问题上。② 从这一角度出发，公民身份的主体未必是那些已经获得了公民身份的个体，他也可以是其他在制度上没有取得公民身份的个体。同时，公民身份行为也未必是交税、守法、选举等例行化的活动，而是那些能够给既有的公民身份增添新内容的行为。例如，按照欧博文的观点，中国某村落的农民在抗议村干部腐败时，尽管形式上使用的是国家赋予给他们的公民话语，但实际却在使自身形式性的公民身份权利变得实质化。在这些农民使用的标语中，其中一个这样说道："我们是公民，必须把国家规定给我们的公民权利归还给我们，我们不是农村劳动力，更不是奴隶，以前的村委会干部必须承认他们的腐败行为。"③ 总之，按照公民身份行为的观点，谁是公民、谁不是公民，关键不是取决于他是否已取得公民身份，而是取决于他是否改变和创新了既有的公民身份制度。

---

① 与阿伦特、哈贝马斯等政治哲学家有关"行动"（action）的看法相反，在艾辛看来，"行动"指的是公民的例行化行为，如纳税、服兵役等，这些行动只能再生产现有的公民身份制度，但不能创新既有的公民身份内容。在他看来，只有 act 才会突破既有的公民身份框架，使之不断创新。对于 act 主体的分析，无关乎其是否已经取得正式的公民身份。正因为如此，艾辛的分析大部分集中在欧洲移民的分析上。有关"行动"的政治哲学含义分析，请参阅阿伦特：《人的境况》，王寅丽译，上海人民出版社，2009 年，第五章。或者尤尔根·哈贝马斯：《交往行为理论》（第一卷：行为合理性与社会合理化），曹卫东译，上海世纪出版集团、上海人民出版社，第 94—99 页。

② 参阅 Engin F. Isin, "Citizenship in Flux: The Figure of the Activist Citizen", *Subjectivity*, Issue 29 (2009), pp. 367–388; Engin F. Isin & Greg M. Nielsen, *Acts of Citizenship*, London, New York: Zed Books, 2008, chapter 1.

③ Kevin J. O'Brien, "Villagers, Elections, and Citizenship", in Merle Goldman and Elizabeth J. Perry (ed.), *Changing Meanings of Citizenship in Modern China*, Havard University Press, 2002, p. 213.

表面看来，艾辛等人的观点看似与公民身份的传统观点大相径庭，但其实际差异或许并没有乍看上去的那般大。从总体上看，作为一种自明的道理，公民身份既是一种静态的身份和制度，也是一种动态的行动和实践。没有前者，公民身份便失去了它的相对稳定性，成为不可捉摸的东西；没有后者，公民身份则成为无源之水、无本之木。只不过在公民身份研究的历史上，大部分研究者长期关注的是前者而忽视了后者而已。艾辛等人的观点使我们看到了公民身份制度到底是如何被创设出来的，突出了公民身份制度的形成和变动性。但是，当把关注点过于集中在公民身份的创设和变动上时，也会形成极端，使研究者的眼中充斥着专门从事政治反抗的不安定分子，并赋予他们以合法性，忽视了公民所从事的大量正常的公民活动。只有将两者结合在一起，才既有利于我们把握公民身份的起源和变动性，又能理解公民身份制度的稳定性。

第五，统治阶级的策略。把公民身份看作是权利和行动显然是从赋权和草根的角度来看待公民身份的。但在有些学者看来，公民身份本质上不是一种赋权性制度，即只对公民个体有利，使个体趋于平等，并获得保护自身的武器。从根本上说，公民身份是统治阶级进行政治控制的一种手段，是一种统治阶级策略。

这种观点在迈克尔·曼那里表现得典型。1986 年，在 T. H. 马歇尔的纪念讲座上，迈克尔·曼发表演讲"统治阶级的策略与公民身份"，对公民身份的涵义进行全新解释。在他看来，马歇尔的观点尽管新颖、重要和真实，尽管形成了一套统一而连贯的公民身份理论，但他没有认识到自己阐述的公民身份实际上只是统治阶级策略中的一种，即自由主义策略。除此之外，还存在改良主义策略、威权专制主义策略、法西斯主义策略和威权社会主义策略。[①] 自由主义策略在英美两国表现得典型，

---

① Michael Mann, "Ruling Class Strategies and Citizenship", in Martin Bulmer and Anthony M. Rees (ed.), *Citizenship Today: The Contemporary Relevance of T. H. Marshall*, 1996, pp. 125 – 144.

它以自由市场经济作为基础，扩大公民的公民权利、政治权利和社会权利，建立一个工人与资本和谐共存的社会秩序。改良主义策略以斯堪的纳维亚国家表现得典型，它在资产阶级、劳动和农民之间建立广泛的联盟，在发展公民权利、政治权利的同时，重点突出社会权利，最终形成具有强烈合作主义特征的政体。威权专制主义政体在德国、奥地利、俄国和日本等表现得典型，君主、贵族、教会等势力在这些国家处于支配地位，他们一定程度上发展公民权利以满足资本的需要，但严格限制政治权利，同时一定程度上发展社会权利。最后，法西斯主义和威权社会主义的统治策略是既不给予公民权利，也不保障真正意义上的政治权利，只在发展社会权利方面进行某些实质性工作。

把公民身份视为统治阶级策略的观点使我们在国籍、权利、义务、德性等之外看到了公民身份的另一张面孔，那就是公民身份的建立及其权利的发展实际上是统治阶级加强自身统治的一种策略。放眼历史，这种观点或许有助于我们理解罗马帝国的公民身份扩展、俾斯麦大力发展社会保障制度后面的政治目的，使我们对公民身份具有某种更加理性和冷峻的认识。但是，任何一种观点都不能走向极端。如果把公民身份完全看作是统治阶级策略的结果，那将忽视公民身份发展的底层动力。只有将统治阶级策略与社会有意识争取两个方面结合在一起，才能使我们真正明白：公民身份既是赋权性的，又是支配性的，赋权性和支配性构成了公民身份的两个维度。

以下是关于公民身份要素的一个简短总结。通过前文的论述使我们看到，公民身份并不是一个含义单一的概念，而是存在着多重涵义，是一个复合性概念。在这些涵义中，有三组对立统一关系对于理解公民身份至关重要，即公民身份到底是一国之内的，还是超越国界范围的；到底是静态的，还是动态的；到底是赋权性的，还是支配性的。公民身份长期以民族国家作为言说对象，公民身份就是个体在国家中拥有的正式成员资格，因此是一国范围内的。但是，随着后现代社会的来临和新社会运动的发展，各种超越国界的新型公民身份越来越得到发展，公民身份越来越模糊了国家的边界。关于这一种对立，本书将在最后三章进行详细的分析。从第二种对立统一来看，公民身份长期被看作是一种静态的身份以及随这种身份而形成的权利、义务和德性等。但是，艾辛等人从动态的角度分析公民身份，使我们看到了公民身份的动态发展过程。尽管本书主要从制度和静态的角度来分析公民身份，但在分析中国公民身份的创设和后现代公民身份时，也对行动主义的公民身份进行了有深度的分析。最后，从赋权与支配的角度来看，它使我们看到公民身份对于个体的赋权性和统治阶级的支配策略两个方面。没有哪一种观点可以完全处于霸主地位，只有从以上对立统一的角度出发，才能对公民身份的含义具有更全面的理解。

### 三、公民身份的历史源流

与公民身份的要素一样，公民身份从何而来的问题也倍加复杂，每一个时代和每一个国家都具有各自的产生方式。在本节中，我们将按照历时的线索依次探讨公民身份的历史流变过程。

#### （一）古典公民身份

公民身份起源于西方古典时代，对于公民身份是作为舶来品的中国来说，要想理解其真实的起源情形显然已不可能。因为我们已很难同时穿越时间和空间的限制，以一种进入现场的方式感受其起源方式。我们的理解只能借助于大量已经出版的资料，通过它们来描绘古代公民身份起源的模糊轮廓。

大凡没有哪种资料会否认，公民身份肇始于古希腊城邦国家，当时的雅典和斯巴达城邦都曾盛行公民的话语。两者既有共同之处，又彼此差异迥然。从共同的一面来看，公民身份都建立在血统、财产的基础之上，即必须是出生于雅典、斯巴达城邦且拥有不动产的人才能被授予公民身份，外邦人由于不是出生于雅典而不能被授予公民身份，奴隶由于不拥有财产且被认为不是完整的人也不能拥有公民身份，妇女那时候是男人的财产，因此也不拥有独立的公民权。从差异的一面来看，在斯巴达，只有那些生于斯、长于斯，且披坚执锐的男性才能成为公民，就像雷森伯格所说的那样："斯巴达的公民身份是在战争与害怕叛乱的背景下发展起来的。……公民成为一种令人敬畏和恐惧的战士，他们统治着大多数被排斥出公共生活的人，这不仅包括不自由的奴隶（Helots），也包括生活在山村属地的边区居民（Perioikoi）。①对于斯巴达公民身份来说，血统、军事、土地是获得公民身份的最重要条件。

　　雅典不像斯巴达那样具有勃勃侵略性，相反，对于一个主要以商业为基础的城邦来说，土地的重要性甚至也在其次。雅典公民身份主要通过三次改革得以创立：梭伦改革、克里斯提尼改革和伯利克里改革。尤其是梭伦改革，它不仅标志着欧洲公民身份的历史开端，而且奠定了整个公民身份的话语基调。在梭伦之前，参政资格主要建立在出身和财富的基础上，但城邦是不具有亚里士多德所说的"共同的目的和精神"的。②梭伦改革在两个重要方面催生了公民身份的平等原则和建立起公民共同体。一是取消债务奴隶，即禁止把负债者变为奴隶；二是按照财富比例承担军事责任。前者使公民不至于因为经济上的债务关系而丧失公民资格，使公民团体保持稳定，使个体能够维持其独立的公民身份。更为重要的是，通过这一措施，梭伦把债台高筑的悲惨公民从对城邦和其他群体的仇恨中解放出来，使他们能够重新进入城邦的公共生活，有利于"城邦精神"和"公民德性"的发展。同时，通过这一措施，公民身份的平等原则开始得到建立：公民身份是公民在政治上的平等地位，

---

① 彼得·雷森伯格：《西方公民身份传统：从柏拉图到卢梭》，郭台辉译，吉林出版集团有限责任公司，2009年，第24页。

② 转引自彼得·雷森伯格：《西方公民身份传统：从柏拉图到卢梭》，第29页。

而不考虑他们在经济地位上存在何种差别。第二个方面则使所有公民都与国家事务关联在一起，同时又保留财富最多者的公民首脑地位。既然兵役对于共同体的存续都至关重要，梭伦的这一做法，既磨练了公民的意志和战争技艺，又使公民与国家生活联系在一起。

较之于梭伦改革，其他两次改革的重要性或许稍低，但其影响同样不可低估。克里斯提尼改革在法律和扩大公民身份的范围方面进行了改革。通过制定严格的法律，使雅典以及与其相关区域的公民身份得到更加清晰的界定；通过后一方面，则使所有自由的成年雅典人都获得了公民身份。最后，伯利克里在雅典公民身份发展过程中打下烙印。这种烙印主要体现在促进公民美德的发展上。在悼念马拉松阵亡将士的演说中，他赞扬他们的英勇无畏和卓越德性，并将它与雅典政治民主的卓越联系在一起。显然，悼念阵亡将士并赞扬其美德的目的在于服务于当时的政治，那就是抑制私人利益和抵制物质引诱，使美德成为公民生活日常规范。通过这三次改革，雅典最终成为一个稳定而凝聚的公民共同体。

在斯巴达和雅典之后，接下来的罗马共和国和帝国也曾盛行公民的话语。但较之于古希腊城邦，罗马的公民身份更加芜杂，同时对后世的影响也更加深刻。在这个较短的篇幅里，要想详尽描述罗马的公民身份显然没有可能，但归纳起来，其在公民身份历史星空中闪烁的光辉或许可以归结为以下三个方面：一是对于古典公民身份美德的传承和光大；二是推行一种以法律为基础的公民身份制度；三是罗马帝国后期的普世主义和自然法思想的发展。让我们首先从第一个方面谈起吧。罗马闪烁于公民身份星空当中最亮的三颗星星莫过于波利比乌斯、西塞罗和普鲁塔克，他们在奠定公民道德原则方面都留下了不可磨灭的印记。这些印记主要包括：在私人利益与公共利益的关系中抑制前者而张扬后者，警惕物质引诱对公民德性的损害，公民必须具有讲演的天才、道德的天资、理性的思维和执着的信仰，公民对于公共事务的参与和奉献等。在这些思想家看来,坚持这些美德原则,美德女神将"凭着她自己的妩媚,将带领你迈向真正的光荣"。①

第二个方面来看,如果说古希腊盛行的是一种伦理的语言的话,罗马盛行的则是法律的语言。在自然法理论的基础上,罗马人已发展了完备的法律体系。这把所有人都置于法律的统治之下,并通过法律的语言推演出公民的平等。"由于所有的人都受制一个法律——因而他们都是公民,所以在某种意义上讲他们肯定是平等的。"② 通过这种做法,公民身份得以突破古希腊小型共同体而能够覆盖罗马帝国这种庞大的国家。同时,罗马人在这样做的时候,公民身份也越来越脱离其伦理限制而演变成一种进行政治统治的手段。雷森伯格说道:

> 罗马而今把公民身份界定为既定八个部落的成员资格,并授之于包括所有拉丁殖民地、所有忠诚于罗马的联盟、可能是战场上得到报酬的安布利亚(Umbrians)和伊特普里亚(Etruscans)、可能在六十天内要求获得公民身份的意大利各个共同体,最后授予给波河流域特定辖区的所有共同体。这达成了一个令人满意的妥协,因为公民身份让寡头统治继续保持控制,也使新的公民既享有政治共同体的正式成员资格,又拥有一个公民身份的各种公民利益。③

同时,伴随着罗马帝国不断对周边地方的征服并将公民身份授予被征服地区的居民,公民的文明含义也成为政治文明的标志。那就是,罗马不但在武器上优于其他民族,而且在语言、法律和生活方式等方面也优于他们。在征服者与被征服者之间的关系上,罗马公民身份成为这种

---

① 西塞罗:《国家篇,法律篇》,沈叔平、苏力译,商务印书馆,2002 年,第 135 页。
② 乔治·萨拜因:《政治学说史》(上卷),邓正来译,上海人民出版社,2008 年,第 211 页。
③ 彼得·雷森伯格:《西方公民身份传统:从柏拉图到卢梭》,郭台辉译,吉林出版集团有限责任公司,2009 年,第 103 页。

优越性的标示和体现。通过授予被征服者以罗马公民身份，它表明优势民族对于落后民族的承认、收编和改造。

重要的是第三个方面，即公民身份赖以建立的自然法思想和契约论基础。斯多葛主义集自然法思想之大成。这一学派最早可以追溯到哲学家芝诺（公元前335—前263年）那里，历经西塞罗和马可·奥勒留等哲学家，成为一个完整的哲学流派。综观斯多葛主义给公民身份留下的原创性意义，以下几个方面至为重要：公民理性的地位、众生平等的原则和世界主义的理想。理性源于永恒法，永恒法是支配宇宙万物的终极法则，既然所有人都沐浴在永恒法的神光之下，因此理性也就成为人类的共同特征。既然理性是人类的共同特征，那么，人们就都服从于一个共同的法则，他们就都是平等的公民。既然人类都是平等的公民，都具有理智，那么，他们就应当具有共同的精神，能结合成为世界主义的共同体。这一点可以从马可·奥勒留的一段著名推理中得到理解：

> 如果我们的理智部分是共同的，就我们是理性的存在而言，那么，理性也是共同的，因此，那命令我们做什么和不做什么的理性就也是共同的；因此，就也有一个共同的法；我们就都是同一类公民；就都是某种政治团体的成员；这世界在某种意义上就是一个国家。因为有什么人会说整个类是别的政治共同体的成员？正是从此，从这个共同的政治团体产生出我们真正的理智能力、推理能力和我们的法治能力，否则，它们是从哪里来的呢？①

古典公民身份的起源具有其特殊的时代背景，也旨在解决当时特殊的政治问题。但是，当历史的车轮转辗到中世纪和现代之后，古典公民身份所奠定的理论基调并没有因为时空的转换而消逝。在斑斑驳驳的中

---

① 马可·奥勒留：《沉思录》，何怀宏译，三联书店，2008年，第30页。

世纪城市共和国中，公民身份作为政治活动的基础，依然散发着平等、美德、参与和法律的余韵。进入近代之后，美德和责任的话语尽管已大大减弱，但平等、法律等依然成为公民身份的原则，这一点在接下来的相关论述中即可得到印证。

### （二）现代公民身份

论述现代公民身份的起源可以有两种方式：一是分析第一个现代国家的公民身份的起源方式；二是以一种普遍的方式归纳现代公民身份起源的原因。鉴于本书第四、五章以及第五部分将从理论和国别的角度对公民身份的起源进行重点论述，因此，这里将从第二个角度出发，归纳现代公民身份起源的最主要动力。尽管每一个国家公民身份起源的具体方式可能存在不同，但遍览现代公民身份产生的原因，以下几个方面当属最为重要：自然法、资本主义和民族国家。自然法为公民身份的产生奠定了思想基础，资本主义则是推动现代公民身份出现的经济动力，而民族国家则为公民身份的产生准备好了政治舞台。

让我们首先从第一个方面谈起。自然法尽管可以追溯到古罗马时期，前文阐述的斯多葛主义已经建立起完备的自然法学说，但它为社会成员普遍接受却是在近代之后。宗教改革、文艺复兴和思想启蒙为自然法学说的普及注入了强大的动力，而马基雅维利、霍布斯、洛克、卢梭等近代启蒙思想家则是具体塑造自然法精神世界的巨匠。

16世纪的欧洲宗教改革对现代公民身份的产生具有特殊的影响。宗教改革使中世纪教会与宫殿分裂的"一仆二主"格局逐渐改变，发展成为以城市共和国为基础的统一的公民共同体。在中世纪的顶峰时期，以君主为中心的宫殿和以教皇为中心的教会被严格界分。前者主宰了人们的世俗生活，后者则主宰了人们的精神生活。古希腊、罗马时期将世俗与精神统合在一起的公民生活被割裂。古典公民身份的平等追求被转移至教会领域，所有人都是上帝的子民，上帝面前人人平等；但在世俗领域，曾经为所有公民参与的政治完全变成了君主与其臣仆的家务事，政治的公共性丧失殆尽，公民成为皇帝的子民。宗教改革所带来的重大改变之一在于，它把原来高高在上的教会和教皇打落下来，信教与否完全变成私人的事情，无需再经过教会的中介；同时，使世俗生活的地位得到提升，教士等神职人员一方面从他们的光环中剥离出高贵的成份而加入到公民的群体中，他们与其他公民一样，"向他们所在的城市宣誓效忠，缴纳一定的税收，并彻底地变得服从民法"。①

同时，宗教改革还将现代公民身份塑造出某种奇异的精神气质。宗教改革不是要把宗教完全清除出世俗生活，使世界变成无神论主义的世界。相反，加尔文教派、路德教派等新教表明，它们只是改变了教会原来过于崇高的地位和繁琐的程序，但宗教仍然是社会生活的最重要因素之一。马克斯·韦伯的开创性研究表明，宗教改革之后，清教徒的精神世界依然以上帝为主宰，"其全部意义在于上帝，而不在于人；上帝不是为了人类而存在的，相反，人类的存在完全是为了上帝。一切造物（当然包括加尔文所深信不疑的事实，即只有一小部分人被选召而获得永恒的恩宠），只有一个生存意义，即服务于上帝的荣耀与最高权威"。②但韦伯同时又表明，宗教改革已经催生了一个严格个体化的世界，个人必须独立地面对上帝，获得恩宠与否的关键不是取决于个体与教会的关系，而是取决于个体在世俗生活中与上帝的沟通，这种沟通通过坚定、睿智、勤勉、冷峻、理性、节俭等德性和行为方式表现出来。新教徒尽管创造了大量的物质财富，但他们却不会对自身财富的增长有丝毫的满足感和消费欲，相反，这种满足更多是在精神方面，增添了上帝的荣光。在现代公民身份破土而出之际，基督新教为之提供了一种坚定的、

---

① 彼得·雷森伯格：《西方公民身份传统：从柏拉图到卢梭》，郭台辉译，吉林出版集团有限责任公司，2009年，第309页。
② 马克斯·韦伯：《新教伦理与资本主义精神》，于晓、陈维纲译，陕西师范大学出版社，2006年，第50—51页。

个体化的、有进取精神的绵绵力量，这是一种为现代公民身份所特有的精神气质。

对于现代公民身份的产生来说，文艺复兴和思想启蒙的重要性在于，它在宗教改革所取得的成果的基础上，使公民身份再一次找到了它的历史之根，并获得稳固的基础，同时又针对早期现代性的社会背景进行了创新和系统化。相对于建立在灵肉二元和臣仆关系基础上的中世纪来说，古典公民身份的基本特征在于其"人文主义"精神，即把"人"置于政治关系和政治活动的核心。通过在新的社会背景下复活亚里士多德、西塞罗、普鲁塔克等，近代思想家把古典人文精神带入到近代，把它打造成为胎动中的现代社会的精神基础。在这种精神的基础上，天赋人权的思想取代天生臣民的思想，契约论的思想取代君权神授的思想，民主政治的思想取代君主政治的传统，成为现代社会的精神基础。如果说现代科学的兴起表明了人与自然关系的根本变革，那么，现代民主思想的兴起则表明了社会关系上人与人之间关系的变革。人民主权学说、社会契约学说、分权制衡学说等成为现代社会的精神基础，人类社会的精神结构从未发生过如此重大的转型。对于现代公民身份来说，这种精神基础同时也构成其产生的基础。只不过与古典人文主义不同的是，以个人为基础的自由取代古典以共和国等为基础的集体自由，以权利为基础的公民身份取代古典以责任为基础的公民身份，以民族国家为基础的公民身份取代古典以小型城邦为基础的公民身份。但是，尽管如此，流淌在公民身份下面的平等、德性及其与法律关联的底蕴并没有发生根本性改变。

其实，近代早期的思想转变并不是自然而然地出现的，而是相应社会变迁的结果，其深层动力来源于近代资本主义的发展。再来谈论资本主义经济是一种与封建经济有着巨大差异的经济已属老生常谈，这里将仅以极为简单的方式加以概括。资本主义经济建立在商品的基础之上，封建经济则建立在土地的基础之上。以土地为基础的社会是传统农业社会，劳动者面对的是土地，每一个家庭就是社会的一个细胞，血缘关系、宗法关系是决定社会个体社会地位的主要力量，同时横向社会流动也不明显。以商品为基础的资本主义经济的显著特征则在于打破传统形形色色的限制，围绕"贸易"而组织起来的一种经济，贸易的发展相应促进了社会流动。从社会关系的角度而言，资本主义使人与人之间的关系也变得简单化，它涤荡形形色色的封建关系，使整个社会关系建立在"金钱"的基础上。对于从封建经济向资本主义经济的过渡，马克思的下述言论至为切合：

> 资产阶级在它已经取得了统治的地方把一切封建的、宗法的和田园诗般的关系都破坏了。它无情地斩断了把人们束缚于天然尊长的形形色色的封建羁绊，它使人和人之间除了赤裸裸的利害关系，除了冷酷无情的"现金交易"，就再也没有任何别的联系了。它把宗教虔诚、骑士热忱、小市民伤感这些情感的神圣发作，淹没在利己主义打算的冰水之中。它把人的尊严变成了交换价值，用一种没有良心的贸易自由代替了无数特许的和自力挣得的自由。总而言之，它用公开的、无耻的、直接的、露骨的剥削代替了由宗教幻想和政治幻想掩盖着的剥削。①

如果我们不去追究破土而出的资本主义对劳动者究竟形成何种新的剥削，而是着眼于现代公民身份的形成，那么，它的影响至少可以归结为以下两个方面：一是把个体从传统社会网络中解放出来，使社会按照新的团结纽带重新组织；二是改变传统公民身份的内容结构，使公民身份权利获得第一波发展。前文引用的马克思的论述已经表明，封建社会是一种建立在封建的、宗法的、田园诗般的关系之上的社会，但是，资

---

① 《马克思恩格斯选集》第 1 卷，人民出版社，1995 年，第 274—275 页。

本主义的发展剥离了遮盖在传统不平等关系上的神圣灵光，使之成为纯粹冷酷无情的"现金交易"。资本主义越发展，传统社会关系越隐退，社会个体之间的关系越纯粹，个体越成为独立的个体。同时，资本主义的发展以大量"自由"劳动力的存在作为前提，因此，资产阶级必须把劳动者从传统封建庄园、种植园和城堡中解放出来，使之成为自由劳动力，能够为新兴的资本主义工厂所雇用。这一点在英国"羊吃人"运动、法国资产阶级革命以及美国西进运动、南北战争等历次社会或者政治运动中表现得最为明显。这些解放运动尽管充斥着铁与血的残酷，但从公民身份的角度来看，它也催生了公民身份权利发展的第一个高峰，那就是与个人自由、信仰自由、结社自由等联系在一起的"民事权利"（civil rights）的发展。经济上的动力同时也反映到了前文刚刚论述过的思想史领域，同步兴起的是以人民主权学说、社会契约学说等为核心的思想启蒙运动。对于资本主义与公民身份的关系，布赖恩·特纳说道：

> 交换关系的发展、市场的扩张和以货币为基础的现代体系的建立促进了个人自主的发展，同时瓦解了从地方、宗教以及其他特殊角度对个体的限定。这一论点在于表明：现代社会成长的条件同时是公民身份成长的条件。①

我已循序表明了近代自然法学说和资本主义在现代公民身份兴起中的作用，那么，民族国家在公民身份兴起过程中又扮演着何种角色？对于漫长的人类历史来说，民族国家是新生事物，即使把作为其前身的绝对主义国家也计算在内，其历史至多也不会超过400年。但是，民族国家的来临对个体的存在方式和国家与社会关系所带来的改变却是根本的，这些改变集中反映在公民身份上：它把公民身份安置在一个新的政

---

① Bryan Turner, *Citizenship and Capitalism*, Allen & Unwin (Publishers) Ltd., 1986, p.26.

治平台上；它使民族国家与公民身份之间形成一种双生和互促关系；同时，它还使现代公民身份权利得到进一步延伸。

在民族国家出现之前，公民身份的安置平台是小型的城邦或者城市。公民身份为这些袖珍型政治共同体提供了组织原则和道德基础。但是，随着资本主义力量在全球范围内的所向披靡，城市国家越来越退居幕后。资本主义使"各自独立的、几乎只有同盟关系的、各有不同利益、不同法律、不同政府、不同关税的各个地区，现在已经结合为一个拥有统一的政府、统一的法律、统一的民族利益和统一的关税的统一的民族"。[①] 一句话，资本主义成为缔造现代民族国家的最强劲力量。在这种一方面要求人身自由、个人权利、迁徙自由、契约自由等权利，另一方面又要求统一法律、统一民族利益、统一关税的背景下，民族国家脱颖而出。在这种新型的国家，个人的存在方式已不再是传统臣民的存在方式，而是独立、自由、平等、民主等原则规范下的存在方式。随着具有清晰边界、统一政府、统一法律、统一关税的民族国家越来越成为政治组织的基本形式，个体意识在两个方面同时得到发展：对于个体独立、自由、平等等的体验，对于作为明确政治共同体成员的感觉。这两种感觉叠加在一起就是对于现代公民身份的感觉。

这样说来，似乎公民身份完全是民族国家的结果，但实际上，前者反过来又进一步促进了民族国家的成熟。就现在大部分研究而言，似乎只有在民族国家建立之后，现代公民身份才得到发展。但实际上，公民身份本身也是促使民族国家加速形成的政治动力。公民身份与民族国家之间，不存在谁是第一性谁是第二性的问题，两者之间很大程度上是一种"鸡生蛋，蛋生鸡"的关系。因为个体越是对明确政治共同体的成员身份具有清晰的认识，民族国家的心理维度也就越加成熟，而公民身份所固有的自由、平等、权利等原则则为民族国家的政治架构提供了扎实

---

① 《马克思恩格斯选集》第1卷，人民出版社，1995年，第277页。

的心理基础和社会基础。

　　这里，还有必要对民族国家之间的战争在现代公民身份发展中的作用进行重点强调。从历史发展的一般规律来看，民族国家的深层动力来源于资本主义，但其表层的动力却是民族国家之间的战争。民族国家是战争的结果。欧洲17—20世纪长达三个多世纪的战争锻造了现代民族国家的基本格局。战争不仅使以前模糊不清的边陲（frontiers）不断成为清晰的边界（boundaries），使民族国家越来越成为吉登斯所谓的"权力集装器"（power container）[①]，同时，也使国家与个体之间的关系发生矛盾性转变。随着领土边界不断趋于清晰，个体的国家观念相应得到加强。同时，国家之间连绵不断的战争则不断把个体卷入其中，国家反复征召青壮年男子参加战争，并灌以报效祖国的观念。为了使他们安心在前线服役，国家给士兵以各种公民身份权利，同时负担起他们的父母、孩子、妇女等的生活。国家与个体之间的契约关系从而不断成形，与选举权利、社会保障权利等相关的公民身份权利也得到迅速发展。但是，我们不能由此就简单地认为，民族国家的出现只会有利于公民身份的发展。两者之间实际上是一种矛盾的结合体。民族国家的确在许多方面都促进了公民身份的发展，但另一方面，从吉登斯所提出的"控制辩证法"的角度来看，每一种权利同时也都伴有相应监控方面的发展：与公民权利（civil rights）相关的是国家在治安方面的监控；与政治权利（political rights）相关的是国家行政力量的反思性监控，而与经济权利（economic rights）联系在一起的则是国家在生产管理方面的监控。[②]

　　现代公民身份的历史起源是一个复杂的主题，前文把自然法、资本主义和民族国家作为推动现代公民身份产生的基本动力。这种概括更多是对历史经验的一般性概括，在特定的国家，不仅每一种动力的地位及

---

[①] 安东尼·吉登斯：《民族国家与暴力》，胡宗泽、赵力涛译，三联书店，1998年，第213页。

[②] 安东尼·吉登斯：《民族国家与暴力》，第250页。

其组合方式存在不同，而且还可能存在其他形式的动力。这一点我们只要回顾一下上世纪 80 年代末 90 年代初苏东社会主义阵营瓦解之后，由于民族国家重新组合而带来的公民身份重建，便会有所理解。但这毕竟是一些特殊的情形，参照现代早期的历史经验，以自然法为基础的思想启蒙、资本主义和民族国家仍然代表了公民身份兴起的基本动力。

## 四、公民身份的获得方式

前文从历史的角度概括了各个时期公民身份产生的基本动力，反映了推动古今公民身份产生的动力存在着巨大的不同。现在我们必须聚焦在当代，从共时层面探讨个体可以通过哪些方式来获得公民身份的问题。参照世界各国的做法，从出生地的角度来看，个体可以通过"血统主义"（Jus Sanguinis）和"属地主义"（Jus Soli）两种方法来获得；而对于外来移民来说，则可以通过"归化主义"（naturalization）和"双重国籍"甚至是"多重国籍"的方式来获得。很少有哪一个国家纯粹采取哪一种做法，大部分国家都实行多元结合的方式来授予公民身份。但在展开更进一步的论述之前，让我们首先明确血统主义和属地主义的含义。

顾名思义，血统主义就是根据"血统"的原则来授予公民身份的，是"与生俱来的获得公民身份的一种方式"。[①] 在实行这一原则的国家，个体出生地或者居住地并不是其获得该国公民身份的前提条件，相反，只有在与该国公民存在血统关系的条件下，才能取得其公民身份。比如，父母双方或者至少有一方是该国的公民。血统主义主要建立在"血缘"、"种族"、"语言"的基础上，尤其以前两者最为重要。血统主义

---

① Thomas Alexander Aleinikoff, David A. Martin, Hiroshi Motomura, Maryellen Fullerton, *Immigration and Citizenship: Process and Policy* (sixth edition), Western Publishing Co., 2008, p. 44.

经常造成一些反常的现象：有些个体尽管不是出生在该国，对该国的文化和历史也没有多少了解，仅仅由于与该国的某个公民存在血缘上的关联，便自动获得其公民身份。相反，一些出生在该国甚至生活在该国已经达两三代之久的外籍劳工，却由于与该国不存在血缘和种族上的联系而被拒绝在公民身份的大门外。就如以后章节将会看到的那样，德国是历史上血统主义政策实行得最为严格的国家。除此之外，还包括以色列以及其他一些中欧国家。

从本质上说，血统主义的目标在于用公民身份的手段来保持民族的纯洁性，其根源很大程度上是历史上民族建构（nation-building）早于国家建构（state-building）、民族主义发展早于公民身份发展的结果。此后国家建构尽管也得到了发展，但由于民族的先在性，公民身份还是被置于民族的目标之下，并形成公民身份与民族之间的矛盾性关系。那就是，公民身份尽管奉行普遍、平等、民主的原则，但在血统主义的干预下，特殊的、民族的、宗教的规范为这些原则的落实设置了严格的条件。在这些因素的干预下，公民身份变得高度排外和封闭。按照罗杰斯·布鲁巴克（Rogers Brubaker）的观点，血统主义后面反映的实质上是一个民族对于自身的自信心问题。一个民族如果对自身具有自信心，那么它将开放公民身份的边界，通过学校教育、军事服役等同化手段让其他民族和种族的成员也加入到本民族中来；血统主义表明的正好是一种相反的态度，它对于开放公民身份不具有足够的信心，只能通过建立起封闭的公民身份边界来确保民族的纯洁性。[1]

与血统主义不同，属地主义则是根据出生地原则来授予公民身份的一种情形，国家领土是授予公民身份的主要参照标准，血统原则在公民身份授予过程中显得更没那么重要。根据属地主义原则，个体能否获得

---

[1] Rogers Brubaker, "Immigration, Citizenship, and Nation-State in France and Germany: A Comparative Historical Analysis", *International Sociology*, Vol. 5 (1990), No. 4: 379–407.

公民身份主要取决于他是否出生在该国的领土上。美国、法国、加拿大等国被看作是典型的属地主义国家。美国宪法第十四条修正案的开头段落即明确指明，凡出生在美国司法管辖权领土上的个体都是美国公民。该规定指出："凡出生或归化于合众国并受合众国司法管辖之人，即为合众国及其所居住州之公民。"[①] 在欧洲历史上的大部分国家，公民身份主要建立在血统主义原则的基础上，但属地主义原则在19世纪和20世纪还是得到很大的发展。同时，这一原则还具有深厚的历史根源，可以追溯到古希腊时代的克里斯蒂尼改革，该改革大大扩展了雅典的公民身份范围。随后，罗马帝国时期，公民身份也主要根据属地原则来授予，公民身份被扩展到居住在帝国境内的所有自由民身上。

与血统主义原则一样，属地主义的产生也存在其特定的历史渊源，我们大致可以将它归结为两个方面的原因：一是历史上国家建构早于民族建构的结果；二是移民国家的特殊国情。第一种情况在法国表现得典型。法国现代民族国家的构建和民族主义的发展肇始于法国大革命时期，大革命首先在主权在民、权利平等、民主自由等原则的指导下推翻了封建等级政治，建立现代民主政治。此后，法国的政体尽管在帝制与共和之间反复轮回，但现代民主政治的基本原则还是得到牢固建立。相对而言，法国民族主义的诞生尽管也出现在大革命的过程中，但它在时序上晚于民主国家建构——只有在当法国遭到德国外来侵略的时候（1792年），民族主义才接替友善的世界主义和和平主义理念而居于主导地位，法国的民族主义情感从未如德国那般炽烈。当法国民族主义产生的时候，法国民主国家已经成形，现代公民身份的原则也已牢固确立。在这种情况下，公民身份的重要性超过民族主义而处于主导地位，公民身份从而显得开放和包容。在接下来有关法国公民身份讨论的章节

---

① 汉密尔顿、杰伊、麦迪逊：《联邦党人文集》，程逢如等译，商务印书馆，1997年，第469页。

中我们将更加详细地看到这一点。同时,移民国家的历史记忆和现实状况也是造成属地主义的主要原因之一。众所周知,美国、加拿大、澳大利亚等诸多国家即使在立国之后,都是一些人口稀少的国家。同时,既有的人口也来自欧洲、非洲、亚洲等世界各个地方,非其本身所固有,他们出于宗教迫害等原因来到新大陆。在这种情况下,很容易使最初的掌权者出于历史体验和劳动力需要等原因而采取属地主义政策。根据罗杰斯·布鲁巴克的观点,与血统主义相反,属地主义原则反映的是一个民族对于自身的较强自信心。因为它不惧怕接纳出生在领土范围内的其他种族的后代,对自身教育机构等同化机构的能力和效率具有较强的自信心,相信能够把其他血统的人口同化进本民族中来。

除德国等极少数国家外,世界上大部分国家都不是执行某种单一的原则,而是将两者结合在一起使用。例如,本国固有人口的公民身份建立在血统主义的基础上,移民后代的公民身份则以属地主义作为补充。在当今国际移民浪潮持续高涨的背景下,不论是血统主义还是属地主义,都已经受持续的压力。

实际上,移民及其后代的公民身份问题只有对实行属地主义政策的国家才有效,因为实行血统主义政策的国家已经在起点上就对他们关闭了公民身份的大门。对于那些不是出生在本国领土和与本国公民不存在血缘关系的外来人口来说,他们可以通过何种方式来获得所在国的公民身份?这里首先涉及的是"归化"(naturalization)的问题。在实行移民归化的国家,一般都会对移民的年龄、居住时间、文化水平、公共道德、政治认同、对本国历史的了解和宣布放弃原有的公民身份等进行明确规定。如1795年1月29日美国颁布的法案规定,凡入籍美国的移民必须在美国居住满5年,自主申请要求加入美国的国籍,同时宣誓效忠美国。其他一些国家的做法则还包括识字或者文化水平测试、从事志愿活动的小时数等。归化政策为移民获得居住国的公民身份提供了途径。

当然，这是一种个体主动争取公民身份的情形，但在一些特殊的政治背景下，"双重公民身份"（dual citizenship）和"多重公民身份"（multiple citizenship）的情形也可能出现。双重公民身份的最基本含义就是个体在不放弃原有公民身份的条件下，可以同时拥有另一个国家的公民身份。从当前世界各国的情况来看，允许双重公民身份的国家不在少数，全世界共有 70 多个国家允许公民拥有双重公民身份，其中包括美国、加拿大、法国、英国、澳大利亚等发达国家。但中国不在此列，中国的《国籍法》明确规定："中华人民共和国不承认中国公民有双重国籍"，"定居外国的中国公民，自愿取得外国国籍的，即自动丧失中国国籍"。但加拿大的《公民法》却规定，已经取得其他国家公民身份的加拿大人除非自己申请放弃加拿大国籍，否则仍然可以持有加拿大的国籍。当然，在实行双重公民身份的国家，也有一些会做出一些补充性规定，比如，国际婚姻的子女在成年后，必须根据自身意愿选择一个国家的国籍等。多重公民身份是双重公民身份的进一步发展，指个体同时拥有多个国家的公民身份。双重或者多重公民身份尽管可能给公民提供不少便利，但也造成了许多政治上的难题。如前所述，公民身份是与相应的权利、义务、德性联系在一起的。一个拥有该国公民身份但实际上没有居住在该国的公民，他是否应当像其他公民那样履行纳税、兵役等公民义务？从德性的角度来看，如果公民身份意味着对自己国家的认同和忠诚的话，那么，一个拥有多重公民身份的公民如何才能做到同时忠诚于两个甚至数个国家？如果忠诚意味着"专一"的话，同时忠诚于两个或者数个国家难道不是与忠诚的本义相矛盾的吗？

本节仅仅从国家的角度考察了个体获得公民身份的方式，但这仅是诸多研究进路中的一种。前文在探讨公民身份的涵义时已经表明，部分学者从个体角度考察公民身份的获得方式，把公民身份看作是个体抗争的结果。但是，无论是国家的主动授予还是个体的有意抗争，公民身份的获得方式最终都必须经由属地主义和血统主义两种途径。在此基础上，再加上少部分归化、双重公民身份或者多重公民身份的情形。

## 本章小结

本章勾画了公民身份概念的基本轮廓。第一，说明了公民身份相对于其他社会身份的独特性。本章的论述表明，公民身份主要是个体相对于国家等政治共同体而言所拥有的一种身份，公民身份的独特性主要体现在其普遍性、政治性和平等性上。第二，个体在国家等政治共同体中拥有的正式成员身份衍生出公民身份的诸多含义，这些含义构成了公民身份的核心要素，它们包括国籍、权利、义务、参与、德性、统治策略等。尽管在研究过程中它们未必必须全部纳入分析的范围，但它们无疑都构成公民身份的内容。第三，放眼历史的星空，公民身份经历了一系列历史演化过程，大致可以将其划分为古典公民身份和现代公民身份两个历史时期。古典公民身份经历了从古希腊雅典、斯巴达城邦到罗马共和国和罗马帝国，最后到中世纪城邦共和国的演化过程，每一个历史时期的公民身份都存在其独特特性。尽管公民身份在催生现代政治景观方面发挥着根本性作用，但反过来，近代启蒙运动、资本主义和民族国家等社会潮流在推动现代公民身份的形成方面也发挥着至关重要的作用。第四，综观当今民族国家的政治实践，血统主义、属地主义和归化主义代表了个体获得民族国家公民身份的三种基本方式。

# 第二章　公民身份的涵义解析

前一章阐明了公民身份的基本要素、历史流变和获得方式等，它们为本章的讨论奠定了坚实的基础。本章的重点在于阐明公民身份的概念涵义。公民身份在西方学术界尽管具有其统一的概念形式，但学者们对于其表达的涵义却存在迥异的理解。它不仅被表述为民事公民身份（civil citizenship）、政治公民身份（political citizenship）、社会公民身份（social citizenship）、工业公民身份（industrial citizenship）等，在当代，它还被表述为女性公民身份（feminist citizenship）、环境公民身份（environmental citizenship）、文化公民身份（cultural citizenship）、亲密公民身份（intimate citizenship）、性公民身份（sexual citizenship）等形形色色的概念。以往从来不被纳入公民身份分析范围的要素和领域，现在正堂而皇之地成为公民身份的言说主题。公民身份的这种发展趋势使其概念涵义变得高度复杂。安德列斯·法米尔（Andreas Fahrmeir）在梳理公民身份涵义时感慨道：

> 公民身份的涵义不仅充满争论，而且还变得高度扩散。就像几乎每个人都谈论的"市民社会"概念一样，公民身份也开始变得什么事物都表示，但什么事情也没有表示：由护照所传递出来的国籍；在各种公共和私人领域的参与权利；获得利益的权利；对特定政治和社会秩序的忠诚；甚至是在同事面前或者在大学校

园中的体面等。①

本章旨在从繁芜的公民身份定义中解析其概念内涵。它旨在表明，公民身份在当下尽管充满争论，尽管形成了迥异的理解，但这并不意味着我们就无法理解这一概念，相反，当下公民身份的概念涵义体现出层次性和规律性，这种层次性和规律性反映了社会历史发展的脉络。本章分为三节，第一节分析公民身份概念的核心内涵，第二节结合全球化和新社会运动的背景分析公民身份的扩展性内涵。在此基础上，最后一节分析公民身份涵义变化后面所隐含的变迁机制。

## 一、公民身份的核心内涵

要准确理解公民身份的核心内涵并非易事，本章旨在通过比较公民身份定义的方式来提练其核心内涵。通过比较在公民身份研究领域已经产生广泛影响的定义，抽离其中存在的共同要素，从而提练出公民身份的核心内涵。前一章已就公民身份的核心要素进行过论述，从某种意义而言，核心要素与核心内涵之间并不存在本质的区别，因此本节的内容将与前一章的部分内容存在重合之处。但这并不意味着本节的内容无关紧要。在公民身份研究领域，曼把公民身份看作"统治阶级策略"的观点尽管形成了广泛的影响，但综观各种公民身份定义，很少有其他学者把统治阶级策略作为公民身份的概念内涵，这是其一。其二，本节的内容还将对前一章有关公民身份基本要素的论述形成补充性论述。

在对公民身份的界定方面，亚里士多德、西塞罗、霍布斯、卢梭、洛克、T. H. 马歇尔等古今思想家都曾对公民身份概念进行过界定。例

---

① Andreas Fahrmeir, *Citizenship: the Rise and Fall of a Modern Concept*, New Haven and London: Yale University Press, 2007, p. 1.

如，在亚里士多德看来，"公民的一般意义原来是指一切参加城邦政治生活，轮番为统治和被统治的人们。"① 西塞罗认为，公民是自由国度中"担任国家职务并在政府中扮演一个积极角色"的人，如"罗得岛人"和"雅典人"②；卢梭把公民看作是与其他个体缔结社会契约、形成公意从而建立起共和国的"主权者"③；洛克把公民看作是放弃其自然法的执行权利而把其让渡给国家以获得"安全"和"保障"的个体④；英国社会学 T. H. 马歇尔把公民身份界定为个体在政治共同体中所拥有的"完全成员资格"以及与这一资格相联系的各种权利，如民事权利、政治权利和社会权利等⑤；美国社会学家托马斯·雅诺斯基认为，"公民身份是个体在民族—国家中消极或者积极的成员资格，与这一资格相联系的是特定平等水平上带有一定普遍性的权利和义务。"⑥ 当代公民身份研究专家恩斯·艾辛则认为，"公民身份是一种动态的（政治、法律、社会、文化方面的，甚至包括性、审美和伦理等方面的）支配与赋权制度，它规定了在特定政权中谁是公民（内部人）、属民（subjects）（陌生人和外部人）和下等人（abjects）（外国人），规定了这些行动者应当如何来管束自己和彼此之间的关系。"⑦ 无限地列举公民身份的定义显然不是本文的目的，但从上述有关公民身份的定义可以看出，它们至少包含如下共同的要素，这些要素构成了公民身份的基本内涵。

---

① Aristotle (translated by J. A. K. Thomson), *Politics*, Oxford: Clarendon Press, 1948, 1283b.
② 西塞罗:《国家篇、法律篇》，沈淑平、苏力译，商务印书馆，2002 年，第 39 页。
③ 卢梭:《社会契约论》，何兆武译，商务印书馆，1996 年，第 26—29 页。
④ 洛克:《政府论》，叶启芳、瞿菊农译，商务印书馆，1996 年，第 54—58 页。
⑤ T. H. 马歇尔:《公民身份与社会阶级》，郭忠华、刘训练编，江苏人民出版社，2007 年，第 6 页。
⑥ Janoski, Thomas, *Citizenship and Civil Society: A Framework of Rights & Obligations in Liberal, Traditional, and Social Democratic Regimes*, Cambridge: Cambridge University Press, 1998, p. 6.
⑦ Engin F. Isin, "Citizenship in Flux: The figure of the activist citizen", *Subjectivity*, Issue 29 (2009), pp. 367–388.

首先，所有这些公民身份定义都以国家作为言说对象，"国藉"构成了公民身份的前提。鉴于前一章第二节已经对国藉这一要素进行过较为详细的论述，这里仅就国家与公民身份之间的关联进行补充性说明。从前文有关公民身份的定义可以看出，它们都把公民身份看作是个体在国家中的正式成员资格——尽管有些学者把国家命名为"政治共同体"、"城邦"或者"民族—国家"，都把国家看作是公民身份赖以存在和运作的平台，从这一意义而言，作为国家成员资格的国藉构成了公民身份的前提条件。正因为如此，《布莱克维尔政治学百科全书》把"公民身份"与"国籍"相等同，认为"国籍决定了公民身份"。① 当然，国藉本质上是一种现代政治现象，古代国家并不存在现代意义上的制度性国藉，但如果把国藉仅仅看作是国家的正式成员资格而忽略其制度形式，那么，这种成员资格不论在古代还是现代都构成了公民身份的前提。在古代，成为小型而紧凑的城邦国家的正式成员是获得公民身份的前提，当现代民族国家出现之后，成为具有清晰领土边界的大型民族国家的正式成员是获得公民身份的前提。可以说，脱离了国家这一平台和基础，公民身份也就无从谈起。当然，国家在不同的时期对公民个体具有不同的地位和作用。古典公民身份把共和国置于思考的核心，把公民融入共和国的政治活动看作是自由的体现。希特指出："公民身份的目的在于以一种共生的关系将个体与国家联系在一起，以创立和维持一个公正而稳定的共和国政体，使个体能够享受到真正的自由。"② 现代公民身份则把个体置于思考的核心，国家仅仅是维持个人自由和权利的手段。"每个人都有权享受其天生的自由，除非出于最必要的政策目的，否则国家无权干预或者剥夺这种权利。因此，在所有的国家中，最小的国家是唯一

---

① 戴维·米勒、韦农·波格丹诺：《布莱克维尔政治学百科全书》，邓正来等译，中国政法大学出版社，2002年，第122页。
② Derek Heather, *What is Citizenship*, London: Polity Press, 1999, p.53.

正当的国家。"①

其次，上述定义主要围绕"权利"和"义务"进行言说。公民身份是个体在政治共同体中的正式成员资格，与这一成员资格联系在一起的则是相应的权利和义务。前一章已就权利和义务进行过比较全面的论述，这里仅从思想史角度对两者的归属进行补充性说明。在把公民身份当作各种平等权利的组合方面，自由主义传统存在着许多优点。它不仅对公民身份权利进行了细分，形成了民事权利、政治权利、社会权利、参与权利等权利种类②，而且还探讨了公民身份权利之间是否存在着原则性矛盾的问题，尤其是民事权利、政治权利与社会权利之间可能存在的矛盾。③ 与自由主义相反，共和主义以及当代社群主义思潮则更加强调公民的责任和义务。它们指责自由主义过于强调权利的做法将带来的危险，而且把责任和义务看作是公民身份的条件。在共和主义者看来，公民不仅应当具有节制、正义、勇气、智慧、判断力等美德，而且还应当爱国、应当担任政治公职，或者在法庭中担任陪审员，此外还必须服兵役，它们是公民的基本责任。④ 无论这两大公民身份传统在权利与内容问题上存在着多大的分歧，它们都构成了公民身份概念的基本内容，只是侧重点有所不同而已。同时，在理解自由主义和共和主义这两大传统的时候，我们也不能走向极端，认为它们就只重视权利或者义务，完全忽视对立面的存在。实际上，自由主义在重视权利的同时，也把纳税、遵守法律、忠诚国家等看作是公民必须履行的义务。共和主义在强调义务的同时，也把政治参与的特权仅仅局限于公民内部。因此，它们

---

① Derek Heather, *What is Citizenship*, p. 27.
② Thomas Janoski, *Citizenship and Civil Society: A Framework of Rights & Obligations in Liberal, Traditional, and Social Democratic Regimes*, Cambridge: Cambridge University Press, 1998, p. 30.
③ Bryan Turner, *Citizenship and Capitalism*, Unwin Hyman, 1986.
④ Adrian Oldfield, *Citizenship and Community: Civic Republicanism and the Modern World*, London: Routledge, 1990, p. 135.

实际上只是在权利与义务问题上的相对侧重而已,在下一章有关公民身份理论传统的论述中,这一点将会得到更加充分的论述。

再次,反映在心理维度上,公民对国家的心理投射和对同行公民的态度问题,即公民美德的问题,西塞罗以及古典共和主义有关公民身份的界定反映了这一维度。但鉴于前一章已就公民德性问题进行过一定的论述,这里仅进一步廓清三个方面的问题:一是公民美德的表现层次;二是公民美德的表现维度;三是公民美德的形成问题。公民美德的表现层次可以划分为两个层次:一是国家认同或者更广泛意义上的政治认同,二是公民美德。按照曼纽尔·卡斯特的观点,认同构成了个体的意义(meaning)的来源,它以支配性的制度或者结构作为对象,当社会行动者将之内在化,并围绕这种内在化过程而构建其意义世界的时候,个体的自我认同也就形成了。[1] 也就是说,只有在个体将国家的政治制度、文化象征等要素内化于心理之后,才会形成其对国家的认同感。而对国家的政治认同被看作是合格公民的基本条件。政治认同的进一步提升,则成为公民美德,体现在对国家深厚的情感投入和奉献上。卢梭曾以一种类似于格言的方式说明过美德与公民的关系:"没有自由,国家便不可能存在;没有美德,自由便不可能存在;没有美德,公民便不可能存在。"[2]

在公民德性的表现维度方面,它可以划分为三个维度:一是公民自身的德性,如勇气、坚毅、胆识、技能、无私、公共精神等。有美德的公民必须具有坚毅的品质、勇敢的精神、无畏的勇气以及积极参与公共生活的热情。[3] 二是公民对于国家的德性,如前所述,体现在对国家的热爱、奉献等方面。三是对同行公民的态度,体现在公民个体既能保持

---

[1] 曼纽尔·卡斯特:《认同的力量》,曹荣湘译,社会科学文献出版社,2006年,第5页。
[2] 转引自德里克·希特:《何谓公民身份》,郭忠华译,吉林出版集团有限责任公司,2007年,第51页。
[3] Niccolo Machiavelli (ed. by B. Crick), *The Discourse*, Harmondsworth: Penguin, 1998, pp. 58–59.

其独立的意志，又能与同行公民形成兄弟般的情谊、合作、信任等。一般认为，公民之间的美德程度决定了公民与国家之间的德性程度。

公民美德的形成则主要通过以下三大渠道：公民教育、公民宗教和军事训练。公民教育并不是实践性的职业操练，毋宁说必须通过严格的目标制定、程序设计和材料选择来将个体培育成具有特定品质的公民。公民宗教则是公民通过濡染在国教、国家的守护神、政治誓言等氛围中来达到德性的形成和提升。卢梭指出，公民宗教的好处，"就在于它把对神明的崇拜与对法律的热爱结合在一起；而且由于它能使祖国成为公民崇拜的对象，从而就教导了他们：效忠于国家也就是效忠于国家的守护神"。① 严格的军事训练则被看作是训练公民品质的又一种途径。如下一章将要论述到的那样，在古典共和主义思想家那里，军事训练被看作是培养个体吃苦、纪律、勇敢、审慎、残酷等精神的重要途径。国家必须坚决杜绝使用雇佣军，因为这种军队由于其势利的性质而破坏国家的精神，只有公民军队才是确保共和国精神不致堕落的基本保证。

最后，大部分有关公民身份的界定都涉及公民身份的"行动"问题。在上述有关公民身份的界定中，亚里士多德、艾辛等人的定义一定程度上反映了行动在理解公民身份概念涵义中的重要性。第一章对艾辛有关"公民身份行动"的观点进行过阐述，表明它旨在论证那些不拥有公民身份的个体是如何通过抗争等权利要求行为来获得公民身份和推动既有公民身份制度发生变化的。这里将不重复论述以艾辛为代表的"公民身份行动"的观点，而是重在论证例行化的公民身份行为与创新性的公民身份行动之间的关系。艾辛的观点或许走向了另一个极端，仅仅把移民、外国人、少数族裔等边缘群体的抗争行为当作公民行动，而把纳税、服兵役、遵守法律、选举、听证等典型意义的公民行为排斥在公民身份行动之外。结果形成公民行动仅仅指那些不拥有正式公民身份者的

---

① 卢梭：《社会契约论》，何兆武译，商务印书馆，1996年，第178页。

行动,而正式拥有公民身份者的行动则不被看作是公民行动的结果。我要提出的是,公民行动应当划分为两个部分:一是例行化的公民行为,包括选举、机票、服兵役、纳税等政治性行为,它们尽管不能创新既有的公民身份制度,但却是既有公民身份制度再生产的核心环节。当然,我们也不应当因此就把公民行为仅仅看作是这些例行化的行为,它同时也体现在阿伦特、艾辛等人所说的"开端"性行动上,这种"开端性"行动体现在创造不同,打破既有的常规、惯例和共识等方面。[①] 这些行动不仅为正式拥有公民身份的个体所履行,也为不拥有正式公民身份的弱势或者边缘群体所履行。创新性行动的重要性在于,它可以推动公民身份制度不断突破既有的结构而迈向创新。从总体来看,公民身份行动是兑现公民权利、履行公民义务、展现公民德性的核心环节,没有行动,公民身份就只会是僵死的制度和空泛的德性,而不能体现在现实中,因此,在讨论公民身份的核心内涵时,行动也构成了其核心内涵的一部分。

前文把公民身份的核心内涵归结为国藉、权利、义务、德性和行动五大要素,这五大要素同时还存在着内在的关联。个体在国家的正式成员资格构成了公民身份的来源,不论把公民身份看作是一种制度结构还是实践行为,它都以这种成员资格或者获得这种成员资格作为目标指向,成员资格(国籍)因此构成了公民身份的第一层涵义。个体在政治共同体中的政治成员资格衍生出公民身份的第二层涵义,体现在权利、义务、认同、德性等方面。前两个要素体现了公民身份的制度性内涵,后两种要素则体现在公民身份的心理内涵。但无论哪些要素,它们都以第一个层次的内涵作为基础。行动则构成了公民身份核心内涵的第三个层次。也就是说,无论何种公民身份要素,最终都必须通过行动才能得

---

[①] 恩靳·F.艾辛:《变动中的公民身份:行动主义公民的形象》,见肖滨主编:《中国政治学年度评论》(2013年卷),格致出版社,第45页。

到再生产或者创新。公民身份内涵要素之间的关系可以表达为下图的方式：

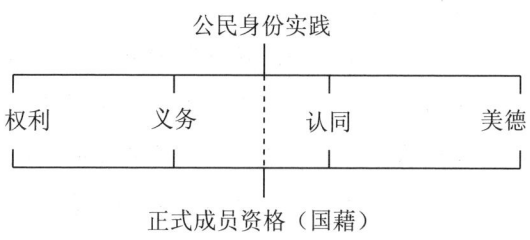

图 2.1　公民身份内涵的基本层次

## 二、公民身份的扩展内涵

前文已就公民身份概念的基本内涵进行过梳理，但这并没有穷尽这一核心的当下涵义。自上世纪中期以来，公民身份的涵义体现出明显的复杂化趋势，除传统的公民身份定义外，还出现诸多此前闻未所闻的新概念，如女性公民身份、环境公民身份、网络公民身份，甚至是性公民身份等。以前被屏蔽在公民身份范围之外的许多领域（如情感、环境、女性、同性恋）或者主体（如同性恋者、环保主义者、世界主义者等），现在堂而皇之地被冠以公民身份的名字或者成为公民身份的活动主体。大量新公民身份概念的出现一时间极大地模糊了公民身份概念的内涵和外延，使公民身份的界限变得不再清晰、内涵不再明了。"社会性质的变迁迫使我们重新思考公民身份的涵义。"① 公民身份概念的勃兴固然体现了公民身份的当代重要性，但面对如此五花八门的公民身份概念，人们也开始感到困惑和怀疑：公民身份概念到底还存在确切的内涵和固定的范围？本节旨在整理当下繁杂的公民身份定义。

---

① Gerard Delanty, *Citizenship in a Global Age*, London: Open University Press, 2000, p. xiii.

但在进行这一整理之前，首先有必要回到公民身份的光谱中去，弄清它在过去半个多世纪里到底发生了哪些变化。综览当今公民身份的光谱，其发生的最大变化莫过于"从单一到多元"。也就是说，在20世纪中期以前，公民身份的光谱主要是由某种单一的传统和思维所主宰，光谱的色调从而显得相对单一和容易辨识。但在当今时代，不仅传统的色调没有去除，而且还涂抹了许多新的色彩。这些新的色彩大致可以根据两大标准进行分类：一是从公民身份的内涵来看，除原来的涵义要素之外，还添加了以女性作为言说对象的"女性公民身份"，以环境作为言说对象的"环境公民身份"，以少数民族或者种族权利作为言说对象的"文化公民身份"，以情感作为言说对象的"亲密公民身份"，以性和性取向作为言说内容的"性公民身份"，以网络参与作为言说对象的"数字公民身份"等。20世纪中后期出现的形形色色的新社会运动或者新社会潮流（如女性运动、环保运动、和平运动、移民浪潮、网络潮流等）是形成这些新概念的主要催化剂。二是从公民身份的范围来看，除民族国家的公民身份之外，城市公民身份（municipal citizenship）和世界公民身份（world citizenship）等古老理念再一次得到复兴。除此之外，通过美国等联邦制国家的政治设计，还形成了联邦单位的公民身份，如州公民身份（state citizenship）、邦公民身份或者加盟共和国的公民身份等；通过欧盟的政治设计和实践，形成了欧洲公民身份（European citizenship）等地区性公民身份。全球化和地方化的发展是形成此类公民身份的主要原因。从总体来看，20世纪中后期以来公民身份的变化主要体现在"涵义"的复杂化和"层级"的多元化两个方面，这些变化尽管极大地突破了以前的内涵和范围，但并不意味着我们再也无法把握这一概念的内涵。

从根本上说，公民身份的所有这些新兴概念都是对以国家、男性、人类、主流民族等为核心的传统公民身份观念的反思和补充，它们在某种程度上既承接了以前的公民身份涵义，又给它增添了更加特定的内涵；既反思以前范围存在的问题，又把它拓展到新的领域。例如，在女性主义者看来，传统公民身份理论尽管宣称公民身份的普遍性、平等性，但它实际上是只是一种抽象的普遍和平等，它以"公民"为名，隐藏其后的本质上是"男性"的特征。公民被赋予独立、理性、强健、有判断力等特征，实际上，它们只是男性特征的体现，女性则本质上被看作是依附的、感性的、柔弱的、没有判断力的人。因此，要真正实现平等的公民身份，就必须打破公共领域与私人领域的传统划分、打破将公民身份与男性特征联系在一起的思维定势，把女性的特征和职业也纳入公民身份的考虑范围，形成李斯特（Ruth Lister）所说的"妇女—友好型公民身份"（woman-friendly citizenship）① 或者杨（Iris Young）所说的"差异政治"（politics of difference）②。从这一方面而言，女性主义者将公民身份的思考范围实质性地拓展到性别领域。但是，即使如此，公民身份的基本内容并没有发生太大的变化，女性公民身份所主张的依然是"权利"、"义务"、"德性"、"参与"等内容。这一点对于过去几十年出现的其他公民身份而言同样如此。例如，环境公民身份突破民族国家和人类内部的言说界限，将公民身份延展到自然和动物界，把自然和其他动物也看作是平等的主体，具有相应的权利，以此避免掠夺自然、虐待动物。亲密公民身份突破将公民身份局限于公共领域的传统做法，把公民身份延展到家庭、性、代孕、同性恋等亲密关系领域，反对歧视这些领域的传统做法，要求尊重相关主体的权利，并且平等地对待他们③。从总体来看，当代公民身份概念的涵义变化和外延拓展可以归纳为下表的方式。

---

① Ruth Lister, *Citizenship: Feminist Perspective*, London: Routledge, 2003, p. 195.
② Iris Young, *Justice and the Politics of Difference*, Princeton, NJ: Princeton University Press, 1990, p. 184.
③ Ken Plummer, *Intimate Citizenship: Private Decisions and Public Dialogues*, University of Washington Press, 2003, p. 6.

表 2.1　当代公民身份的涵义拓展

| | 国籍 | 权利义务 | 美德 | 行动 | 性别 | 亲密 | 环境 | 性 | 种族 | 区域 |
|---|---|---|---|---|---|---|---|---|---|---|
| 理想类型 | A | B | C | D | E | F | G | H | I | J |
| 核心涵义 | A | B | C | D | | | | | | |
| 女性公民身份 | A | B | C | D | E | | | | | |
| 亲密公民身份 | A | B | C | D | | F | | | | |
| 环境公民身份 | A | B | C | D | | | G | | | |
| 性公民身份 | A | B | C | D | | | | H | | |
| 文化公民身份 | A | B | C | D | | | | | I | |
| 平行公民身份 | A | B | C | D | | | | | | J |

说明：在 20 世纪中后期以来兴起的新型公民身份中，除上表所列的种类外，还包括指向后代权利的"代际公民身份"，指向企业社会责任的"企业公民身份"，以及作为女性公民身份与环境公民身份混合体的"生态女权公民身份"和以网络公民作为言说对象"数字公民身份"等。出于篇幅的限制，上表中没有列出这些公民身份，但它们与其他新兴公民身份一样，扩展和补充了传统公民身份的内容。

从上表可知，公民身份的基本内涵并没有发生根本性变化，公民身份的基本涵义依然主导着公民身份的话语，但与以前不同的是，这些基本涵义同时被其他一些以前被忽视的领域或者被排斥的层级所补充。每一种新型公民身份都在某一个领域拓展了公民身份的外延，增加了公民身份的内涵。其中有些重在扩展公民身份的内涵，而对国家这一平台保持沉默，如女性公民身份、环境公民身份、亲密公民身份等。另一些则对公民身份的内涵基本保持沉默，重在扩展公民身份的范围，如"平行公民身份"（parallel citizenship），这一点在后文行将论述到。在当代，如果存在这样一种公民身份，它既能够实现公民身份的基本涵义，又能实现各种扩展性涵义，这当然是一种最为理想的公民身份，即上表所说的"理想类型"。但这种情况在现实中并不存在，就当前的公民身份而言，它总是体现为在基本涵义的主导之下，同时受女性公民身份、环境公民身份、文化公民身份等多重补充的格局。但是，理想类型并不会丧失其意义，它为衡量公民身份的现实状况提供了标准。

这里，还有必要对"平行公民身份"加以特别的解释。平行公民身份包括两种情形：一是公民在国家内部同时拥有多层级的公民身份（层级公民身份）；二是个体同时拥有两个甚至多个国家的国籍（多重公民身份）。在当今世界，前者的最明显情况是联邦制国家所实行的双重公民身份，即个体既是较低层次的联邦成员单位的公民，也是较高的联邦层次的公民。但层级公民身份也存在其他一些形态，如城市公民身份（如中国香港的公民身份、中国户籍制度下的城市居民等）、欧洲公民身份和世界公民身份等。在欧盟国家，一个公民可能同时拥有城市、联邦单位、国家和欧洲的公民身份，如果他兼有世界主义的理想或者成为联合国的工作人员，那么，他将同时拥有所有层级的公民身份。但无论跨越多少层级，国家公民身份依然是其中最重要的一种。多重公民身份在古罗马时代就已经存在，但在当今的移民浪潮下变得更加突出，公民同时拥有多国国籍的情形已不在少数。平行公民身份的发展，对传统以国家为基础的公民身份形成了极大的补充，使公民身份成为一个跨越纵（层级公民身份）、横（多重公民身份）两个维度的立体化体系。

总之，当代公民身份概念的复杂化使公民身份的内涵和处延都发生了明显的变化。但是，这并不意味着传统公民身份涵义的根本改变，公民身份涵义变得无从把握。相反，所有新兴的公民身份类型都只是在反思或者批判传统公民身份的基础上，对其形成补充，它们使公民身份的涵义变得更加具体、使其外延变得更具有普世性。

## 三、概念涵义的变迁机制

纵观公民身份在过去两千多年的发展史，期间一共发生过两次大的转型，表现为三种概念形态：一是15—18世纪从共和主义公民身份向自由主义公民身份的转型；二是20世纪中后期以自由主义为主导、多元公民身份并存的格局。每一次转型都意味着公民身份的内涵更迭和外延扩展。由此提出的问题是：促使公民身份产生转型的原因是什么？如何解释隐藏在这些转型后面的变化机制？时下，已有大量文献就第一种转型进行过探讨。例如，马克思主义者习惯于把它归纳为经济的原因，认为正是资本主义催生了现代社会，现代自由主义不外是适应现代资本主义社会的表现。① 马克斯·韦伯习惯于从文化的角度解释这种转型，认为宗教世俗主义的发展导致现代社会的兴起，伴随着这种兴起而来的是自由主义公民身份的发展。② 安东尼·吉登斯则把这种转型的原因归结为"两次大革命"（法国大革命和工业革命）的影响等。③ 这些解释尽管从某个维度出发说明了宏观社会变迁，但却都表现出"化约论"的倾向，即或者把转型的原因归结为宏观社会结构的变化，或者归结为个人心理的变化，没有真正揭示公民身份的变化机制。

实际上，公民身份从来就不是一种只悬搁在政治或者社会当中，与个体不存在关联的概念，相反，它是一个非常"情境化"的概念，"情境"把行动者和相应的社会场景统一在一起。也就是说，它既与社会结构的制度性特征联系在一起，也与行动者的观念联系在一起。前者表现为宪法、法律等客观制度形式，后者则表现为公民的权利意识、义务意识、参与意识等观念形态。行动者的行动则是将两者联系在一起、并使其发生变化的动力。古希腊先哲赫拉克利特以及近代马克思、黑格尔等人的辩证法都表明，任何事物都不是静止不变的，相反，事物的运动是绝对的，静止则是相对的。"人不能两次踏进同一条河流"，生动地表明了运动绝对性和静止相对性的原理。反映到公民身份领域，作为社会结

---

① 《马克思恩格斯全集》第3卷，人民出版社，2002年，第175—188页。
② Max Weber, *The City*, translated and edited by Don Martindale and Gertrud Neuwirth, New York: the Free Press, 1958, pp. 91-99.
③ 安东尼·吉登斯：《批判的社会学导论》，郭忠华译，上海译文出版社，2007年，第3—4页。

构性原则的公民身份制度也不会是静止不变的,而是会随着社会现实的变化而不断发生的改变。这种变迁模式总体上可以归结为如下方式:社会结构的相对稳定性以及作为其反映的公民身份制度;社会结构变动的绝对性,以及作为对外在世界能动反映的人们的思想和观念不断发生变化,形成新的思想和观念;这种观念促使人们采取新的行动方式来要求更加适应新社会现实的公民身份;最后是新公民身份不断被创立和制度化,从而使公民身份发生转型。因此,公民身份的转型实际上是制度、观念、行动相互作用的产物。公民身份的这种变迁方式同时也反映了吉登斯"结构化理论"的基本思想。他指出:"社会系统的结构性特征对于它们反复组织起来的实践来说,既是后者的中介,又是它的结果。"①

如果说社会结构和人类观念的变动性是一个相对较为容易理解的问题的话,那么,上述总体变迁模式中还有两个问题有待进一步说明:一是促进公民身份转型的"行动";二是如何根据上述模式来解释历史上出现的公民身份转型。对于"公民身份行动"(acts of citizenship)的问题,如前一章所言,当代公民身份研究专家恩靳·艾辛有过大量的论述。在他看来,公民身份行动是一个与公民身份行为(actions of citizenship)相区别的概念。后者表现为公民从事纳税、投票、服兵役、参加听证等行为,因此是已经取得公民身份的个体按照公民身份的制度规定而从事的"例行化"行为,这些行为尽管重要,因为是公民身份制度再生产的基本途径,但却不会创设新的公民身份制度。因此,在艾辛看来,他们并不属于"公民身份行动"的范畴。相反,公民身份行动是一种能够催生新的公民主体的行为(即把以前处于公民范围之外的臣民、属民、部民等变成公民)、是一种能够通过其要求的表达而创设新的公民身份场所的行为、是一种能够为公民身份增加

---

① 安东尼·吉登斯:《社会的构成》,李康、李猛译,三联书店,1998年,第89页。

新的内容的行为。① 公民身份行动的主体未必必须事先需要获得公民身份，相反，他们更多体现为"权利的要求者"，把自己建构成"有权要求权利的人"（the right to claim rights）。总之，公民身份行动是一种聚焦于"开拓和创新"公民身份内容的行为，而不是纳税、投票等例行化的公民身份行为。正是公民身份的这种特质，使公民身份能够不断扬弃自身而发展前行。

至于公民身份转型的历史解释问题，如前所述，公民身份在历史上曾经经历过两次大的转型。在近代资本主义兴起之前，社会结构主要是建立在土地经济的基础之上，与之相应的公民身份则表现为下一章将要论述到的共和主义类型。这种公民身份局限于拥有相当数量财产（尤其是土地）、取得经济独立和有充足时间的少数公民身上。这一点在亚里士多德、卢梭等的思想中具有明显的体现。例如，亚里士多德认为，"在我们的理想（模范）的城邦中，土地应归属于执兵器以卫国境并参加政治的人们（阶级）。"② 近代经济和社会结构的变化带来了人们思想观念的变化。通过宗教改革、文艺复兴、启蒙运动等社会运动，人们的思想也发生根本变革，自然权利论、人民主权论、契约论等观念变得深入人心。在新观念的基础上，政治思想家们设计出新的、迥异于以前的政治发展图景，如代议制政府、分权制衡的政治构架等。新的权利要求和政治设计最终通过人们的公民身份行动（如英国资产阶级革命、法国大革命、美国独立战争等）得以实现。在新的社会和政治条件下，自由主义公民身份（下一章将会论述到的核心主题）取代共和主义的公民身份成为时代的主流。在新的公民身份范式的主导下，权利的主体得到扩大、个人权利成为公民身份的基础、国家与社会的关系发生倒转。20世纪中晚期再一次发生一系列影响深远的事件或者潮流，如两极格局的解

---

① Engin F. Isin, Greg M. Nielsen, "Theorizing Acts of Citizenship", in Engin F. Isin, Greg M. Nielsen, *Acts of Citizenship*, Zed Books Ltd, 2008, p. 18.
② 亚里士多德：《政治学》，吴寿彭译，商务印书馆，1997年，第372—373页。

体、全球恐怖主义的兴起、全球化的发展以及由此带来的全球移民浪潮、后工业主义的发展以及由此带来的生产方式的变革等。这些事件和潮流再一次对人们的观念形成严重的冲击，通过女性主义运动、环保主义运动等新社会运动，通过各种国际公民社会组织的行动，通过国家间的政治行动（如欧洲国家缔结欧盟的行动、国际维和行动等），自由主义公民身份持续受到检视和反思。在此基础上，新的公民身份类型不断涌现，最终演变成为以当今自由主义和国家公民身份为基础的"多元公民身份"格局。在新的公民身份格局下，公民身份的主体、内容、性质等得到实质性的扩展和充实。

行文至此，本节以对两大问题的总结作为收尾。首先，公民身份尽管处于持续变动的过程中，但肯定这一点并不意味着可以对它做任意的解释。综观公民身份概念的历史，不论在什么时代和何种背景下，它都始终贯穿着某些共同的要素，如成员资格、权利、义务、德性、行动等。这些要素构成了公民身份概念的基本内涵。过去数十年公民身份概念的复杂化尽管造成了困惑和怀疑，但同时也为重新思考公民身份提供了契机。在检视各种新兴公民身份追求的基础上，我要提出的是，它们实际上是从各个方面对传统公民身份进行拓展和补充，使公民身份所宣示的理想更加实质化和具体化。其次，公民身份是一种重要的社会和政治制度，同时也是一种重要的思想观念。对于公民身份涵义变迁的解释不能仅仅局限于某个单一的要素，必须将两者结合起来，以公民身份行动作为贯通二者的纽带。从根本上说，公民身份的变迁是制度、观念、行动三者互动下的产物。

## 本章小结

本章旨在从缤纷的公民身份概念中梳理出该概念的涵义体系。通过对公民身份定义的综合分析，作者提出，国籍、权利、义务、德性、行动等五个要素构成了公民身份的基本内涵。五种要素之间存在着内在的逻辑关联,可以被划分为三个层级。公民在国家中的正式成员资格构成了国藉的来源,体现在个体拥有的护照等身份证明上。国家正式成员身份衍生出个体的权利、义务以及情感方面的德性或者认同。尽管在不同的历史时期,权利、义务、德性等要素具有不同的侧重,但它们都已浓缩成为公民身份的核心内涵。公民的权利、义务、德性等要素最终必须通过公民的行动才能得到体现,行动是实现公民身份制度再生产的必要环节。20世纪中后期,公民身份概念表现出明显的复杂化趋势,出现了诸多新的公民身份概念和追求。这些新型公民身份概念主要体现在对公民身份涵义或者层级的拓展上,并没有从根本上颠覆公民身份的核心内涵,相反,它们在性别、环境、民族等诸多维度对公民身份的基本内涵构成补充。公民身份的基本内涵与扩展性内涵结合在一起,构成了一种多元化和多层级的公民身份涵义格局。最后,对于是何种机制推动公民身份涵义从古代走向现代、从一元走向多元的问题,本章既避免制度或者结构决定论的思维方式,也避免行动决定的思维定势,而是从制度、观念、行动三者互动的框架来做出解释。

# 第三章　公民身份的理论传统

上一章已就公民身份的涵义问题进行了廓清，建立起公民身份概念的涵义体系。本章将分析的视角转入历史，探讨公民身份在历史上所形成的两大理论传统：公民自由主义（civic liberalism）传统和公民共和主义（civic republicanism）传统。本章不仅有利于进一步理解公民身份的发展历史，从共和主义和自由主义传统分别主宰了不同时期人们的政治思维，形成了迥异的政治景观而言，本章还有助于理解人类社会的历史发展。本章的论述分为三节，前两节分别归纳两大传统的理论旨趣，第三节则结合 20 世纪中晚期的社会背景，分析这两大理论传统所面临的挑战，勾勒公民身份理论的发展走向。

## 一、公民自由主义

与公民自由主义相比，公民共和主义的历史渊源更为久远，但前者一直支配了从过去两个世纪至今的历史。因此，从公民自由主义出发来展开本章的讨论也就较为适宜。自由主义公民身份建立在近代自然法学说的基础之上，强调个人权利的至上性以及国家对于权利的保护，其起源可以一直追溯到近代西方资产阶级革命。英国扮演了自由主义公民身份的助产婆。[①] 在《政府论》下篇，洛克深具影响力地阐述了近代自然

---

① Derek Heater, *What is Citizenship*? London: Polity Press, 1999, p. 5.

法思想，宣称在政治权力出现以前，人类处于一种完备无缺的平等和自由状态。在这一状态中，每一个人都拥有与生俱生的、不可剥夺的权利，它们是生命权、自由权和财产权。财产权是所有三种权利中最重要的权利。"人们联合成为国家和置身于政府之下的重大和主要的目的，是保护他们的财产。"① 洛克的自然法学说奠定了公民自由主义的基调：公民身份即个人权利，权利为个人提供了自主的空间，使之能够免于他人或共同体的干预②，国家的功能仅在于保护个人权利，个人权利优先于国家。在洛克自然法学说的基础上，美国革命的先贤们将公民身份兑现成"生命权、自由权和追求幸福的权利"。数年之后，法国革命的"公民"（citoyen）则进一步将它们形塑为"自由、财产、安全和反抗压迫"的权利。古典自由主义的公民身份理想在两次革命所颁布的里程碑式的文件中得到集中反映。

古典自由主义的公民身份主要关注公民的人身自由、信仰自由、言论自由、财产权利以及获得公平审判的权利等，旨在通过这些权利来保证个体拥有平等的做人资格。但是，随着社会历史的发展，公民身份权利的种类和内容也发生巨大的改变，出现了选举权、被选举权、受教育权、最低生活保障权等。与此相适应，自由主义公民身份的理论形态也向前推进了一大步。在这一方面，英国再次扮演了助产婆的角色。1949年，英国社会学家 T. H. 马歇尔在纪念与他同名的经济学家阿尔弗雷德·马歇尔时在剑桥发表年度演说。次年，该演说的内容以《公民身份与社会阶级》为名出版，旋即在全球学术界引起轰动。科林·贝尔（Colin Bell）在评价马歇尔时说道："在本世纪，英国社会学家对社会政治理论的最杰出贡献体现在'公民身份'上，这件事本身很值得一提，

---

① 约翰·洛克：《政府论》（下篇），商务印书馆，1996 年，第 77 页。
② Keith Faulks, *Citizenship*, Routledge, 2000, p. 57.

做出这一贡献的人是 T. H. 马歇尔。"① 拉尔夫·达伦多夫则将该演说誉为"社会分析的瑰宝"。② 马歇尔的演说之所以能带来如此巨大的影响,关键在于他明确提出了古典自由主义孕育已久的"公民身份"概念,描绘了这一概念的演进顺序,并且结合 20 世纪中期以来西方资本主义国家的社会背景,为这一概念增添了新的内容。

在《公民身份与社会阶级》一书中,马歇尔将公民身份看作由民事的要素、政治的要素和社会的要素所组成。"民事的要素由个人自由所必需的权利组成:包括人身自由、言论自由、思想和信仰自由,拥有财产和订立有效契约的权利以及司法权利……政治的要素指……公民作为政治实体的成员或这个实体的选举者,参与行使政治权力的权利……社会的要素指从享有某种程度的经济福利与安全到充分享有社会遗产并依据社会通行标准享受文明生活的权利等一系列权利。"③ 三种要素分别表明了公民身份所包含的三种权利:民事权利、政治权利和社会权利。在马歇尔看来,三种权利分别对应于不同的发展时期和保障机构,尽管它们之间彼此存在重叠。其中,民事权利主要发展于 18 世纪,与之直接对应的机构是法院;政治权利主要发展于 19 世纪,与之对应的机构是国会和地方议会;社会权利主要发展于 20 世纪,与之对应的机构体现为教育体制和社会公共服务体系。至此,马歇尔不仅对自由主义的公民身份范式做出了清晰的归纳,而且还重点探讨了 20 世纪出现的社会公民身份(social citizenship)议题,使公民身份的内涵紧密地契合于当时的时代背景。

20 世纪末叶,伴随着社会主义阵营的坍塌以及众多军事、独裁政权

---

① 参阅 Martin Bulmer and Anthony Rees, *Citizenship Today: The Contemporary Relevance of T. H. Marshall*, London and Bristol, PA: University College London Press, 1996。见封底的评论。

② Martin Bulmer and Anthony Rees, *Citizenship Today: The Contemporary Relevance of T. H. Marshall*, p. 35.

③ T. H. Marshall, *Sociology at the Crossroads and Other Essays*, London: Heinemann, 1963, p. 74.

的垮台，公民自由主义在全球范围内得到进一步扩展。与此同时，公民身份的权利种类也出现部分调整。除原来民事权利、政治权利和社会权利的经典划分之外，前文已经论述过的环境公民身份、性别公民身份、亲密公民身份、网络公民身份等也作为"第四代"权利而被纳入公民权利的范畴。① 而与这些权利相携出场的责任和道德也得到强调。以环境公民身份为例，该种公民身份主要是因应20世纪中后期许多重大环境问题而出现的，意指每个人都有免于受环境干扰和毒害的权利。如，每个人都有免于二手烟毒害或者邻里噪音干扰的权利。为了兑现这种权利，环境公民身份认为，每个人都肩负着保护环境的责任，这种责任不只体现在禁止掠夺环境的破坏性行为上，而且还要求积极参与防止他人所引起的危害上。从人类生命短促和环境资源有限的角度出发，环境公民身份呼吁，活着的一代仅仅是大自然的匆匆过客，是大自然资源的暂时使用者，他必须为了眼前的生命整体和子孙后代而倍加珍爱自然。显然，与此前众多公民权利相比，环境公民身份是晚期现代性社会特征的写照。它更加重视公民的生活质量，在主张公民权利的同时，也更加强调公民的责任与道德。

公民自由主义自诞生之始，便在社会变迁过程中表现出强劲的力量感和扩张性，逐渐扩展到全球每一个角落。自由主义范式具有明显的特征。它以个人主义为基础，把公民身份看作是一系列公民权利的获得和保障。权利的目标在于保障个人自由。公民身份是通往个人自由的一种手段，而不是自由本身。从这一前提出发，在公共领域与私人领域之间的关系上，自由主义者认为，私人领域优先于公共领域，后者的存在仅在于保证个人在私人领域中的自由，个人权利优先于公共善。理想的好公民不在于是否积极参与公共事务，或者是否具有公共美德上，而在于

---

① 第一代权利指民事权利，第二代指政治权利，第三代指社会权利，第四代则指20世纪中后期后现代主义者所提出的权利要求，具有多元化特征。

是否纳税、是否为经济做出贡献、是否守法、是否不侵害他人权利，以及是否不违反公共法律规范等标准上。它所描绘出来的是一种消极公民的形象。当然，自由主义范式在其发展过程中并不是没有受到批判。伴随着公民权利种类的不断增多，公民身份内部的张力也日益显现。例如，随着社会权利被纳入公民身份的范畴，它与民事权利之间的冲突也随之出现。为了使那些懒散的公民能够享受到福利支付的权利，却无形中加重了辛勤工作的人们的税收负担，从而损害了后者的公民权利。另外，具有强调责任和道德色彩的环境权利也与自由主义强调个人自主的历史基调明显不符。"自由主义偏好于个人自主的价值，对共同体心存怀疑，更害怕共同体强制个人承担各种责任，从而违背了个人本身的利益。"[1]

## 二、公民共和主义

自由主义的解释范式尽管形塑了我们时代的公民形象，但是，另一种公民共和主义传统却有着更加令人肃然起敬的历史。而且在论述过公民身份这一主题的思想家当中，恪守共和主义解释范式的人也明显偏多。公民共和主义发轫于距今 2500 多年以前的欧洲。公元前 6—4 世纪时期的斯巴达和雅典，以及罗马共和国的黄金时期，开启了共和主义公民身份的序幕。亚里士多德和西塞罗代表了这一时代的典型。他们不仅对公民身份进行过详细的论述，而且对后世思想家产生了深远的影响。在《政治学》第三卷和《尼各马科伦理学》的部分章节，亚里士多德不仅说明了公民身份在不同历史时期和不同国家存在的若干实践形式，而且还就公民身份的应然理念表达了自己的观点。在他看来，人口规模与公民身份存在着密切的关系，公民团体必须小型而紧密，以便能够"相

---

[1] Keith Faulks, *Citizenship*, Routledge, 2000, p.58.

互熟悉各人的品性"①,形成如兄弟般的公民情感。公民必须具有良善或者美德,这种良善和美德是使城邦不至堕落,使公民和国家彼此受益的关键。城邦是一切团体中至善的一种,公民只有在城邦中才能过上一种良善的、作为"人"的生活。因此,作为公民,他必须积极地参与城邦的政治生活,在城邦中轮番充当统治者和被统治者。"在一个理想的政体中,他们就应该是以道德优良的生活为宗旨而既能治理又乐于受治的人们。"②

亚里士多德开创了公民共和主义的古典范式,这一范式经由芝诺(zeno)——斯多葛学派的创立者——传承给了罗马思想家,在西塞罗身上继续发扬光大。西塞罗生长在一个见证凯撒被刺、目睹安东尼(Mark Anthony)摄政的动荡年代,但却对自己的斯多葛主义信念终生不渝。面对自己钟爱无比、但却正经历着寡头政治的罗马和统治阶级的道德败坏,西塞罗希望从道德上恢复公民美德的光荣传统,并且以一名律师的身份从行动上捍卫罗马公民的身份权利。在他看来,作为社会性动物,人皆具有讲演的天才、道德的天资和理性的思维,可以经由它们来成就良善的行为。作为一名公民,如果他只顾贪图个人安逸,无视自己有意识地参与公共事务所能为其他公民、共同体和国家带来的利益,他也就背叛自己的天性。"一名真正可敬而勇敢的公民,以及有资格担任政府管理者的人们,将会避免和厌恶纷争、骚乱和内战,并将完全献身于公共服务,但却不是出于追求个人财富和权力的目的。他将对整个共同体萦萦于怀,不会忽视其中的任何部分……他宁愿将生命置之度外,也不愿做任何违反美德的事情。"③ 由此可见,在西塞罗那里,美德、参与、奉献同样是公民身份的核心要素。

发轫于亚里士多德的公民共和主义传统同时还是启蒙运动时期马基

---

① 亚里士多德:《政治学》,商务印书馆,1997 年,第 355 页。
② 亚里士多德:《政治学》,商务印书馆,1997 年,第 154 页。
③ Paul B. Clarke, *Citizenship*, London: Pluto Press, 1994, p.49.

雅维利和卢梭的思想来源。在马基雅维利那里，公民美德依然构成了公民身份的核心。在他看来，一个国家要能维持军事上的安全和共和形式的政府，关键取决于公民是否具有良善的公民身份。不论是作为一名平民，还是作为一名士兵，都必须过着一种活跃而积极的生活，自觉避免财富、享乐、舒适等的引诱，积极献身于普遍的公共福祉。马基雅维利看重兵役在形成公民美德方面的作用。在他看来，兵役是培养公民自律、美德、爱国、奉献精神的有效途径。马基雅维利对于公民共和主义的传承和重释深刻影响了 18 世纪欧洲和北美的思想发展，其中最明显者当属法国思想家卢梭。卢梭曾以"日内瓦公民"自居，他不仅继承了马基雅维利有关公民宗教、公民的军事角色思想，而且还根据自身对希腊、罗马思想家的理解创新了公民共和主义的解释范式。在他看来，个人既要出于安全的需要而臣服于政府的统治，又要保持他们作为公民的自由，解决这一难题的唯一方式在于"公意"的统治。作为公民，个体促成了"公意"的形成，尽管个别的意志由于本性的缘故而倾向于偏私，但"公意永远是公正的，而且永远以公共利益为依归"。① 公意是自由的表征，只有建立在公意基础上的国家才有公民自由可言。

在法国大革命过程中，卢梭的政治理念通过罗伯斯庇尔而得到最坚决的落实。卢梭强烈地希望建立一个由有美德的公民所组成的国家，并倡导通过教育的方式来达到这一目的。但在罗伯斯庇尔那里，美德却被辅之于恐怖的手段。他坚信，在一个动荡的危机年代，美德必须以强制力的方式才能得到实现。卢德（Rudé, G.）在描述罗伯斯庇尔的信念时写道："不具有美德的恐怖手段是肮脏的镇压，不具有恐怖手段的美德则是软弱无力的。"② 卢梭希望通过公意来实现真正的自由，"任何人拒不服从公意的，全体就要迫使他服从公意。这恰好就是说，人们要迫

---

① 卢梭：《社会契约论》，商务印书馆，1996 年，第 39 页。
② George Rudé, *Robespierre*, London: Collins, 1975, p.118.

使他自由……"① 但在罗伯斯庇尔那里，对于公民美德的要求却变成了真正恐怖的暴政。所幸革命同时还开启了公民身份的另一种范式，即前面已经论述的自由主义的范式，并且持续支配了以后的岁月，法国大革命过程中表现出来的公民"暴政"才没有成为再次上演的曲目。但是，公民共和主义的理念并没有从此就销声匿迹，作为一种对自由的解释和追求，它依然不绝如缕，对当代政治思想和社会运动持续发挥着影响。这一点不仅在汉娜·阿伦特（Hannah Arendt）、迈克尔·桑德尔（Michael Sandel）等当代政治哲学家身上得到了印证，而且在社群主义、新共和主义等当代社会思潮中得到体现。

透过公民共和主义的发展历史，可以看出，共和主义范式很大程度上是作为自由主义范式的对立面出现的。共和主义范式也具有其典型的特征。首先，在公民身份的目的上，与公民自由主义所追求的个人在私人领域中的自由不同，共和主义公民身份追求的是个人在共和国中的自由。在它看来，个体只有生活在共和国中，才能获得真正的自由，共和国优先于个体。同时，共和国的存在又以公民的热爱、参与和奉献为前提。其次，在公民身份的形式上，自由主义的公民身份建立在个人主义的基础上，把公民身份看作是一种法律地位，具有明显的法理色彩。共和主义公民身份则强调在个人之间建立友谊、和睦和兄弟般的爱，把美德置于公民身份的核心地位，认为只有在具备公民美德的前提下，才能谈得上共和国的维持和公民自由的实现。因此，表现出明显的道德色彩。再次，在公民的角色活动方面，自由主义倡导一种消极公民的角色，共和主义则反其道而行之，它把关心国家大事，积极参与公共事务看作是理想公民的表现。除此之外，理想的公民还要求承担起保卫国家的军事义务，因为这不仅有助于公民时刻把国家的安危系于心上，而且还有助于提高其自律精神和判断能力。最后，在理想公民的培养方面，

---

① 卢梭：《社会契约论》，商务印书馆，1996年，第29页。

共和主义把教育、宗教、军事手段提到极其重要的地位，强调通过严格的教育措施、宗教教化和军事训练来形成公民的美德。当然，作为一种在历史上曾经产生过深远影响的解释范式，公民共和主义范式不是没有缺陷，这点在随后的相关评论中就可以得到印证。

## 三、当代发展走向

公民自由主义和公民共和主义代表了有史以来解释公民身份的两种最有力的传统，两者交替支配了公民身份概念的解释历史：共和主义范式支配了18世纪以前的历史，自由主义则支配了从18世纪以后直至当代的历史。那么，这些表面上迥然有别的解释范式到底是围绕着何种根本问题展开的呢？它们之间为何会出现交替的现象？在肆虐的全球化背景下，这些解释范式又面临着什么样的挑战？呈现出什么样的分析走向？本节将就这些问题展开探讨。

公民自由主义把权利作为公民身份的核心，把公民身份看作是实现个人自由的手段。共和主义范式则把共同体置于公民身份的核心，把公民在政治共同体中的活动看作是公民自由的表现。范式之间的歧异反映了个人与政治共同体之间的关系，两者实质上是围绕着"国家与社会"这一政治学基本问题展开的，代表了两种不同的自由理念。自由主义传统把个人置于国家之上，侧重于国家对于社会的工具性职能，它所追求的是个人自由。在它看来，国家的存在之所以合法，关键在于它是保护个人自由的工具。持这一范式的思想家一般都预设了人们持有某些前政治的自然权利，国家正是为保护这些权利而建立起来的。公民可以援引赋予他的权利走上法庭，维护其个人自由，但政治参与本身并非自由，而是实现自由的手段。共和主义传统把政治共同体或者国家置于个人之上，侧重于个人对国家的奉献和美德，所追求的是作为"共同体的自由"。在这种自由观中，公民身份不像自由主义范式那样仅仅是实现自由的手段，而是本身就是自由。如波考克所说："政治行动本身就是一种善，而不仅仅是为了达致各种善的工具。通过参与这种行动，公民实现了作为人的价值。"① 在政治共同体中，公民参与统治和被统治，制定自己将会受其约束的法律等，所有这些都是自由的体现，脱离了政治共同体，自由也就无由谈起。

从政治学基本原理的角度来看，国家与社会并不是可以完全分离的两极。国家依赖于公民社会的参与和奉献，同时，社会也依赖于国家的管理和服务。因此，从应然的角度来看，两大理论传统之间实际上是一种相互补充的关系。为了使个体免于国家和他人的侵害，个体的确如自由主义范式所强调的那样，依赖于权利的保护。但一方面，共同体的存在也如共和主义所认为的那样，依赖于个体的责任意识和参与精神。离开了公民的参与和监督，个体权利的保护也就无从谈起。

但是，考察漫长的公民身份理论源流，的确发生了从共和主义作为支配性思维向自由主义作为支配性思维模式转变的现象。为什么会出现这样的转变？我要提出的是，答案存在于社会变迁本身。只有在 18 世纪之后，自由主义才逐渐成为支配性的解释范式，与这一转换几乎同步的是封建、半封建社会的衰落和资本主义社会的兴起。封建、半封建社会建立在小农经济之上，强调个人对于共同体的服从和忠诚，这与共和主义的解释范式多少有些合拍。资本主义社会则建立在自由市场经济的基础之上，它要求所有个体都能自由地、平等地参与市场竞争。表现在公民身份上，那就是 18 世纪以个人自由、个人平等、财产权利等作为表现形式的公民权利的发展，自由主义公民身份开始取代共和主义公民身份成为主流的解释范式。从这一方面而言，资本主义促进了自由主义范式的发展。但是，我们还必须从相反的角度加以考察，那就是自由主

---

① J. G. A. 波考克：《古典时期以降的公民理想》，见许纪霖主编：《共和、社群与公民》，江苏人民出版社，2004 年，第 36 页。

义公民身份并不仅仅是资本主义发展的结果,它反过来也促进了资本主义的发展。"就许多层面和结果而言,资本主义的确促进了'自由主义公民身份'的出现。但是,两者之间并不仅仅是单向的联系,而是相互影响的关系,'公民身份'反过来也有助于资本主义的发展。"① 进入20世纪,随着资本主义国家向福利国家阶段过渡,自由主义解释范式也就从对民事权利的强调转向了对社会权利的强调。但是,即使在自由主义范式取得支配地位之后,共和主义范式依然不绝如缕,在现代社会持续发挥着影响。究其原因,在于它有效地填补了自由主义理念存在的不足。

公民共和主义和公民自由主义尽管先后主导了有关公民身份的解释,但是,面对20世纪中后期兴起的全球化浪潮,两种解释范式都同样面临着来自各方面的挑战。今天,全球化、网络化等引人注目的发展潮流,已经改变了传统经济、政治、文化在同一民族国家边界范围内一定程度上齐步成长的历史格局。原来那种由国家确定的以民族国家为界限的内外贸易,现在正演变成为一种跨国经济,民族国家不再构成全球交换网络中的"节点"。在经济全球化、全球一体化等浪潮的驱动下,民族国家的政治、文化也越来越变得具有全球的性质。在这种背景下,不仅原来以城邦国家作为解释对象的共和主义受到挑战,而且以民族国家作为解释单位的自由主义范式也越来越难以应对全球化所带来的复杂问题。全球化带来了人口跨国流动的加速,拥有双重公民身份的公民已不在少数,但是,当他们发现自己的情感归属无法协调,甚至朝相反方向张开时,传统的公民身份范式应当如何做出解释?一名香港公民不仅可以拥有香港特别行政区的公民身份,而且还可以拥有国家整体的公民身份。如果他/她是一名环保主义者、女性主义者或者世界主义者,他/她可能有更加复杂的公民身份追求。事实证明,在当代社会背景下,公民身份已越来越呈现出多样化和复杂化的趋势,两种解释范式已不同程

---

① Derek Heater, *What is Citizenship*? London: Polity Press, 1999, p.10.

度地出现了失语。

解释的困境必须以解释方式的调整加以解决。为此，在前面论述的基础上，我们至少可以以一种简略的方式勾勒出未来范式的轮廓。首先，实现传统范式的有机整合。共和主义范式注重培养公民的美德和责任感，自由主义范式则将公民权利置于解释的核心。前者侧重于公民的感情与能力，后者则侧重于公民的地位。这些方面无论什么时候都是作为合格公民所必须具备的素质，将它们整合在一起无疑从内部盘活了现有的解释资源，提高了既有范式的解释能力。其次，"多元公民身份"体系的建构。如前文所述，公民身份已发生内容和层级层面的巨大变化。在这种纵横格局发生巨大变化的今天，除原有国家层次的公民身份以外，次国家层次和超国家层次的公民身份也得到更加迅速的发展。公民身份的解释范式要能跟得上时代的步伐，就必须对日益增加的国家层次以外的公民身份投以足够的注意力，并结合民族国家的公民身份，建立起具有包容能力的公民身份理论体系。有关这一主张将在本书的最后部分得到更加详细的解释。最后，公民身份的内部清理。公民身份不是一个大肚能容的概念，可以将什么东西都装入其中。公民身份发轫之初，仅仅指城邦中人数极少的可以参与城邦活动的公民。如今，不仅拥有公民身份的人数大幅度扩张，而且公民身份的种类也异彩纷呈。面对如此杂多的公民身份，未来的解释范式势必要有所廓清。面对社会历史的沧桑巨变，公民身份的解释范式曾从共和主义范式转变成了自由主义范式。今天，我们同样处在一个巨大转型的社会，公民身份的解释范式能否做出相应的调整，不仅事关公民身份研究本身，而且事关社会发展的未来。

## 本章小结

本章论述了公民身份的两大理论传统：公民自由主义和公民共和主义。两大理论传统表现出明显的对比性。在对自由的追求方面，公民自由主义追求个人在私人领域中的自由,认为个人优先于国家,国家的职能在于保障个人权利;公民共和主义则追求个人在共和国中的自由,认为个体只有生活在共和国中,才能获得真正的自由,共和国优先于个体,共和国的存在以公民的热爱、参与和奉献作为前提。在公民身份的形式方面,公民自由主义把公民身份看作是一种法律地位,具有明显的法理色彩;公民共和主义则强调美德的重要性,认为公民只有在具备公民美德的前提下才能谈得上共和国的维持和公民自由的实现,因此具有明显的道德色彩。在公民的角色方面,自由主义倡导消极公民的角色,强调免于外在干预的自由;共和主义则反其道而行之,把关心国家大事,积极参与公共事务等看作是理想公民的表现。把两大理论传统综合起来分析,它们反映了对"国家与社会"的不同侧面的强调,公民自由主义强调社会的自主性和自治性,而共和主义则强调国家的至上性和自主性。公民自由主义和公民共和主义尽管分别主导了人类社会的漫长历史时期,但面对当前复杂的公民身份理论,本章提出整合两大理论传统的主张、清理公民身份的概念体系以及建立"多元公民身份"体系的发展思路。

# 第四章　公民身份的研究方法

前三章分别勾勒了公民身份的理论轮廓、解析了公民身份的概念涵义和清理了公民身份的理论流派，本章旨在探讨公民身份研究的方法论问题。不论对于何种研究主题而言，方法论问题显然都是一个不可忽视的问题，公民身份主题自然也不例外。公民身份在西方具有悠长的历史，形成了不少具有启发性的方法论主张，同时也出现了各种重要的研究进路。这些理论主张和研究进路对于准确理解公民身份具有重要的意义。同时，近年来，公民身份理论越来越受到国内学者的重视，国内学术界开始援用西方公民身份的视角来分析本土政治问题。但就目前的情况来看，却不同程度地存在方法论迷茫的问题，即或者生硬地使用西方公民身份理论来匡衡本国政治，或者过于强调公民身份的本土特性而忽视公民身份的普遍特征。针对这些情况，本章将重点探讨三个问题：一是探讨当前西方公民身份研究领域具有较大影响的方法论主张；二是梳理公民身份研究的主要研究进路；三是提出本土公民身份研究的方法论断想。对于这三个问题的回答分别构成了以下三节的主要内容。

## 一、理论框架

公民身份作为研究对象尽管由来已久，但在如何对它进行研究的问题上却莫衷一是，有如中国谚语所说的"条条大路通罗马，处处有路透长安"。例如，霍布斯等从政治哲学的思辨的角度来研究公民身份，形成著作《论公民》；雷森伯格从历史的角度研究公民身份，出版《西方公民身份传统》；李斯特从性别的角度研究公民身份，出版《公民身份：女性主义的视角》；雅诺斯基从实证的角度研究公民身份，出版《公民身份与文明社会》①；帕特南从比较的角度研究公民身份，出版《使民主运转起来》等。所有这些著作都对公民身份研究提供了某些重要的方法论启示。鉴于下一节将具体梳理公民身份的研究进路，本节因此将主要集中在有关于公民身份研究的框架设想上，考察学术界对公民身份研究提出了哪些要素主张，并如何将这些要素结合在一起的。

尽管迄今为止研究公民身份的文献有如汗牛充栋之富，但对于"公民身份研究"本身的研究却如凤毛麟角，很少有什么文献就应当如何研究公民身份的问题进行过专门探讨。从已经出版的文献来看，有些侧重于公民德性的研究，有些侧重于权利的研究，有些侧重于公民的义务，有些侧重于公民身份的动态形成。这种研究现状给我们提出的一个基本问题是，我们能否把这些研究主题纳入到一个统一的框架中去，使公民身份的各个研究主题具有其明确的研究框架。对于这一问题，在基思·福克斯的有限探讨中提出，公民身份研究必须重点关注以下四个问题：一是"公民身份赖以运作的社会和政治背景是什么"；二是"谁应当被看作是公民"；三是"公民身份的内容是什么"；四是"有多深或者多厚的公民身份观念"。② 从中可以看出，在福克斯那里，背景、行动者、内容、深厚等四个要素构成了公民身份研究的基本要素。恩靳·艾辛在其一篇开创性的论文中也提出，公民身份研究的核心问题在于研究"促使臣民成为公民的行为及其对于公民身份的要求如何发生了实质性的变化"。在这一主题的观照下，他提出，我们应当从"场所"（sites）、"权

---

① 该书中文被译为《公民与文明社会》，柯雄译，辽宁教育出版社，2000 年。
② 基思·福克斯：《公民身份》，郭忠华译，吉林出版集团有限责任公司，2009 年，第 5—6 页。

利"（rights）、"范围"（scales）、"行动者"（actors）和"行动"（acts）等五个维度来研究公民身份。① 这些观点尽管本身还存在诸多含混之处，但无疑为我们总结公民身份研究的基本要素和建立公民身份的研究框架提供了参考。

以福克斯厘定的问题作为基础，结合艾辛的观点，我们可以把公民身份研究的基本问题循序归纳为以下五个方面，它们代表了公民身份研究的基本框架：一是公民身份是在什么背景下产生和运作的，即公民身份的"背景"问题；二是什么样的人可以被称作公民，即公民身份的"主体"问题；三是公民身份的内容包括哪些，即公民身份的"内容"问题；四是公民在何种场合从事公民性质的活动，即公民身份的"场所"问题；五是公民身份有多深或者有多厚，即公民身份"厚度"问题。其中，背景说明的是公民身份产生和运作的宏观社会背景，场所则是公民进行公民身份活动的微观环境。五个问题依次回答的问题可列为如下表格的形式：

| 内容 | 要素 |
| --- | --- |
| 深厚 | 说明公民对共同体和同行公民的热爱程度 |
| 场所 | 说明公民活动的微观环境 |
| 内容 | 说明公民活动主要指向哪些方面 |
| 主体 | 说明什么样的人可以被称作公民 |
| 背景 | 说明公民身份形成和运作的宏观背景 |

**图 4.1　公民身份研究的理论框架**

以这些要素作为分析的理论框架，我们不仅可以将既有的公民身份成果纳入其中，而且可以对公民身份的历史变迁做出分析。例如，根据

---

① Engin F. Isin, "Citizenship in Flux: The Figure of the Activist Citizen", *Subjectivity* (2009), Issue 29: 367-388.

这一框架，我们可以对于古代斯巴达人的公民身份作如下描述：斯巴达人的公民身份产生和运作于古希腊城邦政治的背景下，那一时期，希腊半岛上散布着大大小小数百个城邦国家，城邦之间充斥着军事冲突和战争，城邦内部则存在着男性与女性、主人与奴隶、斯巴达人与外邦人和战俘的严格划分。在这样一种背景下，公民身份主要为那些具有斯巴达血统且能够披坚执锐的男性所拥有，妇女、奴隶、外国人、战俘、工匠等则被排除在公民身份之外。公民身份不是以权利为中心，而是以奉献于城邦的美德作为核心，公民美德体现在勇敢、审慎、爱国以及对公共事务的积极参与等方面。公民展示其公民美德的场所包括在战场上英勇作战、在广场中的演讲、公民大会上的演说等。公民与城邦之间形成一种紧密的相依关系，公民不能脱离城邦而存在，城邦是其生命意义的所在和归宿，同时，城邦也不能脱离公民而存在，脱离了公民，城邦也就失去了其存在的意义。

如果将眼光投向现代，利用这一框架，我们还可以以一种非常简单的方式将现代公民身份的轮廓勾画如下。现代公民身份产生于资本主义得到快速发展的条件下，在资本主义经济动力的持续作用下，思想和政治领域也迅速脱离中世纪的社会政治景观而发生根本转型。思想领域的变化体现在宗教改革、文艺复兴和思想启蒙等方面，政治领域的变化则体现在绝对主义国家以及此后民族国家的兴起上，通过国家之间的频繁战争，税收、军事、政治等权力越来越集中在君主手里，现代代议机关也不断壮大。在这些社会政治巨大转型的背景下，主权在民和权利平等的原则作为社会的支配性原则，公民身份的范围从而迅速下延，原来被排斥在公民身份之外的第三等级的人口以及妇女等成为公民身份的主体。同时，传统公民美德、公民责任等不作为公民身份的核心内容，现在，以个人自由、政治选举、社会民生等相关的各种"权利"成为公民身份的核心。公民权利的目标在于保障个体与生俱来的不可剥夺的权利，其终极的目标则在于个人自由。这种自由主要不是集体基础上的自由,而是个体免于国家和其他力量干预的自由。国家从公民身份的活动平台变成了保护个体权利的手段。在新的公民身份形态中,公民身份的实践领域主要体现在兵役、纳税、守法、选举等方面。个体不再以对国家的萦萦于怀和无私奉献作为思想指南,毋宁说个体的权利和利益具有更重要的意义。从这一意义而言,现代公民身份是一种稀薄的公民身份。

最后,有一点必须说明的是,把背景、主体、内容、场所、深厚等五个方面作为公民身份研究的基本要素,并不是说任何公民身份研究都必须同时涉及这五个方面。这不仅没有必要,而且也没有可能。提出这一研究框架在于表明,公民身份研究至少包括这些要素,它们都可以成为基本的研究主题,同时,公民身份作为一套制度或者实践,至少包括了这些环节。但选取何种要素作为研究的主题,完全取决于研究者的兴趣和目标。从目前的研究成果来看,研究公民身份主体和内容的成果偏多,但研究背景和深厚两个主题的则明显偏少。尤其是前者,如福克斯所言:"……我对迄今为止已汗牛充栋的公民身份文献的一个主要批评就是:它们没有充分关注背景的问题。"[①]

## 二、五种进路

在浩瀚的公民身份研究文献中梳理公民身份的研究进路诚非易事,而且迄今亦鲜有文献就此专门进行过总结。本节将从海量的公民身份文献中梳理出五种较有代表性的研究进路,冀对公民身份研究者有所启发。这五种进路分别是:自然演进的路径、自上而下的路径、自下而上的路径、上下结合的路径和比较的路径。

---

[①] 基思·福克斯:《公民身份》,郭忠华译,吉林出版集团有限责任公司,2009年,第5页。

自然演进的路径，也可称之为"公民身份的进化论"观点。① 众所周知，T. H. 马歇尔在这一方面表现得最为典型。鉴于前面章节②已多次论及马歇尔有关公民权利的观点，这里将仅以最简略的方式进行勾画，而将重点放在其有关公民身份发展的自然演进方面。在公民身份研究领域，马歇尔的贡献主要体现在两个方面：一是关于公民权利的种类划分和把它们与不同的发展时期和国家机构联系在一起，18世纪为民事权利的发展时期，与之联系的是法院等司法机构；19世纪为政治权利的发展时期，与之联系的是国会等代议机构的发展；20世纪前期为社会权利的发展时期，与之联系的是教育等公共服务机构。二是论证了公民身份的平等追求与社会阶级的不平等之间的关系，说明两者和谐共存的可能性，为社会权利的发展张目，为即将到来的福利国家建构提供理论基础。

马歇尔的论述表现出明显的"英国性"（Anglo-centrism）和"进化论"色彩，即将分析的视野完全集中在英国——更加准确地说是英格兰——基本上没有提及其他国家。"进化论"则体现在把三种公民权利完全看作是一种自然而然的演进上，在勾画出公民权利的三种类型之后，马歇尔把它们之间看作是一种依次更替的顺序，并没有对这些权利的发生方式和发展动力进行说明。从论证的方式来看，马歇尔更倾向于描述公民权利的发展轨迹，把公民权利当作是一种既成的事实加以接受，没有对演进的内在原因做出解释。由此产生的问题当然也就不难预见，吉登斯指出，马歇尔把公民身份权利看作是一个自然演进的过程，但这种过程即使在英国也未必如此均匀地得到发展。③ 当然，尽管存在

---

① 布赖恩·特纳：《公民身份理论的当代问题》，见布赖恩·特纳主编：《公民身份与社会理论》，郭忠华、蒋红军译，吉林出版集团有限责任公司，2007年。
② 例如，第1章第2节，第3章第1节等。
③ Anthony Giddens, *Profiles and Critiques in Social Theory*, Berkeley and Los Angeles: University of California Press, 1982, p. 175.

着明显的缺陷，马歇尔的观点仍然代表了有关公民身份研究的论证方式之一。

自上而下的分析路径，以迈克尔·曼的论述体现得最为明显。曼尽管在公民身份领域的论述无多，但其对公民身份的有限论述却体现出鲜明的特色。在他看来，马歇尔的论述尽管不乏原创性，但也显得过于狭隘和肤浅，它只是对公民身份条件和种类的一种相对原始和不完善的论述。① 他认为，马歇尔所描述的公民身份权利仅仅是发达工业国家的统治阶级所援用的众多策略当中的一种。鉴于本书第一章已就曼的"统治阶级策略"的观点进行过阐述，这里在进行简略复述后，将把重点放在自上而下路径的评论方面。

在曼看来，公民身份说到底是统治阶级为了缓和社会冲突和促进社会整合而采取的"统治阶级策略"，即通过许诺或者授予某种形式的公民权利，统治阶级获得被统治阶级的承认和合作。从世界各国的历史经验来看，以公民身份为载体的统治阶级策略包括自由主义策略、改良主义策略、威权君主制策略、法西斯主义策略和威权社会主义策略等五种。马歇尔所讨论的实际上只是自由主义策略，这种策略以英美等国表现得最为明显，体现在国家保持自由主义的性质，通过福利政策来消弥阶级冲突和把工人阶级整合进国家。改良主义策略则以法国、意大利和斯堪的纳维亚国家表现得最为典型，这种策略的突出特点在于其合作主义和协商机制上，即通过阶级协商和阶级合作来促进国家整合。威权君主制策略则以德国、奥地利、俄国、日本等国为代表，它仅满足最低限度的公民身份需要，采取分而治之的方法来实现国家整合。法西斯主义策略以纳粹德国表现得最为典型，其核心策略体现在实行虚假的官僚主义制度，禁止民事权利、政治权利和进行政

---

① Michael Mann, "Ruling Class Strategies and Citizenship", *Sociology*, vol. 21, 1987, pp. 339 – 354.

治压制等方面。威权社会主义策略则以苏联等社会主义国家作为代表，它鼓吹广泛的公民权利，但实际上却只有少部分民事权利和非常有限的政治权利，偏重于发展社会权利，同时建立起具有广泛压制性的国家机器。

从曼的分析可以看出，其有关公民身份的分析存在着两方面的突出特点：分析视野的宽广性和分析视角的自上而下性。分析视野的宽广性毋庸置疑，他以一种远超过马歇尔的视界考察和比较了世界上存在的统治阶级策略，并将它们类型化为公民身份的五种模式。分析方法的自上而下性则体现在他完全将分析的重心放在"统治阶级"上，考察世界各国的统治阶级通过公民身份来实现统治的主要类型。由此提出的一个问题是，公民身份是否果真如曼所认为的那样仅仅是由统治阶级自上而下地授予的结果。答案或许并非那么统一。在某些国家或者某个国家的特定时期，或许的确如曼所认为的那样是统治阶级授予的结果。例如，19世纪末期，为了消除类似于英、法等国出现的风起云涌的工人阶级运动和实现社会稳定，德国俾斯麦政府采取了"胡萝卜加大棒"的政策，即一方面颁布《反社会主义非常法》以禁止工人阶级运动，另一方面则颁布《童工法》《医疗保险法》《工伤事故保险法》等众多涉及社会权利方面的法律，使个体的社会权利得到长足的发展。上世纪 70 年代末，为了实现经济复苏和调动社会个体的劳动积极性，中国政府也曾大规模授予公民以民事方面的权利，使人口流动、自主择业、私有财产、言论自由等诸多权利短时间得到迅速发展。而到 21 世纪的转折时期，面对严重的社会不平等以及由此引起的社会不稳定，中国政府又有意识地授予社会中下层级以社会权利，体现在养老、教育、医疗、住房等方面。但是，这并不意味着公民身份始终是自上而下地授予的结果，如下文即将论述到的那样，自下而上地争取也是公民身份发展的重要途径之一。

自下而上的分析进路，即抗争的分析路径。在公民身份研究领域，主张从抗争角度分析公民身份者不在少数，稍早者如安东尼·吉登斯、布赖恩·特纳等,稍晚者则如塞拉·本哈比(Seyla Benhabid)、恩靳·艾辛等。当代中国学术界有关社会抗争的大量研究,部分亦可归属于此一范畴。在西方公民身份研究领域,抗争的视角很大程度上是基于与马歇尔、曼等人学术对话的结果。在评价马歇尔有关公民身份的"自然演进"观点时,吉登斯说道,他"没有强调公民身份权利在相当程度上是通过斗争获得的。英国与其他社会一样,公民身份的扩张本质上是下层阶级为改善其生活而努力的结果"。① 自1987年曼提出"统治阶级策略"的观点以来,许多学者也对其提出过尖锐的批评,认为他忽视了大量"自下而上"的公民抗争现象,并由此引发了曼与特纳之间有关公民身份来源的著名争论,即公民身份到底是统治阶级的策略还是草根社会争取权利运动的结果。② 但除提出原则性观点之外,吉登斯并没有对公民抗争现象进行过有深度的分析,而特纳则主要从上下互动的角度总结了公民身份的类型学,同时,也鉴于前文已多次阐述艾辛有关公民身份行为的观点,这里将主要以本哈比的观点作为分析蓝本,说明自下而上分析路径的主要特点。

本哈比的分析对象主要集中在外国人、陌生人、移民、难民、避难者(asylum seeker)等社会边缘群体身上,通过把公民身份看作是通过政治共同体的成员资格,其目标在于总结出这些边缘群体是通过何种方式从作为政治共同体的外来者最终转变为共同体的内在成员的,公民身份制度是如何在这些斗争动力的作用下发生变化的。在他看来,由于20世纪中后期以来经济、交往等全球化浪潮的发展,移民已成为我们这个时代引人注目的现象,国际移民从1910年的不足3300万人猛增到2000

---

① 吉登斯:《阶级分化、阶级冲突与公民身份权利》,载《公共行政评论》,2008年第6期。
② 郭忠华编著:《变化社会中的公民身份:与吉登斯、基恩等人的对话》,广东人民出版社,2011年,第85页,也可参阅特纳在《公民身份理论的轮廓》一文中的相关论述,见 Bryan Turner, "Outline of a Theory of Citizenship", *Sociology*, 1990, vol. 24 (2), pp. 189 – 214。

年的 1.75 亿人，国际移民增长的速度远超过国际人口增长的速度。与此同时，由于民族国家之间频繁的战争，国际难民、避难者的数量也得到迅速增长。这些移民或者难民大部分是从发展中国家流向发达国家、从东方流向西方、从南方流向北方。然而，面对支流四溢的全球化浪潮，政治全球化的浪潮却没有相应出现，相反，民族国家的主权、领土完整却比以前任何时候都更加得到肯定和强调，由此形成了人口流动与国家主权之间的深刻矛盾。主权的至上性和领土的封闭性成为横亘在大量外来民前面的一道难以逾越的屏障，外来移民的公民身份抗争成为当今许多国家的重要现象。①

外来移民对居住国的挑战是多方面的，通过聚焦在法国的"围巾事件"、德国宪法法院拒绝德藉阿富汗裔教师拥有蒙着脸部进行教学的权利，以及德国宪法法院拒绝长期外来居留者在石勒斯益格-荷尔斯坦因和汉堡等地拥有投票的权利等案例，本哈比一方面表明了外来民对居住国公民身份制度所造成的紧张关系，另一方面表明了公民身份制度如何在这些压力的作用下逐步发生变化的。他指出，由于外来者的抗争（体现在公共论证、协商、交流、争取等方面），原来民事、政治、社会权利等统一在一起的公民身份制度已经趋于解体，移民尽管短时期内不能拥有居住国的政治公民身份（political citizenship），但却可以拥有民事和社会经济方面的权利。"他者的权利"（the right of others）不仅使既有的公民身份制度持续置于审查之下，而且还带来了世界公民身份理念的扩张和跨国认同的发展——本哈比将其命名为"世界主义的联邦主义"（cosmopolitan federalism）的发展。② 类似的研究对象和研究结论也反映在艾辛等人的研究中，通过聚焦于移民、难民等群体，艾辛也考察了这

---

① Seyla Benhabib, *The Rights of Others: Aliens, Residents and Citizens*, Cambridge: Cambridge University Press, 2004, introduction.

② Seyla Benhabib, *The Rights of Others: Aliens, Residents and Citizens*, Cambridge: Cambridge University Press, 2004, p. 213.

些群体的抗争行为如何创设了欧洲公民身份（enacting European citizenship）。① 近年来，将抗争政治与中国公民身份结合在一起的分析也时有出现，其中最有影响者如欧博文、李连江提出的"依法抗争"（rightful resistance）、于建嵘主张的"以法抗争"等观点。通过研究中国农村村民如何利用宪法、选举法等既有法律文件进行抗争的案例，欧博文得出结论："公民身份并不仅仅是授予给被动接受者的一整套权利……它同时还是普通社会成员通过直面国家权力而试图改善自身境遇的历史过程。"②

与自上而下的分析进路比较，自下而上的分析进路的理论贡献主要体现在两个方面：一是进一步扩大了公民身份的研究视野，使对于公民身份的发生学分析变得更加明了。如果说马歇尔等人仅仅把公民身份看作是一种自然而然之物的话，自上而下的分析路径至少部分说明了公民身份从何而来的问题，自下而上的分析路径也做出了类似的贡献，它使对公民身份从何而来、为何变化的解释变得更加完备。二是从某种程度上解释了当今多元公民身份出现的缘由。前文已经论述到，自20世纪中后期以来，公民身份概念出现明显复杂化的趋势，文化公民身份、性公民身份、世界主义公民身份、环境公民身份等新概念成为公民身份概念家庭的重要成员，这些新型公民身份的出现与20世纪中后期出现的大量新社会运动存在着内在的关联。

上下结合的进路将前两种分析进路结合在一起，认为公民身份并不单纯是统治阶级授予或者底层阶级抗争的结果，而是两者互动的结果。这种分析进路显然是前两种分析进路的进一步延伸，以布特恩·特纳的

---

① Engin F. Isin, "Claiming European Citizenship", in Engin F. Isin & Michael Saward (ed.), *Enacting European Citizenship*, Cambridge: Cambridge University Press, 2013, pp. 19 – 46.
② Kevin J. O'Brien, villagers, Elections, and Citizenship", Merle Goldman, Elizabeth J. Perry, *Changing Meanings of Citizenship in Modern China*, Cambridge: Havard University Press, 2002, p. 225.

公民身份类型学建构表现得最为明显。在特纳看来，曼尽管扩大了马歇尔的分析范围，但他实际上只看到自上而下的公民身份发展模式，除此之外，还存在自下而上的发展形式；同时，除发展方向的差异之外，公共空间的多寡也是公民身份分析的重要标准之一。因此，根据自上而下/自下而上和公民空间/私人空间两条标准，可以对世界各主要国家的公民身份进行类型划分。根据这两条标准，公民身份存在着四种发展模式：第一，自下而上的来源与对公共空间的强调结合在一起，形成了以法国大革命时期为典型的革命模式，它以革命的方式争取公民身份，并对私人世界持怀疑的态度，但这种以革命手段来争取民主权利的方式最终导致了公共恐怖。第二，自下而上地争取权利的运动与对私人空间的强调结合在一起，形成了以美国为代表的自由多元主义公民身份模式，在这种模式中，争取权利的运动尽管来自下层，但却包含了对个人持异议权利的反复强调，带有革命倾向的社会冲动受到抑制。如果说在前两种模式中，公民是积极的权利争取者的话，在接下来的两种模式中，公民则变成了消极的权利被授予者，但其中又可以划分为不同的类型。第三，自上而下的来源与对公共空间的强调结合在一起，形成了以英国为典型的消极公民身份模式，在这种模式中，社会不仅没有建立起为公民身份而斗争的传统，而且公民本身都被看作是国王的臣民。第四，自上而下的来源与对私人空间的强调结合在一起，形成了以德国为典型的平民权威主义模式，在这种模式中，国家掌管着公共空间，定期邀请公民选择领导人，然后就不用再对选民负责，私人领域无法影响政治事件的进程。[①] 在特纳看来，只有后两种类型才真正符合曼所谓的统治阶级策略。

---

[①] Bryan Turner, "Outline of a Theory of Citizenship", *Sociology*, 1990, vol. 24 (2), pp. 189–214.

表 4.2　公民身份研究的四种进路

|  | 自下而上 | 自上而下 |  |
|---|---|---|---|
|  | 以法国为代表的革命模式 | 以英国为代表的消极模式 | ＋公共空间－ |
|  | 以美国为代表的自由多元主义模式 | 以德国为代表的平民权威主义模式 |  |

顾名思义，比较分析的进路侧重于比较分析，从比较中分析和提炼出不同公民身份的类型或者品质。上述特纳有关公民身份类型学的划分已经一定程度上体现了比较的方法，但在公民身份研究领域，比较分析以罗杰斯·布鲁贝克（Rogers Brubaker）有关法、德两国公民身份与民族性（nationhood）的研究表现得最为典型。在他看来，公民身份制度实际上是一个国家民族性的反映，公民身份是关于归属于某个国家实际上意味着什么和应当意味着什么的制度，这种制度反映了一个民族的心理。根据这一前提，布鲁贝克以法、德两个国家作为分析单元，比较两个国家在公民身份准入和培育方面存在的差异以及由此体现出来的民族性差异。

在他看来，法国的公民身份以普世主义的理想作为基础。在法国的传统中，民族（nation）建立在国家（state）制度和领土框架的基础上，民族性（nationhood）被看作是由政治统一体（political unity）而非文化统一体建立起来的，即共和政治对于民族文化具有优先性。法国公民身份的这种特质得益于法国大革命时期的革命党人和共和党人对于民族性和公民身份的理解，他们强化了古代政体中已经存在的关于民族性以政治为本质的观念，认为民族性建立在政治统一体的基础上。当然，这种政治统一体也得益于文化统一体（cultural unity）的促进，因为政治融合的理想需要文化上的同质化。在实现文化同质化方面，边缘族裔和移民是可以被同化进主流文化的，他们可以通过学校教育、服兵役和中央集权式的行政管理等方式而进入社会主流群体。① 法国对外来移民具有较高的归化率,这体现出法国对于保持自身民族性的信心和普世主义的民族性,即它并不害怕由于移民的加入而将使自身民族性产生变质,它对移民群体的加入持开放的态度。② 与法国类似的国家还包括美国、加拿大等移民国家。

与法国的普世主义和归化主义相对照,德国的公民身份与民族性则体现出特殊主义、自然有机论和种族中心论(Volk-centered)的色彩。在德国,由于民族情感先于民族—国家而得到发展,德国的民族观念在起源时并没有表现为一个政治性概念,也没有与公民身份观念联系在一起,因此具有前政治的性质。当这种民族性与后来出现的民族国家联系在一起,或者民族在寻找国家(state)庇护的过程中,孕育出一种特殊

---

① Rogers Brubaker, *Citizenship and Nationhood in France and Germany*, Cambridge, MA: Havard University Press, 1992, chapter 5 and 7.
② 布鲁贝克所揭示的主要是法国18、19世纪的情形,到20世纪末叶,随着国际移民的大量涌入,法国的共和政体或许并不像布鲁贝克所宣称的那样自信和开放。这一点突出表现在1989年法国"头巾事件"上。事件发生于法国克雷伊(Creil)镇的一个学校,当时三个穆斯林女学生戴着头巾来到学校上课。这本来是一件极为平常的事件,但当学校把这三个学生遣送回家,并认为她们的行为是在过分夸大特定的身份,违反了卓越的法兰西共和主义精神时,整个法国为之动容,甚至引起病态的反应。接着便出现了大量有关法国社会成员资格的本质的公共辩论。潜藏在人们心里的对于伊斯兰原教旨主义的恐惧终于浮出了水面,共和党人拒绝了"多元文化主义者"的请求。这一事件实际上是法国民众对移民的普遍焦虑的一部分,他们担心移民会给共和主义价值带来威胁。事件发生的时候,勒庞(Le Pen)领导的法国极右党派"民族阵线"(Front National)在全国大选中赢得了高达15%的选票,并且控制了部分地方政府的权力。1993年选出的保守党政府对于移民的归化持更加强硬的态度,同年,"巴斯克法"(Pasqua law)的通过则为授予外国居民或者准移民设置了更加严格的标准[参阅基思·福克斯在《公民身份》(吉林出版集团有限责任公司,2009年,第40页)一书中的相关论述]。西佛曼在谈到移民与共和政体之间的矛盾时精辟地说道:"移民是自由和共和的象征,也是自由和共和的威胁;移民是法国社会融合的表现,也是融合崩溃的标志;移民是多元主义的落实,也是多元主义不再可能的证明。"(参阅 Maxim Silverman, *Deconstructing the Nation: Immigration, Racism and Citizenship in Modern France*, London: Routledge, 1992, p. 15。)

主义的政治价值和自然有机的、文化的、语言文字的或种族共同体——即无法复制的特殊种族共同体。依据这种理解，民族性建立在种族文化统一体（ethnocultural unity）的基础上，政治统一体从属于这种种族文化统一体。与这种民族性联系相联系，德国的公民身份建立在前文所说的血统主义的基础上，那就是只有拥有德国血统的个体才有机会成为德国公民，德意志民族的成员同时也就是德国的公民。在法国，公民是人民的，在德国，公民则是天生的。正因为如此，1991年两德合并时，许多拥有日耳曼血统但出生和成长于德国之外、对德国知之甚少的日耳曼人一夜之间获得了德国的公民身份，而大量长期居住和工作于德国的土耳其、波兰客藉劳工则由于血统的差异而长期被排斥在德国公民身份的大门之外。在布鲁贝克看来，与法国相对照，在德国，对出生地原则的激烈否定和对德国血统原则的坚守反映了精英们对移民在社会、文化和政治方面向德国人转变缺乏自信。①

## 三、本土研究方法问题

把公民身份看作是自然演化的、自上而下地授予的、自下而上地争取的、国家与社会互动过程中形成的，代表了西方学术界有关公民身份来源的四种解释，它们与比较的方法结合在一起，成为研究公民身份主题的五种基本进路。这些分析视角对于中国公民身份研究有何得失？应当如何根据中国的国情来构建中国公民身份的研究原则？本节将主要就这两个问题进行探讨。

### （一）西方理论在中国的困境

与西方公民身份具有数千年的历史传统相比，公民概念落户中国并

---

① Rogers Brubaker, "Immigration, Citizenship, and the Nation-State in France and Germany: A Comparative Historical Analysis", *International Sociology*, (1990) Vol. 5, no. 4, pp. 379–407.

取得其宪法地位至多不会超过100年。① 与公民概念在中国所具有的历史相比，公民身份概念落户中国学术界并为学者所重视则是近几年的事情。② 但就目前我国的公民身份研究而言，普遍存在着研究问题的盲点、研究方法的错位等问题，即一方面横移西方公民身份理论以匡衡中国的现实，削中国公民身份之"足"以适西方研究范式之"履"，另一方面又忽视了大量具有本国特色、具有重要研究意义的东西。尤其突出的一种现象是，大部分学者只是照搬马歇尔的研究范式，从民事权利、政治权利和社会权利的角度来衡量中国公民权利的总体发展现状或其中某种权利的发展状况。对于他所提出的公民权利在不同时代的发展、公民权利与不同国家机构之间的对应关系、公民身份与社会阶级之间的复杂关系等问题，则很少有人从本国实际出发加以探讨。对于曼、特纳、本哈比等人所提出的研究视角，大部分学者仍然只停留在理论介绍的层次，很少有人将它们与本国公民身份的研究结合起来。

那么，马歇尔的分析范式在多大程度上能够与中国的国情相吻合？我要提出的是，他有关公民权利的划分和公民权利的演进模式尽管清晰明了，而且的确给研究者以分析上的极大便利，但正如希特（Derek Heater）所言，他的分析模式"不仅是忽略了其他国家的存在，而且还忽略了英格兰与不列颠其他组成部分之间的关系。……我们即便以最粗

---

① "公民"概念最初进入中国是在19世纪末、20世纪初，主要出现在近代文人志士介绍西方宪法的著作中，如康有为的《公民自治篇》，首次出现在宪法性文本上则是1934年的《中华苏维埃共和国宪法大纲》。

② 由于citizenship在中国目前存在着多种译法，如"公民身份"、"公民资格"、"公民权"等，据笔者所掌握的资料，不论采取哪一种译法，国内首篇有关citizenship研究的论文大致出现在1989年前后，而首部专门研究公民身份的专著则出现于2003年，即国家行政学院褚松燕博士的《个体与共同体：公民资格的演变及其意义》（中国社会出版社，2003年）。但在最近两三年的时间里，公民身份研究明显表现出繁荣的迹象，这可以从以下几个方面得到印证：一是出现了有关西方公民身份研究的译丛；二是有关公民身份研究的论文和著作明显增多；三是有关公民身份研究的课题研究也明显增多。

略的眼光扫过其他国家,都会发现,权利的获得时间和演进模式彼此大相径庭。"[1] 具体到中国而言,中国公民身份的发展既没有遵循从民事权利到政治权利再到社会权利的演进顺序,也没有遵循马歇尔所指定的时间安排。在20世纪以前,中国不仅谈不上公民权利的发展,就连公民地位的确立都还是一个有待争取的问题。至于他所讲到的公民权利与不同国家机构之间的对应关系,更是难以适合中国的国情。马歇尔的立场假定了一种竞争式的自由民主体制,法院、议会、政府具有其各自独立的地位和功能,因此能够成为它所对应的公民权利的坚强后盾。但在中国的政治史上,国家机构从来就服从于一元制的权力中心,不同国家机构之间尽管存在着功能上的分化,但却不存在彼此独立和制衡的机制,国家机构之间的这种关系对于各种公民权利能否取得实质性发展有着至关重要的影响。

对于中国学者来说,曼有关社会权力的IEMP模型[2]所造成的影响或许远甚于其公民身份模型所产生的影响。大部分学者除了理论上介绍其公民身份的分类模式之外,很少有人应用它来分析中国的实际情况。这或许一方面是因为曼更着眼于国际范围的比较研究,很难用它来分析单个国家的情况;另一方面也由于他没有像马歇尔那样对公民身份概念本身进行条分缕析,因此在实际分析过程中缺乏可操作性。在建构公民身份类型学的过程中,中国并没有进入曼的分析视野。但按照他已经建构起来的分类方式,中国公民身份显然属于威权社会主义的策略:一方面鼓吹公民享有广泛的公民权利,另一方面至多只给予公民某些福利方面的权利;公民身份说到底是统治阶级自上而下地实行的一种"统治策略",公民并没有获得实质性的公民权利。但可以看出,这种有限的分

---

[1] 德里克·希特:《何谓公民身份》,郭忠华译,吉林出版集团北京分公司,2007年,第17页。

[2] 即社会权力来源于经济权力、政治权力、军事权力、意识形态权力等四种权力所组成的网络。参阅迈克尔·曼:《社会权力的来源》第一卷,上海人民出版社,2002年,第38页。

析实际上与中国的情况并不相符。首先,这种范式对中国公民身份的归纳显然有过于简单之嫌。以改革开放作为界线,中国公民身份的发展至少经历了两个大的发展阶段,具有非常复杂的性质。即使在改革开放前,公民身份的内容也不是只体现在社会权利上,即使以最严格的标准衡量,在三大改造完成以后,公民都已经享有了某些实质性的民事权利和政治权利。其次,中国的公民权利并不只是一种自上而下的被动发展过程,不论是旧民主主义革命还是新民主主义革命,我们都可以从公民身份的视角对它们做出解释,它们都贯穿着自下而上的公民身份权利争取过程。最后,把我国的公民身份说成是一种"统治阶级策略",也过于贬低了中国人民在不同历史时期争取公民地位和公民权利的自觉性。

特纳的分类模型尽管远较曼的完善,但在用来分析中国公民身份的时候,依然存在着挥之难去的困难。特纳主要根据自下而上还是自上而下、公共空间还是私人空间两条标准建立起他的分析范式,但问题在于,在我国,这些标准之间并不是彼此排斥的关系。在外无国权、内无民权的时代,新民主主义革命的展开在某种意义上的确可以被看作是人民自下而上地争取公民身份地位的体现,但改革开放以来,自上而下的赋权也得到了发展。从某种意义上说,农村村民自治之所以能够大规模展开,很大程度上是一个政府"让渡"和"给予"的结果[①],由此带来的公民权利的扩展也必然带有自上而下地赋权(empower)的色彩。在计划经济时代,公共空间被扩张到了极致,公民的私人空间则被压缩到了极限,甚至公民的日常生活都必须由人民公社或者单位加以组织,整个社会被吸纳进国家这一巨大的政治空间中,没有多少私人空间可言。但发展市场经济以来,情况发生了根本性变化。市场经济的发展本身就

---

① 任剑涛:《草根民主——村民自治与现代民主的关联性问题》,见肖滨、郭忠华主编:《中大政治学评论》,中山大学出版社,2005年,第20页。

意味着国家链条的收缩和私人空间的成长。改革开放 30 年来，公民的私人空间获得了长足的发展。公民的择业自由、迁徙自由等得到了明显的改善；公民对私有财产保障的关注越来越高，并且最终获得了宪法的保障①；作为结社权的体现，民间组织也经历了一个从无到有、曲折发展、成长壮大的发展过程。② 总之，即使以特纳给定的标准衡量，中国的公民身份也不能简单地归结到其建构起来的某种类型中去。

由此可见，当把存在着巨大时空差异的西方视角横移到中国并分析本土公民身份时，的确需要对它们审慎地加以对待。当然，这并不是要在中国特色的借口下一概拒斥外来的理论，关键还在于根据中国的实际情况有效地涵化它们，否则就可能出现食洋不化的后果。从根本上说，任何理论范式都是研究者对自身所处环境的认识抽象，在社会科学内部，并不存在放之四海而皆准的普遍范式。以此作为出发点，对中国公民身份的研究也就有赖于立足于本土的经验，建构符合中国国情的分析原则。

## （二）本土研究范式的建构

从政治制度的角度衡量，公民身份表示"个人在一个国家中正式的和负有责任的成员资格"。③ 这种成员资格经由国籍得到界定，成员资格决定了个体对国家所具有的权利和必须履行的义务。在中国，现代意义上的公民身份只有到 1982 年宪法颁布之后才真正得到确立。1982 年宪法第 33 条规定："凡具有中华人民共和国国籍的人都是中华人民共和国公民"。这意味着，公民身份除了国籍的要求之外，不再有其他的资格

---

① 褚松燕：《20 世纪 90 年代以来中国公民资格权利的发展》，载《政法论坛》，2007 年第 1 期。
② 王名：《民间组织的发展及通向公民社会的道路》，见王名主编：《中国民间组织——走向公民社会》，社会科学文献出版社，2008 年，第 9 页。
③ 戴维·米勒、韦农·波格丹诺：《布莱克维尔政治学百科全书》，邓正来等译，中国政法大学出版社，2002 年，第 121—122 页。

限制，公民之间在身份上是平等的。在此之前，无论是民国时期还是新中国时期颁布的历次宪法，尽管间或也会出现"公民"和"公民身份"概念，但那个时候似乎更是一种不经意的运用，"国民"和"人民"更加为各种规范性文件所认可①，完整意义上的现代公民身份概念并没有为政治界和学术界所接纳。当前，既然公民身份概念已经为各种规范性文件所采用，也日益为学术界的研究所深化。那么，与西方公民身份的比较，中国迄今为止的公民身份在发展动力、发展轨迹、层级结构、内在取向等方面又表现出何种特殊性呢？

从发展动力的角度衡量，中国公民身份的发生和发展是一个公民抗争与政府赋权相互融合的结果。公民抗争主要体现在公民身份地位的确立上，政府赋权则主要体现在公民身份权利的落实和发展上。从清末到当下，中国公民身份地位的确立大致经历了一个从"臣民"到"国民"再到"公民"的演化过程。清朝末年尽管颁布了标志着中国现代政治转型的《钦定宪法大纲》，但个体仍然被看作是君主的"臣民"，大纲的最后甚至还辟有"臣民的权利"的专门规定。辛亥革命等革命运动的兴起终于把"臣民"变成了历史的陈迹，在此后历次颁布的重要文件中，如《重大十九信条》（1911）、《中华民国临时约法》（1912）、《中华民国宪法》（1923）、《中华民国训政时期约法》（1931）、《中华民国宪法》（1946）等，皆取"国民"来表示国家权力所归属的主体。国民指具有一国国籍，并依该国宪法和法律规定"享有一定权利并承担一定义务的人"，并非完全的权利和义务主体。② 新中国建立以后，"公民"概念逐步取代"国民"而在宪法中得到广泛使用。尽管建国初期的公民身份除了国籍的限制外还附加了其他的规定，但到1982年宪法，公民概念终于完成了其现代形式的转化。必须看到的是，概念的分殊后面不仅潜含

---

① 馨元：《公民概念在我国的发展》，载《法学》，2004年第6期。
② 姜士林等：《宪法学全书》，当代世界出版社，1997年，第27—28页。

着截然不同的政治理念，而且蕴含着公民抗争的主轴，社会运动是推动公民身份建立的主要动力。当然，我们并不由此就断定，中国公民身份属于曼、特纳等人所说的自下而上的类型，它同时也是一个自上而下的过程，这主要体现在公民身份建立后的公民权利的落实和发展上。尤其是改革开放以后，国家在不同层面的立法和制度建设为落实各项公民权利提供了制度基础和政治空间。在当前格局下，国家主导的制度建设与公民对权利的争取构成了公民权利发展的"双动力"。①

从发展轨迹来看，中国公民身份的发展并没有遵循马歇尔所描绘的线性发展路径。尽管民事权利、政治权利和社会权利仍然是分析当代中国公民身份的三种基本权利，但它们有着各自不同的发展轨迹。计划经济时期的经济增长尽管缓慢，但并不妨碍拥有城市户藉的公民享有较高水平的社会权利，尤其是国家机关的工作人员和企事业单位的职工。那个时代的保障层次尽管较低，但却是一个有保障的时代。农村社会保障尽管比不上城镇，但国家和家庭依然构筑起了一道"保障网"。相对于社会权利的发展而言，那个时期的民事权利和政治权利却很难得到保障。宪法尽管规定公民享有各种民事权利和政治权利，但在"人民专政"的高亢强音中，用以保障个体自由的民事权利和政治权利经常遭到践踏，这一点从1967年国家主席刘少奇以"公民"的身份述说时所遭遇的结果便可见一斑。正如有些学者所指出的那样，"1949年之后，我们是首先建立了'社会权'：计划体制下的社会保障制度，覆盖了社会上大部分成员。但是，'公民资格'的另外两种权利，即'公民权'和'政治权'却萎缩了。"② 改革开放后，三种权

---

① 褚松燕：《20世纪90年代以来中国公民资格权利的发展》，载《政法论坛》，2007年第1期。
② 沈原：《公民资格是建立和谐社会的基本依据》，载《社会学研究》，2007年第2期。这些存在概念译名的差异，这里所说的"公民资格"、"公民权"即本书所说的"公民身份"、"民事权利"。

利的发展轨迹再一次发生了变化。原先的社会权利在市场化改革过程中急剧萎缩。一方面，公民的教育、医疗、住宅、就业、养老等社会保障和社会福利制度无一不受到市场的猛烈冲击；另一方面，新的社会权利又没有建立起来。与社会权利的萎缩相比较，公民的民事权利却得到了较大的提高。公民自由缔结契约的权利、财产保障的权利、居住自由的权利、择业自由的权利，以及言论自由、结社自由等权利都得到了一定程度的提高。政治权利同样取得了较大的发展。在城市社区和广大农村，公民的选举权和被选举权获得了很大的发展；城乡公民在选举权上的差异不断缩小并趋于消失。与此同时，公民的行政监督权日益强化，监督机制逐步完善；公民参与管理的公共事务也不断增多，范围日益扩大。

马歇尔、曼和特纳没有考虑公民身份的纵向结构，但这一点对于研究我国的公民身份却有着重要的意义。从纵向结构来看，我国是一个以国家公民身份作为主导，地方公民身份渐次得到发展的格局。在香港、澳门回归之前，我国建立起了统一的国家公民身份。民族自治地方尽管拥有某些经济和社会事务方面的权利，它们仍然属于统一的国家公民身份范畴。但是，随着香港和澳门回归祖国，我国的公民身份结构也发生了变化。一方面，大陆主体继续保留其原有的国家公民身份，另一方面，港澳地区却发展出了一种亚国家层次的公民身份。在这些地方，居民以"中国香港公民"或者"中国澳门公民"的名义拥有一种不同于大陆主体的公民身份，即"香港公民身份"或者"澳门公民身份"。不同的公民身份后面不仅负载着不同的权利和义务，而且也蕴含着不同的情感因素。除此之外，港澳地区还存在数百万拥有双重公民身份的公民，他们既拥有"英国属土的公民身份"，又拥有港澳地区的公民身份。我国公民身份的这种特征既是殖民地半殖民地历史遗迹的反映，也是"一国两制"方针应用于公民身份问题上的反映。

在公民身份的取向方面，上述范式的提出者们仅仅站在自由主义公民身份的角度考察公民身份所包含的各种权利。实际上，公民身份并不仅仅意指公民拥有的各种权利，它还意味着认同、情感等精神方面的内容。对于共和主义公民身份传统来说，这甚至是至为重要的一个方面。①在我国公民身份的发展格局中，总体呈现出公共精神与制度建构交错发展的态势。改革开放以前，公民权利落实的制度建构尽管存在着诸多问题，但在计划经济的体制作用下和执政党意识形态的感召下，公民的公共精神、奉献精神、认同情感等反而处于较高的水准。改革开放以后，公民权利的制度支撑日益完善，但伴随着市场经济的发展，社会意识形态日益理性化、世俗化和功利化，公民的奉献精神和政治认同程度反而趋于下降。②完善的公民身份取向必须做到二者的有机结合：一方面，制度架构为公民权利的落实提供边界和参考框架；另一方面，思想情感又为公民身份的发展提供心理和文化上的支撑。在这一方面，已经有学者提出，中国的公民身份建设关键在于加强公民的道德，在一种"内化伦理"的基础上发展积极的公民身份。③

从本质上说，任何公民身份实践都是特定历史条件的产物，任何公民身份研究都是对特定公民身份实践的抽象和总结。在公民身份这一相同的研究标题下，可能潜含着截然不同的发展水平和实践模式，从而要求研究者具有高度的现实敏感力和历史感受力。基于这样一种认识，中国公民身份研究也有赖于研究者从本国的历史和现实出发，立足本土经验，在借鉴西方公民身份研究经验的基础上，提出符合本国国情的研究思路。

---

① 德里克·希特：《何谓公民身份》，郭忠华译，吉林出版集团北京分公司，2007年，第64—66页。
② 吴家骥、鲁彩荣：《识形态整合：构建社会主义和谐社会的重大课题》，载《学术探索》，2005年第1期。
③ 欧阳景根：《建构中国的公民身份理论——作为一种内化伦理的积极公民身份建设》，载《晋阳学刊》，2008年第3期。

## 本章小结

　　方法论问题是学术研究的基础性问题，本章探讨了公民身份的研究方法问题。第一节梳理了公民身份研究的理论框架，在综合福克斯、艾辛等人观点的基础上，作者提出，可以从公民身份的形成背景、实践主体、实践内容、实践场所、深厚程度等五个角度来对公民身份加以研究。在上述理论原则的基础上，第二节引入西方公民身份研究的历史线索，分析学术界分析公民身份的主要进路。为此，存在着五种主要进路，分别是以马歇尔为代表的"自然演进"或者说"进化论"路径；以曼为代表的"自上而下"的授予路径；以艾辛、本哈比等人为代表的"自下而上"的争取路径；以特纳为代表的"自上而下/自下而上、公共空间/私人空间"相结合的分析路径，以及以布鲁贝克为代表的"比较分析"路径。五种路径各自存在其优缺点。这些路径是否可以完整地应用于中国公民身份研究？应当如何基于本土实际提出公民身份的研究原则？本章最后一节对这些两个问题做出了回答。在作者看来，当前有关中国公民身份的研究普遍存在着照搬西方研究范式而忽略本土特色的情况，因此必须根据中国公民身份的发展特色来提出本土研究原则。为此，作者从公民身份的发展动力、发展轨迹、层级结构、内在取向等四个方面考察了中国公民身份的特殊性，这些特殊性构成了本土公民身份研究范式的建构基础。

# 二
# 公民身份的思想资源

# 第五章 现代公民身份的起源：
## 韦伯与梁启超

## 一、核心问题与研究视角

公民身份是现代政治的基础，举凡自由、平等、民主、权利等现代政治理念或者制度安排皆以公民身份作为基础①，公民身份对于现代政治的重要性自不待言。但纵览西方政治思想的发展脉络，公民身份在绝大部分时候都被看作是西方社会——尤其是西欧社会——独特政治和文化的产物，以中国、印度、伊斯兰等为代表的东方社会不仅与公民、公民身份无缘和难容，相反，这些社会主要被看作是孕育压迫、专制和奴役的摇篮。② 这种思维定势甚至可追溯至2400多年前的古希腊思想家亚里士多德那里。他在论述专制政体的时候说道，这种政体常常见于野蛮民族（非希腊民族）各国中，"因为野蛮民族比希腊民族更富于奴性；亚洲民族又比欧洲蛮族更富于奴性，所以他们常常忍受专制统治而不起来叛乱。"③亚里士多德对于亚洲民族的定性为后世思想家的东方想象奠定了基础。以他为起点，西方思想家从不同角度论证了东方社会之所以

---

① Richard Bellamy, *Citizenship: a very Short Introduction*, Oxford: Oxford University Press, 2008, p.1.
② Engin F. Isin, "Citizenship after Orientalism", in Engin F. Isin and Bryan Turner (ed.), *Handbook of Citizenship Studies*, Sage Publication Ltd. 2002, pp.117–119.
③ Aristotle, *Politics*, Translated by Ernest Barker, New York: Oxford University Press, 1995, p.121.

奴性、专制和落后的原因。例如马克思从农业发展的角度说明东方社会仍处于原始共产和半蒙昧的"亚细亚生产方式"阶段，这是人类生产发展的最初和最低阶段①；孟德斯鸠、魏特夫等人从地理环境和气候的角度解释了东方社会之所以成为"东方专制主义"社会的缘由②；黑格尔从理性演进和人类历史发展阶段的角度表明，东方社会仍处于人类历史发展的"史前阶段"③；其他一些学者则从种族的角度说明东方社会之所以专制和感性的原因。④

由是观之，东方社会的奴役、专制、蒙昧等特性很大程度上已成为思想界的定论，争论的焦点仅在于导致这些特性的原因到底是什么：是由于生产力不发达所导致，抑或由于地理、气候或者种族所使然，还是压根就是被历史所先验地决定了的。诚如克拉克所言，在西方思想家那里，"东

---

① 在"亚细亚生产方式"的论述方面，马克思在《〈政治经济学批判〉序言》中说道："大体说来，亚细亚的、古代的、封建的和现代资产阶级的生产方式可以看作是经济的社会形态演进的几个时代。资产阶级的生产关系是社会生产过程的最后一个对抗形式……"（马克思、恩格斯：《马克思恩格斯选集》第2卷，人民出版社，1995年，第33页）。关于亚细亚生产方式的更详细论述，还可参阅《政治经济学批判》（1857—1959年草稿），尤其是其中"资本主义生产以前的各种形式"那一部分，见《马克思恩格斯全集》第46卷（上），人民出版社，1979年，第470—503页。

② 孟德斯鸠：《论法的精神》（上册），张雁深译，商务印书馆，1997年，第128页；Karl A. Wittfogel, *Oriental Despotism: a Comparative Study of Total Power*, Yale University Press, 1957.

③ 例如，黑格尔在谈到中国、印度和其他亚洲民族时说道："中国和印度可以说还在世界历史的局外，而只是预期着、等待着若干因素的结合，然后才能够得到活泼生动的进步"，"其他亚细亚人民虽然也有远古的传说，但是没有真正的'历史'"。参阅黑格尔：《历史哲学》，王造时译，上海书店出版社，1999年，第123页。

④ 例如，赫尔德说道，中国民族由于天生"眼睛小、鼻梁矮、额头低、胡须稀、耳朵大、肚子大"而不可能产生出希腊人和罗马人。参阅赫尔德：《中国》，见夏瑞春主编：《德国思想家论中国》，陈爱政等译，1995年，江苏人民出版社，第85页。其他相关论述还可参阅赫尔德：《中国》，见夏瑞春主编：《德国思想家论中国》，陈爱政等译，江苏人民出版社，1995年；康德：《中国》，夏瑞春主编：《德国思想家论中国》，陈爱政等译，江苏人民出版社，1995年；佩雷菲特：《停滞的帝国：两个世界的撞击》，王国卿等译，三联书店，1993年。

方常常或被视为多姿多彩和迷人之地,一言以蔽之曰'异国情调';或被看作邪恶而充满威胁的,被冠以'黄祸'、'亚洲游牧部落'、'东方专制'之类的词语"。① 不论是多姿多彩的异国情调还是充满威胁感的东方专制,总而言之,东方都是作为迥异于西方的对立面存在的。如果说西方在思想家的笔下被刻画为自由、平等、民主、理性、勇敢等形象的话,东方则是这些形象的消极补充和反衬,即相对于西方而言,东方是一种劣等而邪恶的衬托,东方是奴役、压迫、专制、感性和怯懦的代名词。

公民身份通常被看作是西方政治文化的独特产物[②],因此,西方思想家所持的东西二元立场及其对于东方社会的理解很大程度也反映在他们对于公民身份的理解上。有鉴于此,本章以韦伯和梁启超有关公民身份或者国民思想的相关论述作为基础,探讨东西方现代公民身份的产生方式。围绕这一问题,本章划分为四节:第一节探讨作为分析方法的"东方主义"(orientalism)[③],说明东方主义的认知方式,以为整章奠定方法论基础;第二节从东方主义的视角探讨韦伯有关现代西方公民身份起源的论述;第三节以同样的视角探讨梁启超有关中国国民思想的论述;最后一节为本章的结论部分,将总结"东西二元"认识论下公民身份的产生方式,从而对话当前有关公民身份起源的内生性视角,同时说明早发现代性国家与殖民地国家公民身份产生方式的差异,解析东方主义思维方式后面隐含

---

① John, J. Clarke, *Oriental Enlightenment: The Encounter Between Asian and Western Thought*, London: Routledge, 1997, p.4.
② Peter Riesenberg, *Citizenship in the Western Tradition: Plato to Rousseau*, Chapel Hill and London: the University of North Carolina Press, 1992; Derek Heater, *A Brief History of Citizenship*, New York: New York University Press, 2004.
③ Orientalism 在国内有时被译作"东方学"(见萨义德:《东方学》,王宇根译,三联书店,1999年),有时则被译作"东方主义"(见萨达尔:《东方主义》,吉林人民出版社,2005年)。但大部分情况下被译作东方主义。显然,两种译法之间存在涵义差别,前者侧重于 orientalism 内容的系统性和完备性,具有学科上的意义;后者侧重于 orientalism 的思维方式,具有方法论上的意义。鉴于这种涵义差别以及本文对该词的使用方式,这里采用"东方主义"的译法。

的"力本论"本质。承接上述安排,本节接下来的部分将具体探讨作为研究视角的东方主义,以便为接下来的各节奠定分析的基础。

东方主义对于现代公民身份研究的重要性在于,不论西方还是东方有关公民身份起源的论述,都深刻浸淫着东方主义的认识方式。东方主义作为一种思维方式、话语体系和权力装置[①],不仅帮助西方塑造出积极公民的形象,而且还帮助东方完成了消极国民形象的塑造。东西二元的认识论结构是现代公民身份的发生装置。正因为如此,本章选取从东方主义的视角考察东西方思想家是如何来建构现代公民身份的。东方主义作为一种思维方式在西方尽管已历千年,但真正被学术界所系统认识和理论化却非常晚近。1978年爱德华·萨义德出版《东方主义》(Orientalism)一书[②],标志着学术界对于东方主义认识的理论化和系统化。嗣后,东方主义与依附理论、批判理论等一起成为反思西方现代性发展模式和问题的三面棱镜。如果说批判理论的棱镜主要为西方知识分子在映照自身社会问题时所使用的话,东方主义和依附理论则主要为东方社会和拉丁美洲国家的知识分子所使用,它们更着眼于从跨越地理意义上的南方与北方或者东方与西方[③]的角度来透视依附性世界体系之所以形成或者东方社会之所以落后的原因。

---

[①] 齐亚乌丁·萨达尔:《东方主义》,马雪峰、苏敏译,吉林人民出版社,2005年;Clarke, John, J., *Oriental Enlightenment: The Encounter Between Asian and Western Thought*, London: Routledge, 1997;爱德华·萨义德:《东方学》,王宇根译,三联书店,1999年。

[②] 国内学者王宇根将其译作《东方学》,三联出版社1999年版,国内有关东方主义的介绍性著作则可见齐亚乌丁·萨达尔的《东方主义》,吉林人民出版社,2005年版。

[③] 当然,时至今日,也出现不少泛化"东方主义"内涵的情形,认为其指涉的关系不仅仅是欧洲与亚洲社会的关系,而且包括发达国家与非洲、拉丁美洲等所有后发展国家的关系,甚至包括东方社会内部国家之间或者某一国家的主流群体与其他边缘群体之间的关系。例如,艾辛提出的"新东方主义"(参阅 Engin F. Isin, 2002, "Citizenship after Orientalism", in Engin F. Isin and Bryan Turner (ed.), *Handbook of Citizenship Studies*, Sage Publication Ltd, 2002)。周宁提出的"俄罗斯式的东方主义"含有这种意思,但这种涵义扩展已经超出东方主义的本来意思(周宁:《跨文化研究:以中国形象为方法》,商务印书馆,2011年)。

从历史发展的角度来看，东方主义大致经历过了三个发展时期：一是 19 世纪之前的模糊发展时期。从古典时期的古希腊、罗马一直延伸到中世纪后期和欧洲绝对主义时期，其间欧洲与东方之间形成过或者贬抑或者尊崇的关系。据东方学研究者的考察，早在荷马时代就已经存在很清晰的东方与西方的区分，在荷马的《伊利亚特》、埃斯库罗斯的《波斯人》、欧里庇得斯的《酒神的女祭司》等叙事史诗或者戏剧里，东方被描述成绝望、失败和灾难之地，欧洲则代表了胜利和希望之所。① 当然，事情也存在另外一面，以 1250 年前后作为起点，西方历史上也先后出现过一系列美化东方、尤其是中国的现象。有关东方富庶、强大、文明、神秘等的传说曾激起过西方传教士、探险家和学者的无限遐想②，他们从物质、制度再到观念，把以中国、印度等为代表的东方社会描绘成西方现代性社会所期望的理想国。③ 二是从 19 世纪早期到二战结束以英法为主导的东方主义时期。其时，欧洲的现代性转型已经完成并开始扬帆起航，以资本主义和工业主义为主导的现代生产模式渴望获得源源不断的原材料供给和不断扩大的产品销售市场。在这种情况下，东西方关系再次发生逆转，东方被重新刻画为野蛮、奴役、幼稚、堕落、感性等"有罪"的形象，从而为西方的军事入侵和殖民统治提供道

---

① Aeschylus, *The Persians*, translated by Anthony J. Podleck, Englewood Cliffs, N. J.: Prentice-Hall, 1970, pp. 73 – 74.

② 比如，莱布尼茨把中国人说成是地球上最有教养的民族："然而谁人过去曾经想到过，地球上还存在着这么一个民族，它比我们这个自以为在所有方面都教养有素的民族更加具有道德修养？自从我们认识中国人之后，便在他们身上发现了这点。"[参阅莱布尼茨、戈特弗里德·威廉：《〈中国近事〉序言：以中国最近情况阐释我们时代的历史》，见夏瑞春主编：《德国思想家论中国》，陈爱政等译，江苏人民出版社，1995 年，第 4—5 页。] 莱克文 (Reichwein) 把中国政治描述成人类历史上绝无仅有的好政治："在中国，三亿二千万人民在世界上最有权威也最公正的政府管理下，在世界上最富有、最强大、最人道也最仁慈的王朝统治下，过着明智、幸福、自由的生活，这是人类历史上绝无仅有的。"(参阅 Adolf Reichwein, *China and Europe*, London: Routledge & Kegan Paul Ltd, 1925: 92.)

③ 周宁：《跨文化研究：以中国形象为方法》，商务印书馆，2011 年，第 26 页。

义和学理支持。三是二战后美国主导的东方主义时期。这一时期，西方现代性的总体轨迹没有改变，东西方之间的思维方式和关系格式从而也没有改变，发生改变的不过是东方主义这套话语机制的主导权，美国取代英法成为该话语机制的操纵者。

东方主义之所以可以作为研究公民身份的方法，主要在于，有别于主流"内生性"视角，东方主义使我们可以从一种"跨文化"的视角看到作为"他者"的东方在近代公民身份兴起中所扮演的角色，从而从更宏大的视野来研究公民身份的起源。东方主义的研究方法可以使我们认识到，公民身份不仅仅是西方社会的"内部"产物，同时也是东方社会的"外部"产物。东方与西方之间的相互建构和反向促进，共同铸造了现代公民身份观念。具体地说，东方主义的研究方法主要包括以下因素：

第一，"东西二元"的认识论前提。也就是说，对于自身的身份确认只有以对象的存在和通过对对象的刻画才能完成。具体到东方主义上来，从字面上看，"东方主义"所指涉的似乎只有"东方"（the Orient），但隐含其后的出发点和归宿实际上更是"西方"（the Occident），东方不过是西方在东方寻求自我身份确认的媒介和"他者"。[1] 东方主义的"东方"并非东方社会对于自身的身份确认，更不是一种自然的地理存在，而是西方社会（更准确地说是盎格鲁-萨克逊社会）对于东方社会的人为建构和综合想象。[2] 在东方主义的思维模式中，"东方"与"西方"总是相携出场、相互反向印证，双方通过一系列话语互动而形塑出截然对比的形象。

第二，一套关于"他者"的话语体系。在东西二元划分的基础上，东方成为西方的"他者"和"对象"，西方开始在政治学、美学、经济

---

[1] Wilhelm Halbfass, *India and Europe: An Essay in Understanding*, Albany, New York: State University of New York Press, 1988, p. 369.

[2] 爱德华·萨义德：《东方学》，王宇根译，三联书店，1999年。

学、社会学、历史学、伦理学、哲学等诸领域系统地生产有关东方的文本，形成有关东方的经济、政治、语言、历史、心理、自然、社会、道德、文化等学说。这种有关东方的文本构建是"单维的"和"君临式的"，它不仅很少依赖于"真实"的东方，而且通常还必须将这种真实排除在外、令其位移或者变得多余。东方主义所表达的真实意义更多来源于西方而非东方，是西方现代性在洗净自身和纵深发展过程中树立的反面镜像。在这一过程中，东方扮演了一种"垃圾箱"的角色①，西方对于传统、专制、奴役、等级、停滞、感性、野蛮、堕落等价值的憎恨可以一股脑地倒进这个垃圾箱，而将权利、科学、民主、平等、自由、理性、文明等价值留给自己。作为结果，东方主义的话语体系越完备，西方现代性的面目就越清晰，东西方之间的差距也就越遥远。

第三，以这一话语体系为基础的权力关系。东方主义表面上表现为西方对于东方的一套完备话语，但西方对于东方的权力和支配则是贯穿其中的不变旋律。当然，这种权力关系既不像马克斯·韦伯所描述的那样具有直接的压迫性，他说道："权力意味着在一种社会关系里哪怕是遇到反对也能贯彻自己意志的机会"②，也不像吉登斯所乐观地认为的那样不与冲突和压迫联系在一起，认为权力是实现自由和解放的手段。③相反，它更体现为福柯在《知识考古学》《规训与惩罚》等著作中揭示的通过"文本"和"话语"而形成的规训和支配关系。通过对东方进行编码和符号化，并将它们贯穿在宣传、教育、内政、外交、殖民等各个环节，西方的优势地位得以确立，东方则成为驯化的主体。在这种通过东方主义符号体系而形成的野蛮与文明、堕落与进步、原罪与救赎、前历史与历史的发展序列中，所有针对东方的殖民、征服、教化等都成为合理和正当的，都是出于拯救东方的目的和需要。诚如萨达尔所言：

---

① 爱德华·萨义德：《东方学》，第133页。
② 马克斯·韦伯：《经济与社会》（上），林荣远译，商务印书馆，1998年，第81页。
③ 安东尼·吉登斯：《社会的构成》，李康、李猛译，三联书店，1998年，第377页。

"权力是东方主义的一个本质因素……东方主义正是在于证明其（指西方，引者注）对亚洲人民的剥削以及政治征服是合理正当的。"①

东方主义的研究方法为后文的分析奠定了基础。接下来的两节将致力于分析韦伯和梁启超各自阐述的公民身份思想。诚然，韦伯和梁启超所生活的时代尽管大致相同，但彼此的差异却远大于相似之处。韦伯所针对的主要是西欧尤其是德国的政治和社会背景，其理论兴趣主要集中在经济史、法律社会学、宗教社会学等领域。梁启超基本未涉足这些领域，其所面对的主要是中国传统文化的背景。但尽管如此，两者之间也存在着重要的交合之处，那就是都致力于现代性主题的探索。韦伯侧重于反思西方现代性的产生方式及其导致的问题，同时，德国民族国家的建构也构成其政治思考的核心主题。② 梁启超生活在"国将不国"的救亡时代，中国的现代性转型和中国民族国家的建构也成为其学术研究和政治实践的核心主题。③ 在探索现代性和各自民族国家建构的过程中，韦伯和梁启超都对公民身份问题进行了开创性的论述，而且都秉持了大致相同的立场，正是这些共同之处为本章的论述提供了基础。

## 二、西方公民身份的起源：韦伯

公民身份起源于西欧，然后才扩展到整个世界，这一点在学术界似乎并不存在多大的争议。雷森伯格在《西方传统中的公民身份》的开篇便以一种不容置疑的口吻说道："古希腊城邦世界为什么创造出西方独

---

① 齐亚乌丁·萨达尔：《东方主义》，马雪峰、苏敏译，吉林人民出版社，2005 年，第 15 页。
② Anthony Giddens, *Capitalism and Modern Social Theory*, Cambridge: Cambridge University Press, 1971.
③ 张灏：《梁启超与中国思想的过渡（1890—1907）》，江苏人民出版社，1995 年，第 141—164 页。

特的公民身份制度,这一点非常清楚"。① 仿佛有关这一问题的研究不再存在任何争议。同样的观点也体现在其他一些学者那里。例如,福克斯指出:"公民身份的制度性实践最早见之于希腊城邦,尤其是公元前5世纪到公元前4世纪时期的雅典。"② J. G. A. 波考克说道:"正是雅典人和罗马人,应为我们阐明了'公民身份理念'"③。以古希腊雅典、斯巴达城邦作为起点,历经罗马共和国和帝国、中世纪欧洲城市共和国,然后发展成为现代民族国家的公民身份形态,这代表了西方公民身份的发展轨迹。但如果我们把思考的问题转向更深层次,探讨究竟何种因素催生了公民身份时,学术界的回答则不那么一致。有些学者把它归结为古希腊独特的城邦制度安排④,有些学者把它看作是西欧公民军队的结果⑤,有些则把它论证为西欧独特的城市文化的结晶⑥,等等。无论这些观点在表面上存在多大的差异,它们都仅将注意力集中于西欧社会内部,从"内生"的角度论证公民身份的起源,而很少注意到作为"他者"的"东方"在其中所扮演的角色。

作为与马克思、涂尔干齐名的经典社会学家,韦伯所关注的问题主要集中在"资本主义企业的性质和资本主义特有的特征"⑦ 上,公民身

---

① Peter Riesenberg, *Citizenship in the Western Tradition: Plato to Rousseau*, Chapel Hill and London: the University of North Carolina Press, 1992, p. 3.
② 基思·福克斯:《公民身份》,郭忠华译,吉林出版集团有限责任公司,2009年,第12页。
③ J. G. A. 波考克:《古典时期以降的公民理想》,见许纪霖主编:《共和、社群与公民》,江苏人民出版社,2004年,第30—31页。
④ 参阅 Susan Collins, *Aristotle and the Rediscovery of Citizenship*, Cambridge: Cambridge University Press, 2009.
⑤ Peter Riesenberg, *Citizenship in the Western Tradition: Plato to Rousseau*, Chapel Hill and London: the University of North Carolina Press, 1992, pp. 9 – 11.
⑥ Richard Dagger, "Metropolis, Memory and Citizenship", *American Journal of Political Science*, Vol. 25, no. 4, 1981.
⑦ Anthony Giddens, *Capitalism and Modern Social Theory*, Cambridge: Cambridge University Press, 1971, p. 121.

份是他赖以思考西欧资本主义特征的重要线索。有关公民身份的论述尽管在韦伯庞大的思想体系中并不占据重要比例，但即便如此，其对于这一主题的论述仍然充满原创性，并且对后世公民身份研究产生了重大的影响。巴巴利特指出，仔细审视韦伯庞大的理论体系，公民身份构成了其比较宗教社会学、现代资本主义兴起和德国民族国家建构等显性主题后面的隐匿线索。① 布赖恩·特纳也认为，韦伯不仅清晰地提出了有关公民身份起源的观点，而且还指明了公民身份与基督教信仰和资本主义兴起之间的关系。② 韦伯对于公民身份的研究同时立基于历史和当代，从两个层次对公民身份进行了开创性论述：一是更加普遍意义上的有关公民身份的历史起源论述，它们主要体现在《城市》《经济通史》等著作中；二是更加特定意义上的以 20 世纪早期德国民族国家为基础的论述，它们主要体现在《德国的选举权与民主》《新政治秩序下的德国议会与政府》等小册子中。前者体现为对"城市公民"（citizen of the city）的分析，后者则表现为对"国家公民"（citizen of the state）的研究。由于本章的目标在于讨论现代公民身份的起源问题，出于论题的相关性，本节将把关注的焦点主要放在前一个方面。正是在这一方面，公民身份研究专家恩靳·艾辛认为，韦伯比其他任何学者都更加一致和清晰地阐明了这样一种思想：公民身份不仅是西方制度的独特结晶。而且他还把它与东方社会的"一系列缺失"进行比较和对照，从而为这样一种根本结论奠定基础：资本主义和现代性只能产生于西方而不是东方。③

---

① Jack Barbalet, "Citizenship in Max Weber", *Journal of Classical Sociology*, 10 (3): 201 – 216, 2010.
② 布赖恩·特纳：《公民身份理论的当代问题》，布赖恩·特纳主编，《公民身份与社会理论》，吉林出版集团有限责任公司，2007 年，第 4—5 页。
③ Engin F. Isin, "Citizenship after Orientalism", in Engin F. Isin and Bryan Turner (ed.), *Handbook of Citizenship Studies*, Sage Publication Ltd, 2002; Engin F. Isin, *Citizens without Frontiers*, London & New York: Bloomsbury, 2013, p. 110.

## 第五章 现代公民身份的起源：韦伯与梁启超

与许多西方公民身份研究者的做法[①]一样，韦伯也把现代公民身份的起源追溯到中世纪星星点点的城市共和国，认为正是城市共和国的独特性质催生了现代公民身份。但与他们不同的是，韦伯不仅从中世纪城市内部寻找现代公民身份的源头，而且还将视野转向东方，从东西二元对比的角度连带论证东方社会的性质。韦伯对现代公民身份起源的分析建立在其城市类型学的基础之上。在他看来，公民身份起源于中世纪城市中具有"特殊资格的市民"。[②] 但是，并非所有的城市居民都可称作市民，也并非所有城市都能产生出公民身份，这是由城市的不同性质所使然。城市本质上是"一个巨大的住居密集的聚落"，按照功能的标准，它可以被分为"消费城市"、"生产城市"、"商人城市"、"要塞城市"、"君侯城市"等诸多不同的类型。但所有这些类型都无法孕育出现代公民身份，因为它们仅仅履行了某种单一的功能，如生产功能、消费功能、防御功能或者管理功能。当然，有些城市可能同时承载了多种功能，但这并不能改变城市的性质。在韦伯看来，真正能够孕育出现代公民身份的城市类型只有一种，那就是"共同体"（commune）性质的城市。因为这种城市除了具有"生产"、"防御"、"市场"等功能之外，还具有其他城市类型所不具备的一些性格，那就是"自己的法庭以及——至少部分的——自己的法律"、"团体的性格（Verbands character）"以及与此相关的"至少得有部分的自律性与自主性"。[③] 在韦伯看来，共同体性质的城市只有在西方才大量出现过，在近东只是偶然存在过，而在其他地方则至多只有某些雏形。

---

[①] 例如里查德·达格、德雷克·希特、彼得·雷森伯格等人的相关论述。参阅 Richard Dagger, *Civic Virtue: Rights, Citizenship and Republican Liberalism*, Oxford: Oxford University Press, 1997; Derek Heater, *A Brief History of Citizenship*, New York: New York University Press, 2004; Peter Riesenberg, *Citizenship in the Western Tradition: Plato to Rousseau*, Chapel Hill and London: the University of North Carolina Press, 1992。

[②] 马克斯·韦伯：《非正当性的支配——城市的类型学》，康乐、简惠美译，广西师范大学出版社，2005年，第27页。

[③] 马克斯·韦伯：《非正当性的支配——城市的类型学》，第23页。

由此提出一个问题：为什么只有共同体类型的城市才能孕育出现代公民身份的观念和实践呢？根据第二章已经阐述过的公民身份定义，这是因为，城市的特性与现代公民身份所表达的成员资格、权利、义务、认同、参与等要求相吻合。具体体现在：第一，城市是一个自由而平等的共同体。在这种共同体中，市民阶层已经瓦解了贵族、领主等的支配权而将其转移到自己手中。城市支配权的转移不仅使领主等不再成为城市的政治中心，而且还消除了城市居民的身份差别，使所有市民都成为拥有自治权和过着平稳生活的"自由人"。"城市的空气使人自由"，通常来说，一个奴隶或者农奴移居到城市，在经过一段时期后（通常是一年零一天），其主人便自然丧失了对他的支配权，他从而享受到与其他城市居民平等的地位。二是市民权的出现和"兄弟盟约"的形成。城市居民的平等和自治使城市成为一个"城市自治体"，在这种自治体中，市民制定自己的法律、建立自己的法庭，并使自己置于这种法律制度的约束之下。城市因此成为一个具有法律自主性的"身份团体"，法律制度和组织保障了市民的权利。更为重要的是，城市"共同体"的发展还使之演化成为"兄弟盟约"的团体，即在市民团体内部发展出某些具有"宗教性质"的象征和实践，比如，只有市民才能崇拜的城市神祇或者圣徒、只有市民才能定期参加的城市圣餐会、加入市民阶层的宣誓、只有市民才能葬身其中的卫城等。[①] 兄弟盟约的发展使城市共同体得到进一步巩固。第三，军事自主性。从军事的角度来看，城市成为一个由市民武装组成的防卫集团。城市实行自行装备的原则，即个人必须自备武器参加军队。在韦伯看来，军事上基于市民自行装备还是基于大领主装备，将导致结果上的本质差别。自治武装使城市朝着更加自治的方向发展，而由领主来提供武装则将实质性地妨碍城市自治的发展。

---

[①] 马克斯·韦伯：《经济通史》，姚曾廙译，韦森校订，上海三联书店，2006年，第201页。

至此，韦伯的论述给我们展示了西方现代公民身份产生的各种结构性条件，它们体现在经济、政治和文化诸方面。经济方面，现代公民身份产生的前提在于：所有城市居民都必须独立地通过市场和以和平的方式来谋取利益，而不是像古代城市那样或者依赖于君主和领主、或者依赖于军事手段以及其他非理性手段来获得利益。市民在人身上摆脱了对君主或者领主的依附而成为"自由人"，在精神上摆脱了对氏族、宗教等的依附而以追求经济利益作为排他性取向。韦伯对于中世纪市民形象的塑造反映了早期自由资本主义的某种特征，即市民阶级的自由权和独立的经济追求。政治方面的条件则体现在内外两个维度上。在对外维度上，现代公民身份产生于君主、领主等政治势力缺乏程式性地支配城市政治的条件下，城市尽管为领主的封地所环绕，但城市在与上一级政治势力的博弈中总是能处于主导地位。这种权力结构保证了城市拥有较高的独立性。对内方面，这些平等而独立的市民能够彼此妥协和合作，通过参与城市议事会和城市法庭等机构，以和平的方式维护自身的利益。文化方面的条件则体现在巫术等神秘力量的隐退和世俗化的发展上。城市远离了巫术、氏族等神秘力量的支配，并且在平等、自由的基础上发展出新型的、具有宗教性质的盟约，但这种盟约不仅不会导致思想上的蒙昧和束缚，反而会增强城市的协作与和谐。

中世纪自治城市的自由、平等、自治、参与等氛围为现代公民身份的成长提供了肥沃的土壤，但这仅代表了韦伯论述现代公民身份起源的一幅面孔，我们同时还必须看到其论述的另一面——东方社会在其中所扮演的角色。东方社会能否形成类似于西方的公民身份？韦伯在一系列著作中重申了其否定性的回答。在他看来，公民身份观念只能是西方的产物，这种观念"愈往东愈少；在以色列、印度和中国的疆域中，这种国家公民的观念是向所未闻的"[1]；"亚洲的城市不存在有类似西方可以

---

[1] 马克斯·韦伯：《经济通史》，姚曾廙译，韦森校订，上海三联书店，2006年，第198页。

代表市民的共同体（例如市参政会）；真正意义的城市市民以及——更具体些——特殊身份资格的市民，在亚洲城市是不存在的，不管在中国、日本或印度；至于近东，也只有发育不全的萌芽"。① 当然，韦伯并不是武断地给出其答案的，而是提供了相应的理由：东方社会不存在类似于西方的城市"共同体"。诚然，东方社会在历史上也存在过许多大型而繁华的城市，但它们皆非"共同体"类型的城市，东方社会的某些内部因素防止了该种城市类型的产生。

其一，由于缺乏西方类型的市民武装，帝王武装导致东方社会走向人身依附和政治专制。在韦伯看来，东方社会不存在以自行装备为原则的市民武装，相反，它们的装备主要是以帝王提供为原则。由帝王提供武器装备所导致的后果是：形成包括官僚阶级在内的所有社会阶级对帝王的依附。按照韦伯的观点，帝王提供装备主要是由"灌溉"所具有的关键地位所决定的。治水问题导致王权官僚制的出现，导致依附阶级的强制性劳役以及从属阶级对帝王和官僚集团的职能依附。② 修建大型灌溉工程的需要导致官僚制的出现和权力的集中，而权力的集中又导致军事垄断，从而造成东方社会无法像西方城市那样形成自由、平等、自治和参与等公民实践。在把东方社会之所以"专制"的原因归结为气候干旱和修建大型水利工程的需要方面，韦伯并非前无古人，也并非后无来

---

① 马克斯·韦伯：《非正当性的支配：城市的类型学》，康乐、简惠美译，广西师范大学出版社，2005年，第27页。类似的表述还可见之于《儒教与道教》。在该著作中，作者说道："和西方根本不同的是，中国城市以及所有的东方城市形态，都不具有城市的政治特性。东方的城市一点儿也不像（西方）古代那样的'城邦'（polis），也没有任何中世纪时那样的'城市法'，因为它并不是个自有其政治特权的'共同体'（Gemeinde）。城市里没有西方古代出现的市民阶级——自己武装的军人阶层。"参阅马克斯·韦伯：《中国的宗教、宗教与世界》，康乐、简惠美译，广西师范大学出版社，2004年，第44页。

② 马克斯·韦伯：《非正当性的支配：城市的类型学》，康乐、简惠美译，广西师范大学出版社，2005年，第77页；马克斯·韦伯：《经济通史》，姚曾廙译，韦森校订，上海三联出版社，2006年，第202页。

者，而是代表了西方思想界定位东方社会性质的一条惯常路径。韦伯的独特之处仅在于通过这一路径论证了东方社会之所以缺失公民身份和不能迈向现代的原因。在韦伯之前，孟德斯鸠用专制、腐败、恐怖、残忍、弃婴、贫困、野蛮等词汇勾画了中华帝国，在他看来，所有这些特性主要是由于"气候的物理"原因造成的。① 在韦伯之后，直接以气候干旱和修建大型水利工程的需要来推演"东方专制主义"，大概无人能出魏特夫之右。在他看来，治水的需要和治水的组织对治水国家的极权政治具有决定性的影响。② 但韦伯却在气候、武装、专制与公民身份之间建立起概念联系，以此说明东方社会之所以不能产生现代公民身份的原因。

其二，东方社会不仅缺少现代公民身份产生的制度平台，而且缺乏现代公民身份产生的思想基础：亚洲城市由于深陷于由巫术、氏族、种姓等形成的禁忌中，无法催生能够迈向现代社会的理性思维。韦伯说道："导致地中海城市（不管哪个时代）与亚洲诸城市截然有别的决定性因素之一，是亚洲城市居民深受巫术及泛灵论的种姓与氏族的限制，以及随之而来的禁忌的束缚，至于地中海城市的自由市民则免于这些拘束。"③ 这种禁忌在中国体现为"族外婚与族内分房制的氏族"，在印度则体现为"内婚制与排外性的种姓"。氏族制及其无比重要的祖先崇拜导致中国社会根本不需要类似于西方城市的共同体聚餐仪式，而种姓制则导致印度成为一个无比封闭的社会。所有这些所导致的一个总体结果便是，以兄弟盟约为基础的西方城市类型在中国和印度等东方社会根本不可能出现，东方社会从而也就不可能孕育出以自由、平等为特征的市

---

① 孟德斯鸠：《论法的精神》（上册），张雁深译，商务印书馆，1997年。
② Karl A. Wittfogel, *Oriental Despotism: a Comparative Study of Total Power*, Yale University Press, 1957.
③ 马克斯·韦伯：《非正当性的支配：城市的类型学》，康乐、简惠美译，广西师范大学出版社，2005年，第45页。

民。总体而言,韦伯对于东方社会精神肖像的刻画与其对更加宏大的现代性主题的论述联系在一起。在腾布鲁克等学者看来,韦伯的毕生论题是"何谓理性"的问题,而实现这一过程的核心是"除魔"(disenchantment)的问题,社会理性化的历史也就是"除魔"的历史。① 腾布鲁克的论点尽管招致了许多非议,认为将庞大而复杂的韦伯思想仅仅归结为"除魔"的论题未免显得过于简单,但"理性"在韦伯思想中所具有的地位以及他赋予理性在西方现代性发展中的重要性是不容置疑的。如果说新教伦理是韦伯从正面论证理性化与现代资本主义之间的关联的话,其对于儒教、印度教等世界诸宗教的分析则从反面证明了"东方人往往缺乏理性特质"。② 具体到东西方城市的比较上来,那就是,西方城市居民已经摆脱了巫术等泛灵论的束缚而生活在已然"除魔"的世界中,从而能够以理性的方式来把握世界。相反,东方社会的城市居民由于仍然笼罩在巫术、氏族等禁忌中,理性(更确切地说,是现代工具理性)的发展从而受到抑制,他们因此只能适应世界,而不是理性地认识和创造世界。当然,这并不是说东方社会就生活在完全蒙昧的非理性世界中,而是说它们缺乏那种能够"导致世界现代化的西方理性",工具理性的发育程度成为东西方社会不同发展阶段的标志。诚如古迪所言:"随着时间的推移,欧洲从巫术伦理逐渐向着法伦理转型,而儒学仍然处在前一阶段。所以,尽管中国人具有理性,但他们所拥有的是一种使其无法实现现代化的理性类型;也就是说,他们无法开创现代性——除了适应它。"③

在公民身份的研究领域,大多数研究者都秉持"内生主义"的视角,仅仅从欧洲内部来分析现代公民身份的起源。韦伯的特殊之处在

---

① Freidrich Tenbruck, The Problem of thematic unity in the works of Max Weber, in Keith Tribe (ed.), *Reading Weber*, London: Routledge, 1989, pp. 11 - 12.
② 杰克·古迪:《西方中的东方》,沈毅译,浙江大学出版社,2012年,第38页。
③ 杰克·古迪:《西方中的东方》,沈毅译,浙江大学出版社,2012年,第36页。

于,他不仅从欧洲内部分析现代公民身份的起源和西方现代性的创生,同时还求诸"外部",通过对东方社会的反面描绘来证明这些现象只能是"西方"政治文化的结果。通过东方与西方的正反对比,西方城市成为平等、自由、自治、权利、法治、理性等现代政治的表征,与之相对照,东方城市则成为依附、奴役、专制、巫术、感性等前现代政治的典型,公民身份自然而然地变成了西方社会的政治专利。这种东方主义的叙事方式具有一种一箭双雕的效果:在说明现代公民身份的"西方性"的同时,兼带论证了东方社会的"东方性"。"东方"这面形容惭秽的棱镜不仅帮助映照出清晰而高大的西方公民形象,而且还帮助提炼出西方现代性的思想精髓。从表面上看,韦伯回答的是一个现代公民身份缘何只能产生于西方而不是东方的问题,但隐含其后的实际上更是现代资本主义以及更广泛意义的现代性缘何能够率先产生于西方而不是东方的问题。但当他以这种思维定势来解答这一问题的时候,一个东方主义的故事便自然而然产生了。因为这种思维定势不仅使他割裂东西方社会之间可能存在的重要关联,而且使其放大东西方之间存在的某些可能是无关紧要的差异,并从这些差异当中来推演现代公民身份的起源,而将东方社会所取得的其他重大进步和发展视为微不足道的东西加以抹杀。① 东方主义的叙事方式不仅使韦伯建立起了关于西方和东方的统一而均质的表述,而且还在东方与西方之间建立起了尖锐的对立。②

东方主义的叙事方式尽管不是韦伯的首创,但他是首个明确取道东方主义的路径来分析公民身份的现代起源和说明西方缘何可以率先

---

① John Hobson, *The Eastern Origins of Western Civilisation*, Cambridge: Cambridge University Press, 2004.
② Engin F. Isin, "Citizenship after Orientalism", in Engin F. Isin and Bryan Turner (ed.), *Handbook of Citizenship Studies*, Sage Publication Ltd, 2002, p.122; Bryan Turner, *For Weber: Essays on the Sociology of Fate*, 2nd edition, London: Sage, 1996, p.268.

进入现代化的思想家。在韦伯之前或者之后,有关中国或者其他东方社会国民性的论述尽管俯拾皆是,但他们很少与公民身份等明确现代性的主题联系起来,或者据此来解释西方现代性的兴起。例如,1890年美国传教士明恩溥出版轰动西方世界的《中国人的气质》著作,他在谈到中国人的精神世界时说道:"对人的本性中最深刻的精神真理的绝对漠视,是中国人心灵中一个最为可悲的特点,他们随时准备接受一个没有灵魂的肉体,一个没有精神的灵魂,一个没有生命的肉体,一个没有起因的宇宙,一个没有上帝的世界。"① 作者在其中尽管也体现出明显的东方主义色彩,即把"一个没有上帝的世界"看作是导致中国人"最为可悲心灵"的原因,但他只是从基督教中心主义的立场来说明中国人缘何会精神贫乏的,并没有把它与现代性等主题联系起来。再比如,在1989年出版的《停滞的帝国:两个世界的撞击》一书中,作者佩雷菲特也以一种直白的方式道破了英国人对于中国人的一贯看法:"在我们眼里的中国人的典型形象就是撒谎、奸诈、偷得快,悔过得也快,而且毫不脸红"②。他也只是说明了西方人对于中国人的一贯成见,没有把它与西方崛起、西方现代化或者历史进步等主题联系起来。

韦伯的东方主义叙事并非没有回声,只是这种明显的回声出现在了其所极力贬低的东方社会内部。在20世纪转折时期的中国,由于变法失败而需再次寻求救国良方的梁启超等人从西方公民观念中看到了中国走向现代的希望,希望通过改造中国的国民性和发展国民的现代公民观念来建立类似于西方的民族国家。在追求这些目标的时候,梁启超等人同样秉持了"东方主义"的立场。但这种东方主义已不再是韦伯"西方中心主义"意义上的东方主义,而是一种"东方化"(Orientalized)了

---

① 明恩溥:《中国人的气质》,刘文飞、刘晓旸译,文汇出版社,2010年,第306页。
② 佩雷菲特:《停滞的帝国:两个世界的撞击》,王国卿等译,三联书店,1993年,第105页。

的东方主义或者艾辛等人所说的"新东方主义"①,即东方人援引西方中心主义的立场和话语来批判和改造东方自身。

## 三、中国公民观念的兴起：梁启超

中国古汉语词汇库中尽管不缺少"公民"、"人民"、"国民"等词汇,但它们从来没有表述过"现代"的意涵,也从来没有成为国家政治的建立基础。在古代汉语词汇中,"公民"最早出现在《韩非子》、《烈女传》等典籍中,所表达者多为传统之含义。例如,《韩非子·五蠹》言曰:"是以公民少而私人众矣。""公民"在此处的含义相当于"为公之民",与"为私之民"相对。在汉代刘向所著之《列女传》中,"公民"变成了担任公职或者履行公务之人。如,"〔婧〕对曰：'妾父衍,幸得充城郭为公民。'"此处之公民乃为"城郭守卫者"的意思。康有为在《大同书》乙部第三章中写道："凡未辟之岛皆为公地,居者即为公民。""公民"在此处变成了居于"公地"上的人。在古代汉语词汇里,"人民"由"人"和"民"连缀而成。按《说文解字》的解释,"人者,天地之性最贵者也……人者,天地之心也；食味别声,被色而生者也。""民,众萌也……萌犹懵懵无知儿也。"当"人"和"民"连缀而成"人民"之后,其义大致相当于"民"。如《周礼·地官》："掌建邦之土地,与其人民之数。"此处之"人民"大致与"黎民"、"庶民"、"草民"甚至"小民"等词汇的含义相通,含有芸芸众生而又懵懂无知之意。同样,在古汉语词汇中,"国民"也存在多重含义：一是指一国或一藩封所辖之百姓,如"先神命之,国民信之"（左传·昭公十三年）,"威行於国,国民多属,窃自立为王"（史记·东越列传）等；二是指外

---

① Engin F. Isin, "Citizenship after Orientalism", in Engin F. Isin and Bryan Turner (ed.), Handbook of Citizenship Studies, Sage Publication Ltd, 2002；齐亚乌丁·萨达尔：《东方主义》,马雪峰、苏敏译,吉林人民出版社,2005 年。

国人，如"国民经营希利，算悉锱铢，亦多情普济之意。崇奉世主耶稣之教，舍身捐财，以招教师，颁文劝世"①；三是分指"国"、"民"，如秋瑾在《赠浯溪女士徐寄尘和原韵》诗中写道："今日舞台新世界，国民责任总应分。"由此可见，无论是公民、人民还是国民，它们在古代中国都不具有现代的意涵。然而，尽管韦伯等思想家已反复申明"公民"观念只能是西方社会的产物，在东方社会是一种"向所未闻"的观念，众所周知，"公民"、"权利"、"平等"等现代政治词汇不仅已被载入历次中国宪法，而且成为中国人政治实践的基本内容和政治发展的基本目标。由此提出的一个问题是：作为古汉语词汇的"公民"概念是如何扬弃自身而实现其现代转型的呢？

刘禾提出的"翻译的现代性"（translated modernity）观点主张，"新词语和新词语的建构是有关历史变迁的极好喻说，因为创造新词语旨在同时表述和取代外国的词汇，而且由此确立了自己在语言张力场中兼具中外于一身的身份"。②的确，在20世纪转折时期的中国，"公民"与民主、自由、权利、主权等概念一起成为众多被翻译的词汇之一。"公民"概念不仅部分表述了西方公民和公民身份的概念内涵，而且还包含了中国知识分子想象中国现代国家时所需要的内涵。19世纪中期以降，中西"两个世界的撞击"为传统"公民"概念的现代转型和语义新生提供了契机，"公民"概念在20世纪转折时期的涅槃不仅反映了当时中国的重大社会变迁，而且本身就是这种变迁的动力来源。但鉴于本人已在其他地方从"翻译现代性"的角度对西方citizen概念传入中国的方式、语义及其政治意涵进行过详细分析③，这里将不再赘述。作为对这

---

① 魏源：《弥利坚国即育奈士迭国总记》，《海国图志》第16卷，1843年，第1667页。
② 刘禾：《跨语际实践：文学、民族文化与被译介的现代性》，三联书店，2008年。
③ 请参阅郭忠华：《清季民初的国民语义与国家想象》，载《南京大学学报》，2012年第6期；郭忠华：《翻译中的话语建构：关于citizen、citizenship汉译的述评》，《中国政治学年度评论》第2辑，2013年；郭忠华：《立民与立国：中国现代国家建构中的话语选择》，载《武汉大学学报》，2014年第3期。

一研究的进一步拓展,这里所要分析的是公民身份观念在近代中国滥觞过程中所折射出来的"东方主义"色彩。

公民概念在中国的新生起因于清末"三千年未有之大变局"。如果说春秋战国时代是第一次大规模礼崩乐坏之期,清末则堪称为第二次大规模轴心转型之秋。维持了数千年的纲常名教、礼法秩序在内忧和外患的冲击下成为众矢之的,如何一统国家、提升国力和抵御外侮则成为萦绕在当时知识分子心头的核心问题。这种变化反映在思想观念的更迭上:以国家为核心的"力本论"观念取代传统以家庭为核心的"礼本论"观念。① 这种"力本论"观念从其滥觞之初就表现出强大的力量感和破坏性。殆至民国建立,"礼本论"已然随着王权的消逝而全面解体,整个社会笼罩在"力本论"的氛围中。1916 年,杜亚泉在《东方杂志》中写道:"今日之社会,几纯然为物质的势力,精神界中,殆无势力之可言。……其弥漫于社会之间者,物质之势力也。物质之种类甚多,而其代表之者则为金钱,今日之独占势力于吾社会者,金钱而已矣"。② 杜亚泉所言之"物质势力"尽管主要指金钱,但仍需作广义的理解:当天下秩序在清末被新兴的民族国家雏形所取代后,纵横其间的是形形色色的势力,如军事势力、金钱势力、政客势力……各种力量彼此竞雄,优胜劣汰,力者生存。③ 当然,这种"力本论"不仅仅反映在对当时社会的刻画上,更反映在对西方的认识和对中国现代国家建构的设想上,即如何用催生西方国家力量的因素来提振吾国之实力? 在这一方面,以梁启超为代表的晚清知识分子的认识表现得最为典型。

清末的累累败绩为从"礼本论"向"力本论"观念的转换提供了

---

① 许纪霖:《现代性的歧路:清末民初的社会达尔文思潮》,《史学月刊》,2010 年第 2 期;张灏:《梁启超与中国思想的过渡(1890—1907)》,江苏人民出版社,1995 年。
② 杜亚泉:《杜亚泉文存》,许纪霖、田建业编,上海教育出版社,2003 年。
③ 许纪霖:《现代性的歧路:清末民初的社会达尔文思潮》,《史学月刊》,2010 年第 2 期。

动力。但即使在败绩新成,一系列不平等条约初订的1860年前后,盛行于知识界的仍然是张之洞所提出的"中体西用"主张,即本土的纲常伦理可以不变,只需引进西方的富强之术就可以改观中国、摆脱外侮。但随着1895年中日《马关条约》的签订,原来对本土文化仍存些许自信的"中体西用"思想迅速被逆转,出现明显激进的尝试:从原来的"中体西用"主张转变成全面的"以西为师"观念。这种转变后面的假设是达尔文、斯宾塞等人的"社会进化论"思想。当然,在师法西方方面,又出现过两次不同的尝试:一是康有为、梁启超等人发动的戊戌变法运动,旨在师法西方之制度;二是变法失败之后梁启超等人开启的师法西方观念的尝试。后一尝试集中体现在西方公民身份观念的引入和本土公民语义的新生上。两者之间存在着直接的逻辑关联。变法失败之后,梁启超逃亡日本。期间,他一方面反思中国变法失败的原因,另一方面,又积极找寻明治维新之后日本之所以强大的原因。在此一时期,他还阅读了大量由明治知识分子所翻译的西方近代政治学著作,如孟德斯鸠的《论法的精神》、洛克的《政府论》、卢梭的《社会契约论》等。西方近代政治思想的影响、日本社会现实的直接濡染以及中国社会的强烈反差,使他悟出了一个深刻的道理:中西力量差异的根源既不在于技术,也不在于制度,而在于承载它们的文化。文化观念的差异是导致国祚之运势不同的根本。梁启超说道:"国也者,积民而成。国之有民,犹身之有四肢、五脏、筋脉、血轮也。未有四肢已断,五脏已瘵,筋脉已伤,血轮已涸,而身犹能存者;则未有其民愚陋懦弱,涣散混浊,而国犹能立者。故欲其身之长生久视,则摄生之术不可不明,欲其国之安富尊荣,则新民之道不可不讲。"① 也就是说,在梁启超看来,近代中国国运衰微的根源在于"力"的缺乏,而缺乏"力"的原因又在于民之

---

① 梁启超:《新民说》,宋志明选注,辽宁人民出版社,1994年,第1—2页。

"愚陋混浊",提振国力的根本因而在于"新民"。

梁启超的"新民"形象建立在对中西方个体精神的二元比较和对西方公民身份观念的效法上。在他看来,造成中西方国祚悬殊的根源在于"部民"与"国民"的不同。他没有将西方的citizen、citizenship等概念引介为今世之"公民",而是根据当时中国的现实和需要有意识地把它称呼为"国民"。因为在他看来,中国所亟需解决者乃人民的"国家"观念问题:中国有"部民"而无"国民"。部民与国民之根本差异在于:前者"知有天下而不知有国家"、"知有一己而不知有国家";后者则"对于一身而知有国家"、"对于朝廷而知有国家"、"对于外族而知有国家"、"对于世界而知有国家"。① 部民乃"惟一身一家之荣瘁是问"之人,国民则为"有国家思想,能自布政治"之属。这种强烈的观念反差使梁启超认识到,建立中国现代国家的关键在于将传统"部民"转化为现代"国民"。"国民"将"国"置于"民"之前,本意在于使人民知道国家、心怀国家和奉献国家。除国家思想外,国民与部民的差异还体现在独立与奴隶、权利与义务、自治与依赖、公德与私德、冒险与畏缩、进取与满足等一系列范畴上。这些范畴的前一部分所代表者乃"国民"之素描,后一部分所表征者乃"部民"之形象。

首先,独立与奴隶、权利与义务的问题。在梁启超看来,西方人崇尚独立,中国人崇尚奴隶;西方人崇尚权利,中国人则崇尚义务。梁启超把世界民族划分为五大种类:黑色民族、棕色民族、黄色民族、红色民族和白色民族。其中,以白色民族为最强大。但白色民族又可分为以法、葡诸国为核心的拉丁民族,以俄、奥诸国为核心的斯拉夫民族,以英、德、荷诸国为核心的条顿民族。条顿民族较之于其他白种民族更加强大。当然,条顿民族又可进一步划分为以德国为核心的日耳曼民族和以英、美诸国为核心的盎格鲁-萨克逊民族,后者又较前者更加强大。

---

① 梁启超:《新民说》,宋志明选注,辽宁人民出版社,1994年,第22、28页。

由此形成的格局是:"五色人相比较,白人最优;以白人相比较,条顿人最优;以条顿人相比较,盎格鲁撒逊人最优"。① 那么,导致盎格鲁-萨克逊民族强大的因素主要有哪些?在这一方面,梁启超把它归结为"独立自助之风"和"权利思想"。盎格鲁-萨克逊民族从幼年开始,不论在家庭还是在学校,父母、师长都不以附庸待之,及至长大,他们也就变得独立而羞于依赖。与独立相联系的则是"权利"观念。盎格鲁-萨克逊人视权利为"第二生命",籍由权利,公民得以参与政治,集人民之意以为公意,合人民之权以为国权。由于具有发达的权利观念,盎格鲁-萨克逊人从而能够划定团体与个人、中央与地方、国家与社会之权界,两者各不相侵、互为益彰。

但是,中国的情况却截然相反。当时中国拥有四万万人口,数倍于英、美国家。但此四万万人口却绝大部分皆为"奴隶"。梁启超在总结戊戌变法失败和中国腐朽之原因时说道:"吾国之大患,由国家视其民为奴隶,积之既久,民之自视,亦如奴隶焉"②,"中国数千年腐败,其祸极于今日,推其大原,皆必自奴隶性而来,不除此性,中国万不能立于世界万国之间"。③ 国家先是以把民视为奴隶,久而久之,民也就自视为奴。奴隶与国民的区别在于,前者心目中只有"主人"而没有国家,后者心目中有"国家"而无主人。在一个绝大部分人口都自视为奴隶的国家,关心国家大事者不过皇帝等区区数人;在一个绝大部分人口皆为国民的国家,所有社会个体都视国事为己事。以区区数人之国对抗众人之国,哪有不失败的道理。由于中国百姓皆为奴隶,因此也就没有西方公民那种权利观念。在权利与义务两端,君权日益尊贵,民权则日益衰弱。如果说奴隶性使民漠然于国事的话,权利的缺乏则使民没有可能参

---

① 梁启超:《新民说》,第 12 页。
② 梁启超:《戊戌政变记》,广西师范大学出版社,2010 年,第 179 页。
③ 转引自张灏:《梁启超与中国思想的过渡(1890—1907)》,江苏人民出版社,1995 年,第 110 页。

与国事。历数中国历史上摧毁民权的主要皇帝,以秦始皇、元太祖、明太祖等为最甚。"当知三代之后,君权日益尊,民权日益衰,为中国致弱之根源,其罪最大者,曰秦始皇,曰元太祖,曰明太祖"。① 通过奴隶与国民、权利与义务的正反对比,中国积弱之根源不难看出,"新民"之方向也不难找到。

其次,在自治与依赖、公德与私德等方面。在梁启超看来,西方公民具有自治的能力和合作的精神,中国人则只会依赖他人和指责他人。在西方,"试与一游英美德法之都,观其人民之自治如何?其人民与政府之关系如何?观之一省,其治法俨然一国也;观之一市、一村落,其治法俨然一国也;观之一党会、一公司、一学校,其治法俨然一国也,乃至观之一人,其自治之法,亦俨然治一国也"。② 由于公民具有高度的自治能力和合作精神,西方的政治格局因而是"君相常倚赖国民,国民不倚赖君相"。但是,反观中国,中国人之间则是一种"我责人,人亦责我;我望人,人亦望我"的相互指望和相互指责关系。这种关系不仅难以形成类似于西方公民那种自治能力和合作局面,而且还使个体能力在这种关系中相互抵消掉了,由此形成的官民关系亦是:责望于贤君相者深,而自责望者浅。在梁启超看来,这种"责人不责己、望人不望己之恶习,即中国不能维新之大原"。③

中国的人际关系特征也反映在道德上,那就是有"私德"而无"公德"。前者体现在"人人独善其身"上,后者则体现在"人人相善其群"上。对于个体来说,无私德不能"立",无公德则不能"团"。中国虽然有发达的道德,但这种道德主要体现为私德。综观《论语》《大学》《孟子》《洪范》等教育经典,所强调者主要是"克己复礼"、"修身养性"、"忠信笃敬"、"温良恭让"等内容,它们都是"私德"的表

---

① 梁启超:《饮冰室文集》(第1卷),中华书局,1960年,第128页。
② 梁启超:《新民说》,宋志明选注,辽宁人民出版社,1994年,第3页。
③ 梁启超:《新民说》,第4—5页。

现。这些品德尽管可以形成个体作为"私人"的品德，但却无法形成其作为"公人"的品格。"公人"注重家庭伦理、社会（人群）伦理和国家伦理。与私德的"内向性"相反，它是"外向性"的，聚焦于个体与团体之间的关系。在梁启超看来，与中国人仅具"私德"不同，西方人兼具公、私二德。中国人"公德"的缺乏造成他们难以像西方人那样具有高度的团队精神和合作能力，这也是近代中国国运之所以沉疴的缘由。将近半年世纪之后，梁漱溟在《西人之所长吾人之所短》一文中论述到团体与个人的问题时说道："距今四十五年前梁任公倡'新民说'，以为改造社会、挽救中国之本。他第一即揭'公德'为论题，已予指出。今在本书讨究工作上，还要不放松地说一说"。① 任公思想的影响不可谓不大。

最后，冒险与畏缩、进取与满足也是梁启超塑造中国国民形象的重要维度。较之中西国民性之异同，梁启超的观点是，欧洲人敢于冒险、富于进取精神；中国人则生性畏缩，他们安于现状、知足常乐。当然，进取、冒险精神不是凭空产生的，而是产生于希望、热诚、智慧和胆识。从希望的角度来看，人生于两界之中：现实界和理想界，或者说现在界和未来界。只有对未来充满希望，才会忘却眼前的困难，希望越大，进取心就越强，冒险心也就越炽。如果只是苟安于今日、保守于现状，那么进取和冒险精神也就消失了。从热忱的角度来看，热忱是信念的体现。对于未来的信念越强，就越能驱使人在实现其梦想的道路上义无反顾、一往无前。缺乏强烈的信念，则只会使人在追求各种事业的过程中浅尝辄止，或者半途而废。智慧使人明白事理，使之不至于在追求理想的过程中变得鲁莽。就像哥伦布如果没有超越于当时的地理学知识，便不可能穿越大西洋和发现新大陆那样。胆识则与畏惧相对，有胆识便无所畏惧，成大事者不能畏畏缩缩、裹足不前。在梁启超看来，

---

① 梁启超：《戊戌政变记》，广西师范大学出版社，2010 年，第 34 页。

"吾中国人无进取冒险之性质，自昔已然，而今且每况愈下也"。① 中国人崇尚的人生准则是："知足不辱，知止不殆"，"不为物先，不为物后"，"非礼勿听，非礼勿视"，"多言多患，多事多败"等等。所有这些准则的一个重要特点是：守"静"制"动"、执"勿"弃"为"、守"狷"去"狂"、取"坤"避"乾"、尊"命"舍"力"。在这些准则的指导下，中国人成为"鬼脉阴阴，病质奄奄，女性纤纤，暮色沉沉"的人，根本不像西方人那样朝气蓬勃、阳刚健壮、乐观向上。在梁启超看来，进取冒险精神是欧洲力量的源泉，中国之所以国力衰颓，关键在于国人缺乏此类精神。"欧洲民族所以优强于中国者，原因非一，而其富于进取冒险之精神，殆其尤要者也"。②

尽管在戊戌变法时期已经出现过许多有关中国国民性的讨论，但当时并未成为体系，也未把国民性改造作为建立中国现代国家的希望所在，毋宁说当时的目标主要在于改变既有的皇权专制制度，建立类似于西方的君主立宪制度。只有在戊戌变法失败之后，通过对变法失败原因的反思、对西方近代政治思想的更多习得和对西方社会政治的更深入了解，国民性改造才成为中国民族国家建构的希望之光。

联系到本节所要论述的公民身份主题，不难看出，梁启超的全套"新民"学说基本上是在参考西方公民身份含义的基础上形成的。在大量阅读西方近代政治学著作的基础上，通过《新民丛报》等宣传手段，他不仅改造了国民概念的传统语义，使之成为联系传统与现代、中国与西方的纽带，而且还系统地塑造出国民的形象：国家思想、独立、自由、自治、权利、义务、公德、自尊、进取、冒险、合群、尚武等。③ 毫无疑问，这些要素很大程度上也是西方公民形象的素描，所不同的只

---

① 梁启超：《新民说》，宋志明选注，辽宁人民出版社，1994年，第40页。
② 转引自张灏：《梁启超与中国思想的过渡（1890—1907）》，江苏人民出版社，1995年，第106页。
③ 梁启超：《新民说》，宋志明选注，辽宁人民出版社，1994年。

是，现代西方公民身份很大程度上是建立在国家与社会分野的基础上，公民身份是实现社会自治和与政治国家合作的手段的同时，很大程度上也是个体为防止国家侵犯个体权利的手段。① 但在梁启超阐述其新民思想的时期，中国的民族国家仍只是知识分子心目中光芒四射的天国，中国的社会也还是一个典型的传统社会，因此也就谈不上国家与社会之间的分野。毋宁说，梁启超改造国民语义和重塑国民形象的目的更在于建立中国的现代国家，在国权与民权的比较中，国权的重要性远高于民权。② 但无论如何，通过梁启超等人的开创性工作，西方公民身份的概念含义开始正式而系统地进入中国语境，并越来越扎根于国人的精神世界，成为他们进行政治想象和政治实践的基础。

回到本文所讨论的"东方主义"上来。如果说韦伯是站在东方主义的立场上来论述西方公民身份的兴起的话，不难看出，在想象中国现代公民身份的过程中，梁启超也秉持了同样的立场：东西二元的认识论结构、东方主义话语体系。但与韦伯不同的是，他是东方人站在西方主义的立场上来批判东方自身的。也就是说，西方学者所创造的那一套有关东方的话语体系完全为梁启超以及当时的许多知识分子所接受，并且被他们自觉用来作为反思自身和进行西方化的工具。基于力量差异的对比，梁启超甚至比韦伯更加系统地对西方人进行了美化，比韦伯更加系统地对中国人进行了对象化和丑化。西方人变成了现代人的完美化身，他们具有独立、自强、自由、权利、自治、进取、冒险、合作、国家等一切美好的精神。与之相反，中国人则是一切人格缺陷的完整表征，体现在奴性、依附、自私、义务、懦弱、满足、冷漠、畏惧等方方面面。在这种二元认知结构中，西方人的形象越是被想象得高大，中国人的形象便越变得猥琐。完全抛弃中国人流传千年的做人和修身之道而师法西

---

① 德里克·希特：《何谓公民身份》，郭忠华译，吉林出版集团有限责任公司，2007 年。
② 沈松侨：《国权与民权：晚清"国民"论述，1895—1911》，台湾中央研究院《历史语言研究所集刊》，第七十三本，第四分册，2002 年。

方，成为梁启超等知识分子想象现代中国时的不二选择。前文已经表明过，东方主义是二元认知结构基础上西方思想界形成的一套关于东方的话语体系和权力装置。梁启超对于国民概念的改造和对于中国国民性的论述表明，东方主义已经走出了欧洲的地域而实现了其在东方社会的"内在化"，成为东方知识分子审视自身和效法西方的思维方式。这种现象诚如萨达尔所言，是一种"新的本土化东方主义"，或者说"东方化的东方人"。①

## 四、公民身份起源的再认识

不论在中国还是在西方，现代公民身份观念的兴起都意味着政治理念的新生，意味着个人与个人之间以及个人与国家之间关系的重构。公民身份的重要性自不待言。基于此，对于公民身份发端问题的探讨也就意义非凡。它不仅可以加深我们对公民身份的理解，而且本身就构成了历史理解的一部分。对于公民身份起源的问题，如前文所述，西方社会内部尽管存在着形形色色的论述，但基本都秉持"内生"的视角，即基于西方社会内部的某一或者某些因素来解释公民身份的起源，包括文化、经济、政治、城市、军事等，很少有人注意到作为"他者"和"镜像"的东方在其中所扮演的角色，很少有人认识到"跨文化"比较在研究公民身份过程中所具有的重要性。韦伯、梁启超作为中西思想界影响卓著的思想家，他们从各自所处的时空背景出发对公民身份的起源进行跨文化比较。他们对于思考公民身份的起源乃至现代性扩展的方式具有重要的启示意义。通过对这两位思想家论点的梳理和总结，我们至少可以在以下几个方面启发良多：其一，东西二元的认识结构与现代公民身

---

① 齐亚乌丁·萨达尔：《东方主义》，马雪峰、苏敏译，吉林人民出版社，2005年，第136页。

份起源的问题；其二，早发现代性国家与殖民地国家之间公民身份起源方式上的差异；其三，东方主义话语机制下潜藏的"力本论"问题。

先从第一个方面谈起。不论在韦伯还是在梁启超那里，有关公民身份起源的论述都建立在"东西二元"的认识论基础上。韦伯在论述西方公民身份的起源时假定了作为他者的"东方"，梁启超在论述中国公民身份的愿景时，则假定了作为他者的"西方"。东方是否真的如韦伯所说的那样是由于"气候干旱"而导致专制？是否真的如其所说的那样浸淫在巫术之中而不能自拔？是否真的如其所说的那样是由于君主武装而导致人民的依附？所有这些问题的真实情况如何实际上并不重要。关键在于，他在将西方共同体城市类型和公民形象"理想化"的时候，需要有一个能够进行反面衬托的东方。因为只有在这种由先进与落后所组成的二元结构中，作为叙述主题的公民和公民身份才会变得清晰。在这种相互衬托的装置中，东方的国民性越是被描述成奴性、依附、自私和卑微，西方的国民性便越变得独立、自治、合作和高大；西方的公民形象越是变得纯粹和清晰，作为其衬托的东方个体便越变得矮小和猥琐。①梁启超尽管是一个地地道道的东方知识分子，他在唤起中国公民观念的过程中所遵循的依然是西方知识界所阐述的东方主义路径。他也以"东西二元"的认识论结构作为出发点，以西方近代政治学著作的描述作为想象基础，他同样把西方公民形象描绘得高大而完美，而把本土社会个体的形象描绘得不堪和惭秽。不同之处仅在于，韦伯是身处西方、站在西方中心主义的立场来想象"东方"的；梁启超则是身处东方社会内部、但以西方中心主义的立场来想象"西方"的——尽管后者的西方中心主义后面隐藏着为前者所不具备的本土关怀。

这种以二元认识论为基础的东方主义思考方式为公民身份研究增添了何种理论元素？较之于"内生性"视角，东方主义的思考进路的确代

---

① Anthony J. Cascardi, *The Subject of Modernity*, Cambridge: Cambridge University Press, 1992.

表了有关现代公民身份起源的另类解释:"跨文化"或者"外生"视角。如果说内生视角聚焦于西方社会内部的话,东方主义的解释进路则侧重于从"外部"或者"比较"的角度来进行解释。它立足于西方现代性的某些核心原则,放大东西方之间存在的可能是某些微不足道的差异,将据说是迥异于东方的某些西方现象看作是导致现代公民身份起源的原因。这一点不论在韦伯还是在梁启超那里都有明显的体现。在韦伯那里,这些因素体现在城市议事会、兄弟盟约、市民武装等方面,它们被看作是导致东西方社会根本差异的原因。① 在梁启超那里,这些因素则体现在自由、自治、公德、国家思想、进取冒险等公民素质上,它们也被看作是西方社会所独有和东方社会应当效法的因素。在东方主义的解释范式下,东方社会仅仅成为西方公民身份的旁白或者注脚。当然,这一旁白或注脚并非可以可有可无,因为它不仅描述了东方专制和落后的内在特性,而且为西方的先进和完美提供了强有力证明。② 因此,较之于内生视角,东方主义的解释方式生产出更加直接和更加强大的权力支配,因为它在生产有关西方先进和文明的文本的同时,连带生产有关东方落后和有罪的学说。通过这些文本和学说,西方对于东方的君临自然变得合法和正当。

其二,从现代性发展的时序来看,韦伯和梁启超分别表明了早发现代性国家和殖民地国家公民身份的产生方式。韦伯所针对的是早发现代性国家。其时,现代性在西方资本主义世界才刚刚显露其桅顶:以资本主义为基础的经济模式基本成形;由工业革命催生的工业主义基本完成,并且成为社会生产的基本方式;以自由、平等、法治等为原则的现代民主政治开始狂飙突进。对于那一时期的进步知识分子来说,核心任务在于如何为新兴的民主政治提供理念和理论支持。正是在这一背景

---

① Randall Collins, *Weberian Sociological Theory*, Cambridge: Cambridge University Press, 1986.
② Andrew Dobson, *Citizenship and the Environment*, Oxford: Oxford University Press, 2004.

下，人民主权论、契约论、分权制衡论、公民身份理论等现代政治理论纷纷被构想出来。公民身份理论不仅表达了个体在新兴民族国家的正式成员资格，以此适应民族国家的时代要求；而且构建了个体与政治国家之间的新型关系模式，以此适应大众民主时代的发展要求。这种关系模式就是：国家权力得自人民的同意，国家权力必须服务于公民社会。这是一种迥异于此前时代的国家与社会关系模式。在这种时代转折的背景下，与马克思、涂尔干等经典社会学家一样，韦伯的核心任务在于回答这样一些根本问题：是什么因素导致西方社会率先迈上现代性轨道的？是什么因素导致东方社会落后的？基于这些基本问题，韦伯从比较宗教社会学的角度论证了现代资本主义之所以率先在西方而不是东方兴起的缘由，从东方主义的角度解释了以公民身份为基础的现代政治之所以率先在西方兴起的原因。但在回答这些问题的时候必须注意到，韦伯是在预先假定西方现代性的进步性的前提下，有选择性地将一系列特点归结为西方的特性，同时认为东方由于一系列障碍而不能发展出这些特性的。这种做法很难说得上"科学"和"客观"，毋宁说是倾向于从一种抱有偏见的视角来定位西方和东方的；它也不是一种"全球史观"，而是"欧洲中心的单线发展史"。① 当然，无论如何，由于西方现代性在此后历史中的力量感和扩张性，韦伯以及其他西方思想家所建构的那套东方主义话语体系获得了话语主导权，并且深刻影响了殖民地国家迈向现代性的道路选择。

梁启超身处半殖民地、半封建社会的中国，当他着手思考中国政治现代性问题的时候，西方现代性工程已经取得长足的发展，现代性话语体系也已至臻完备，并且已在全球范围内取得话语霸权。在这种情况下，梁启超根本无法像韦伯那样独立地思考，因为西方知识分子所建构的中国形象已经弥漫于中国，欧美人眼中的中国形象已成为中国人自己

---

① James M. Blaut, *The Colonizer's Model of the World*, London: Routledge, 1993, p.5.

眼中的中国形象，或者说已完成了中国人的"自我东方化"。① 在这种背景下，驱使梁启超去思考的核心问题已变成：如何比照中西差距和学习西方的现代精神，同时抛弃千百年来形成的本土文化传统——因为后者在西方人那里被批判为迈向现代的障碍？《新民说》先是详细勾画了西方的现代公民形象，对之进行理想化和体系化，然后逐一检视中国国民性存在的差距。这是殖民地国家"翻译现代性"（translated modernity）现象的重要体现：翻译者站在主方语言与客方语言的中间地带，通过翻译或者创造新词汇来建构本土现代性的尝试。这些新词汇尽管表述了其在客方语言中的某些含义，但它更是翻译者在主方语言环境下的发明和创造，新的词汇后面隐含着翻译者丰富的现代性想象。② 我们尽管难以找到梁启超翻译西方 citizen 或者 citizenship 的直接证据，但"翻译救国论"却是其在戊戌变法前后的基本政治主张。③ 他不仅发表了《译印政治小说序》《论小说与群治之关系》等讨论翻译的论文，把翻译外国政治小说看作是改造国民性的基本手段，而且还亲自翻译了《佳人奇遇》、《十五小豪杰》等政治小说。梁启超的例子表明，通过翻译和引介西方政治词汇来实现本土的现代性转型，或许是殖民地国家知识分子构想本土现代性图景的基本途径。

最后，东方主义话语机制后面潜藏的"力本论"问题。萨义德在揭示东方主义后面隐藏的权力机制时指出，它本身就是对东方进行控制、操纵、甚至吞并的愿望或意图，而不是为了对一个自己显然不熟悉的（新的、替代性的）世界进行理解，东方主义作为一种话语权力，与政治权力、学术权力、文化权力、道德权力等结合在一起。④ 前文有关韦伯和梁启超思想的论述表明，现代公民身份起源后面所隐含的东方主义

---

① 周宁：《跨文化研究：以中国形象为方法》，商务印书馆，2011年，第15页。
② 刘禾：《跨语际实践：文学、民族文化与被译介的现代性》，三联书店，2008年，第55页。
③ 蒋林：《梁启超"豪杰译"研究》，上海译文出版社，2014年。
④ 爱德华·萨义德：《东方学》，王宇根译，三联书店，1999年，第16页。

话语方式潜藏着深刻的权力支配关系。不论是韦伯还是梁启超，他们都构建了一个力量失衡的"东西二元结构"，并且通过这一结构来解释西方公民身份兴起和中国发展公民身份的路径。韦伯和梁启超的论述方式表明了东方主义思维方式的形成机制：先肯定先进的西方和落后的东方这种当前状况，然后再通过对历史的研究来"揭示"导致这种结果的因素。隐藏在这种机制后面的最核心原则乃"实力"原则。因为在东西比较中，只有实力优势的一方才有资格将自身和对手的某些特殊性挑选出来，把自身的特殊性作为先进的理由，把对手的特殊性作为落后的注脚。由于强烈的实力对比，尤其是伴随着东西碰撞中的大量军事失败，实力弱小一方除了在心理上接受这种解释机制并努力仿效对手之外，通常别无选择。从某种意义而言，东方主义的这种发生逻辑表明了一种颠倒的思维方式。它首先提出这样一种问题：为什么只有西方能够率先进入现代的轨道，而东方则只能在传统的轨道中循环往复？但当以这样一种方式来提出问题时，已经假定了一个东方主义故事的产生。因为这种提问方式将引导思考者将西方的崛起与东方的落后归结为某种必然性：先是建立起一种东西二元的认识结构，然后在这种结构中寻找西方进步和东方落后的理由。[①] 显然，当它深入到历史中去探寻西方进步和东方落后的因素时，是戴着有色眼镜或者偏见去寻找的，是在答案已然确定的前提下去寻找所希望的历史证据的。这种探寻方式将使研究者忽视东方社会内部存在的许多进步性因素和西方社会存在的缺陷，同时夸大西方社会的先进性因素和东方社会存在的可能是某些微不足道的缺陷。东方主义与力本论之间因此存在着某种重要的逻辑关联。

## 本章小结

本章以韦伯和梁启超有关现代公民身份起源的思想作为分析对象，

---

[①] Andrew Dobson, *Citizenship and the Environment*, Oxford: Oxford University Press, 2004.

以东方主义作为分析视角，探讨中西方思想家如何解释现代公民观念起源的问题。本章的目的主要有两个：一是考察中西方现代公民身份观念的起源方式；二是对话西方学术界广泛流行的有关公民身份起源的"内生性"视角。东方主义的思维方式在西方有着悠久的历史传统，西方（近代以前主要是西欧）思想家在建构自身形象和认同结构时，多秉持"东西二元"的认识论结构，然后以自身为核心，建构起一套关于"东方"和"他者"的完备话语，再通过这种这套话语而形成先进与落后、文明与野蛮、现代与传统等对立关系，隐含在这种对立关系后面的是一种权力与支配关系。

根据这一研究视角，本章分析了韦伯和梁启超阐述东西方公民身份话语的方式。韦伯有关西方公民身份起源的论述建立在其城市类型学的基础上，在将城市划分为君侯城市、要塞城市、市场城市、生产城市、共同体城市等不同类型后，在韦伯看来，只有最后一种类型的城市才能孕育出公民身份观念。这种城市类型只存在于西欧，越往东则越少，在中国、印度等东方国家则向所未闻。共同体城市的独特性在于，市民脱离了土地而依赖于商业维持生存，城市摆脱了君主、贵族等的控制而实现自治，市民武装是维持城市独立的基础，市民通过城市议事会而决定城市的公共事务，市民之间"兄弟盟约"关系的形成等。城市的这些特性造就了市民之间自主、平等、信任、自治、权利等属性，正是这些属性催生了西方现代公民身份。东方社会尽管也存在着繁华的城市，但却不存在共同体性质的城市。东方社会的君主武装、巫术、种姓制度以及治水社会的性质等阻碍了共同体性质的城市的出现。

梁启超是中国现代公民观念的主要创造者之一。在戊戌变法失败之后，他阅读了大量西方政治学著作，并认识到中国变法失败的根源主要在于国民性问题，因此产生了通过国民性改造来实现国家新生的想法。与韦伯一样，梁启超也站在"东方主义"立场上思考中国的国民性问题。在他看来，中国现代国家建立的根本出路在于改造国民的奴隶性，引入西方的"公民性"。根据独立与奴隶、权利与义务、自治与依赖、公德与私德、冒险与畏缩、进取与满足等一系列鲜明的二元对比,梁启超阐明了中国国民性改造的内容和任务,即改造国民的奴隶、义务、依附、私德、畏缩、满足等心理,发展国民的独立、平等、权利、公德、冒险、进取等意识,这些新的国民观念将催生中国的现代民族国家。

韦伯和梁启超阐述现代公民观念的方式都体现出明显的东方主义思维方式。韦伯站在西方中心主义的立场上来看待和建构东方,其最终目的却是要使西方现代性精神变得纯粹和合理化。梁启超尽管生活在东方,但他也秉承了韦伯等西方知识分子的立场,即将西方中心主义的话语内化于心理,用于理想化西方和贬低自身,使西方成为中国理想化的赶超对象。韦伯和梁启超尽管都秉持东方主义的立场,但两者的关注点有所不同。韦伯秉持的是原生态意义上的东方主义,梁启超秉持的则是东方化了的东方主义或者说新东方主义。韦伯和梁启超有关中西方公民身份的论述反映了早期现代性社会和殖民地国家产生公民身份观念的不同方式,隐含在这些不同方式后面的根本线索是"力本论"问题。与公民身份起源的"内生"视角相比,东方主义的分析方式主要从"跨文化"的角度来分析现代公民身份的产生,它使我们注意到"东方"或者"西方"等外部因素在催生现代公民身份观念过程中的作用。

# 第六章　劳动分工与个人自由

改革开放的启动不仅使中国经济与全球经济紧密契合在一起，而且使中国工业迅速找准了自身在国际分工体系中的位置，扮演了"世界工厂"的角色。工业经济的发展一方面带来了史无前例的经济增长和生活富足，另一方面也深刻改变了中国的社会结构和社会生活，催生了一支以农民工为主体、适合现代工业需要的劳动大军。这支大军昔日的生活曾经被刻画为"流露着气候和土壤的自然韵律，自主控制着劳动资料、时间、节奏和成果"①，如今一旦进入由本土或跨国资本所催生的现代工厂里，其生活迅速变得迥然相异："工作简单、重复、乏味，而且一旦习惯之后，人的双手、眼睛、以及身体就可以自主地做出反应，完美地配合工作的节奏。似乎一个人在某个工位上时间愈长，就会感到愈自由"②。这种现象不只出现在中国，在世界其他国家也存在。匈牙利著名作家米克洛什·哈拉兹第（Mikolos Haraszti）在描述某拖拉机厂的工作情形时，这样写道："唯一的出路就是将自己变成一台机器。最好的工人们都非常擅长这一点。他们无论做什么样的工作，都好像有一张固定面具紧紧粘在他们脸上一样。他们的眼睛好像被蒙住了，然而却决不会错过一样东西。他们的动作看上去似乎不费任何力气。他们好像是被磁

---

① Sidney Pollard, *The Genesis of Modern Management*, London: Arnold, 1965, p. 73.
② 潘毅：《中国女工：新兴打工阶级的呼唤》，香港明报出版有限公司，2007 年，第 140 页。

铁控制的铁屑一样，按照既定的轨道前进。他们可以一整天都保持一种快速而稳定的节奏，简直就好像机器一样，即使感到新鲜也不会冲动，相反，感到厌倦也不会松懈。只有'好'工作与'坏'工作的比例实在太令人不快的时候，他们的'神经'才会有所反应"。①

现代工厂中的生产流水线不仅把劳动者的身体变成了机器的一部分，而且还使劳动的性质发生改变，使之变成没有任何意义的操作。这种现象可以溯源至现代社会建立之初，并且与现代社会的核心价值形成对比：一方面，启蒙运动的展开以及由此带来的人本主义的发展使"个人自由"成为现代社会的核心价值；另一方面，工业革命的出现以及由此带来的现代工业的发展则使机器生产成为生产的基本模式，以机器生产为基础的劳动分工则把个人变成机器的附庸。劳动分工与个人自由从而成为现代社会的基本矛盾。这一矛盾在出现之初就为许多思想家所关注。② 到19世纪中后期，随着这一矛盾的激化和社会动荡的加剧，以马克思、涂尔干、韦伯为代表的经典社会学家更对其进行了深刻的分析。他们从各自不同的立场出发，围绕"异化"、"失范"、"合理化"等问题，深刻解剖劳动分工与个人自由之间的关系，并据此勾画出未来社会发展的图景。他们的思想不仅对后世社会理论的发展产生了深远的影

---

① Miklos Haraszti, *A Worker in a Worker's State*, Translated by Wright Micheal, New York: University Books, 1978, p. 54.

② 例如，1767 年，英国思想家亚当·弗格森对工场手工业中的劳动分工与人的发展问题进行过专门论述，提出"在工场手工业方面，其最完善之处在于不用脑力参与，因此，不费任何思索就可以把作坊看作是一部由人构成的机器"（参阅 Ferguson, Adan, *An Essay on the History of Civil Society*, Cambridge: Cambridge University Press, 1996, p. 108）。1776 年，英国经济学家亚当·斯密就劳动分工的涵义、原由及其对市场的影响等问题进行过详细的讨论（参阅亚当·斯密：《国民财富的性质和原因的研究》上卷，郭大力、王亚南译，商务印书馆，1972 年，前三章）。此后，法国哲学家蒲鲁东就分工的积极方面与消极方面，分工对经济发展的影响、国家所面临的分工所带来的问题等进行过详细的论述（蒲鲁东：《贫困的哲学》，余叔通、王雪华译，商务印书馆，1998 年，第三章），并为此遭到马克思的强烈批判（参阅《马克思恩格斯选集》第 1 卷，人民出版社，1995 年）。

响，而且为思考当代劳动分工和个人自由问题提供了重要的线索。①

本章的目标在于探讨三大思想家围绕劳动分工与个人自由问题所形成的核心观点，深刻检视高度劳动分工背景下发展个人自由的可能性。围绕这一主题，本章的结构如下：第一，前三节将依次检视三大思想家围绕劳动分工与个人自由问题所形成的基本理论；在此基础上，第二，第四节将详细考察三大思想家围绕这一问题所形成的复杂的知识关联；第三，总结三大思想家所展示的三种个人自由前景。有一点特别需要加以说明的是，本章尽管较少直接使用公民身份这一概念，但却对公民身份的核心理念，即"个人自由"问题，进行了深入的探讨。本章展示了现代机器生产的背景下，经典思想家有关个人自由的状况及其可能的发展前景的思考。

## 一、马克思：异化与人的全面发展

对于理解马克思庞大的思想体系而言，"分工"是一个具有重要意义的范畴，在马克思的思想体系中具有举足轻重的地位。1890年10月27日，在致康拉德·施米特的信中，恩格斯指出："我基本上也已经回答了您关于整个的历史唯物主义的问题。问题从分工的观点来看是最容易理解的"。② 苏联著名马克思主义研究者巴加图利亚认为："正是经过对分工的分析，马克思在制定唯物主义历史观方面就迈出了下一步，而且是有决定意义的一步"。③ 众所周知，马克思主要从生产力角度分析社

---

① 安东尼·吉登斯：《资本主义与现代社会理论：对马克思、涂尔干、韦伯著作的分析》，郭忠华、潘华凌译，上海译文出版社，2007年，第1页；尼格尔·多德：《社会理论与现代性》，陶传进译，社会科学文献出版社，2002年；Ken Morrison, *Marx, Durkheim, Weber: Formation of Modern Social Thought*, London: Sage Publication Ltd, 1995.
② 《马克思恩格斯全集》第37卷，人民出版社，1971年，第468页。
③ F. A. 巴加图利亚：《马克思第一个伟大发现》，陆忍译，中国人民大学出版社，1981年，第35页。

会历史，分工则是其分析生产力和社会历史的重要线索。他指出，"一个民族的生产力发展的水平，最明显地表现于该民族分工的发展程度"，"……分工是迄今为止历史的主要力量之一"。① 分工在马克思那里的意义由此可见一斑。

在《德意志意识形态》《哲学的贫困》《资本论》《哥达纲领批判》等著作中，马克思对劳动分工进行过一系列划分，例如，"物质劳动"与"精神劳动"的分工②、"社会内部的分工"与"工场内部的分工"③、"一般的分工"、"特殊的分工"和"个别的分工"④ 等。这些划分对于理解马克思的思想尽管重要，但它们主要是从范围或者形态的角度所作的区分，难以反映劳动分工的本质及其与现代社会的关联。要理解马克思对于劳动分工的社会影响的看法，关键在于理解其"自愿分工"与"自然分工"这一马克思论述无多、学术界也未多加重视的范畴。对于理解马克思有关反思与重建现代社会的思想而言，这是一对尤其重要的范畴，因为较之于其他种类的划分，它们不仅反映了马克思对于社会历史发展阶段的看法，同时还反映了他对个人自由的看法。

马克思对"自愿分工"没有进行过太多论述，但从散见于其著作中的有限论述以及与"自然分工"的比较中，我们还是可以勾勒出他对这一分工的看法。这是一种首先出现在原始社会的分工。"在这个阶段，分工还很不发达，仅限于家庭中现有的自然形成的分工的进一步扩大"。⑤ 它起初表现在性行为方面，后来由于体力、需要、偶然性等因素的影响才形成其他分工。⑥ 但无论出于性行为、体力还是其他原因，分

---

① 《马克思恩格斯选集》第 1 卷，人民出版社，1995 年，第 68 页、第 99 页。
② 《马克思恩格斯选集》第 1 卷，第 104 页。
③ 《资本论》第 1 卷，人民出版社，2004 年，第 410 页。
④ 《资本论》第 1 卷，第 406—407 页。
⑤ 《马克思恩格斯选集》第 1 卷，人民出版社，1995 年，第 69 页。
⑥ 《马克思恩格斯选集》第 1 卷，人民出版社，1995 年，第 82 页。

工都没有给劳动者带来强制性,而仅仅是由于性别、体力、需要等的差异才形成的,它为社会所需要,也为劳动者所接受。当然,由于生产力低下等原因,它无法给个体以职业选择的自由。共产主义社会则是自愿分工的高级阶段。在这一阶段,由于生产力已经高度发达,同时消灭了存在于阶级社会中的私有制、剥削、阶级等原因,社会尽管存在着打猎、捕鱼、放牧、批判等复杂的劳动分工,但与其早期阶段一样,它们也完全不会对个体形成强制,从事何种劳动完全是个人的自由选择。对于这一阶段的劳动分工,马克思是这样描述的:"在共产主义社会里,任何人都没有特殊的活动范围,而是都可以在任何部门内发展……有可能随自己的兴趣今天干这事,明天干那事,上午打猎,下午捕鱼,傍晚从事畜牧,晚饭后从事批判,这样就不会使我老是一个猎人、渔夫、牧人或批判者"。① 可见,自愿分工是一种只存在于无阶级社会中的分工,这种分工的最大特点是不会给劳动者造成强制,分工是他们的自愿选择,为他们所乐于接受。

"自然分工"是继原始社会"自愿分工"之后出现的另一种分工。在许多情况下,马克思还将其称作"社会分工"或者"分工"。这是一种仅存在于阶级社会的分工。较之于自愿分工,自然分工具有诸多特性:首先,它不是以个体的性行为、体力、需要等为基础,而以社会的生产力和生产关系为基础,它们作为个人生存的条件,对个人形成"自然"和"自发"的支配。与这一点相关联,其次,自然分工与劳动异化相关联。分工越发达,异化也就越升级。在自然分工条件下,"他的劳动不是自愿的劳动,而是被迫的强制劳动。因此,它不是满足劳动需要,而只是满足劳动需要以外的那些需要的一种手段"。② 最后,自然分工服务于特殊利益而非共同利益,特殊利益支配和压迫着个人。"只要

---

① 《马克思恩格斯选集》第 1 卷,人民出版社,1995 年,第 85 页。
② 《马克思恩格斯全集》第 42 卷,人民出版社,1979 年,第 94 页。

特殊利益和共同利益之间还有分裂，也就是说，只要分工还不是出于自愿，而是自然形成的，那么人本身的活动对人来说就成为一种异己的、同他对立的力量，这种力量压迫着人，而不是人驾驭着这种力量"。① 可见，自然分工是生产力等外在力量对人本身所形成的不以其意志为转移的支配，个体丧失了对劳动资料和劳动过程的支配权，并且反过来被自身的劳动产品所奴役。

自愿分工与自然分工的区分使马克思把分析的重点放在了后者，希望通过对后者的解剖和超越来实现自愿分工的高级阶段。这种分析主要是围绕资本主义而展开的，马克思的首要兴趣是"资产阶级社会的动力学"。② 在马克思看来，自然分工只有在资本主义社会才变得普遍，此前社会尽管也存在，但只是一种零星的现象。他一再强调："在封建制度的繁荣时代，分工是很少的"③，"16 世纪末 17 世纪初荷兰的工场手工业几乎还不知道分工"④。但是，资本主义的来临使这种现象发生了彻底的改变。随着资本主义工场手工业的建立，以前独立的手工业者被集中在一起从事同一种产品的生产，或者同一种产品被划分为若干个操作，每个工人只需从事其中某一个简单的操作。⑤ 通过这种方式，生产效率得到明显的提高。生产效率的提高相应导致生产力向前发展。"构成工场手工业活机构的结合总体工人，完全是由这些片面的局部工人组成的。因此，与独立的手工业比较，在较短时间内能生产出较多的东西，或者说，劳动生产力提高了"。⑥ 自然分工的发展同时还意味着私有制的发展。自愿分工的结果是原始公社所有制，自然分工的萌芽则催生了私

---

① 《马克思恩格斯选集》第 1 卷，人民出版社，1995 年，第 85 页。
② 安东尼·吉登斯：《资本主义与现代社会理论：对马克思、涂尔干、韦伯著作的分析》，郭忠华、潘华凌译，上海译文出版社，2007 年，第 54 页。
③ 《马克思恩格斯选集》第 1 卷，人民出版社，1995 年，第 71 页。
④ 《马克思恩格斯选集》第 1 卷，人民出版社，1995 年，第 164—165 页。
⑤ 《资本论》第 1 卷，人民出版社，2004 年，第 390—393 页。
⑥ 《资本论》第 1 卷，人民出版社，2004 年，第 393 页。

有制。但只有随着资本主义工场手工业的建立以及由此带来的自然分工的普遍化,私有制才成为生产资料所有制的基本形式。正因为如此,马克思认为:"其实,分工和私有制是相等的表达方式,对同一件事情,一个是就活动而言,另一个是就活动的产品而言"。①

自然分工的结果不仅体现在经济领域,而且体现在社会领域,造成严重的社会"异化"问题。异化指"工人在他的产品中的外化,不仅意味着他的劳动成为对象,成为外部的存在,而且意味着他的劳动作为一种异己的东西不依赖他而在他之外存在,并成为同他对立的独立力量;意味着他给予对象的生命做为敌对的和异己的东西同他相对立"。② 资本主义社会的异化主要体现在:第一,"种姓"制度。"种姓就是分工的有害方面;因此,有害方面是由分工产生的"③。种姓制度表现在社会的等级制度和特权等方面。第二,工人与自身劳动成果的异化。在资本主义社会,"工人生产的财富越多,他的产品的力量和数量越大,他就越贫穷。工人创造的商品越多,他就越变成廉价的商品。物的世界的增值同人的世界的贬值成正比。"④ 第三,工人在劳动过程中的异化。由于分工的发展,整个工厂就像是一个由人所构成的机器,工人分别从事着某种极为简单和重复的操作,几乎不需要任何智力的投入,出现"劳动越机巧,工人越愚钝,越成为自然界的奴隶"的反常现象。⑤ 如果说"人的类特性恰恰就是自由的自觉的活动"的话⑥,资本主义社会的分工却使这种"类特性"变得越来越不可能存在,因为它使人的发展变得片面化、工具化和屈辱化。

---

① 《马克思恩格斯选集》第1卷,人民出版社,1995年,第84页。
② 《马克思恩格斯全集》第42卷,人民出版社,1979年,第91—92页。
③ 《马克思恩格斯选集》第1卷,人民出版社,1995年,第159页。
④ 《马克思恩格斯全集》第42卷,人民出版社,1979年,第90页。
⑤ 马克思:《1844年经济学哲学手稿》,《马克思恩格斯全集》第42卷,人民出版社,1979年,第93页。
⑥ 《马克思恩格斯全集》第42卷,人民出版社,1979年,第96页。

资本主义的异化促使马克思思考重建现代社会的出路,这种出路与他对无产阶级的历史期望联系在一起。在他看来,资本主义使社会的阶级结构变得简单化了,整个社会日益分裂为两大直接对立的阶级:资产阶级和无产阶级。无产阶级是一个处于社会最下层和被异化得最严重的阶级,它"必须承担社会的一切重负,而不能享受社会的福利"①,在工业资本家的工厂里"像士兵一样被组织起来……每日每时都受机器、受监工、首先是受各个经营工厂的资产者本人的奴役"。② 无产阶级的处境决定了它的阶级特性:无产阶级是一个"真正革命的阶级","无产阶级的运动是绝大多数人的、为绝大多数人谋利益的独立的运动",无产阶级"如果不炸毁构成官方社会的整个上层,就不能抬起头来,挺起胸来"。③ 无产阶级从而成为重建现代社会的希望之光和力量之源。通过巴黎公社等无产阶级革命运动,马克思认识到,无产阶级只有以暴力打碎旧的国家机器,建立无产阶级专政,同时利用无产阶级的政权力量,废除私有制、阶级、剥削、国家等造成异化的社会基础,才能终结分工所造成的异化,实现"通过人并且为了人而对人的本质的真正占有",使人"向自身的、向社会的(即人的)人的复归"。④

这种复归不是回到自愿分工的早期阶段,即原始公有制社会,而是在继承资本主义生产力的条件下,走向自愿分工的高级阶段,即共产主义社会。在这一阶段,由于私有制、阶级、剥削等自然分工的基础已经被消灭,迫使个人奴隶般地服从分工的情形也将消失,与此相适应,脑力劳动和体力劳动之间的对立也将消失。劳动不仅成为谋生的手段,而且成为生活的第一需要。⑤ 在共产主义社会,劳动和劳动分工并不会就

---

① 《马克思恩格斯选集》第1卷,人民出版社,1995年,第90页。
② 《马克思恩格斯选集》第3卷,人民出版社,1995年,第279页。
③ 《马克思恩格斯选集》第3卷,人民出版社,1995年,第279页。
④ 《马克思恩格斯全集》第42卷,人民出版社,1979年,第120页。
⑤ 《马克思恩格斯选集》第3卷,人民出版社,1995年,第305页。

此消失,但劳动与劳动者之间不是对立的关系,劳动分工也不会对个体形成难以抗拒的强制力。相反,个人在社会中完全可以按照自己的意愿自由地选择职业,过着全面发展的、符合人的类特性的生活。

## 二、涂尔干:失范与道德个人主义

与马克思一样,"劳动分工与个人自由"也是涂尔干思考现代社会的核心线索。围绕这一线索,通过《社会分工论》《道德教育》《职业伦理与公民道德》《宗教生活的基本形式》等著作,涂尔干建立起庞大的社会理论体系。他对劳动分工的思考主要反映在其"机械团结"(mechanical solidarity)和"有机团结"(organic solidarity)的区分上。不同的社会团结不仅反映了不同的劳动分工程度和社会整合水平,而且反映了不同的社会发展阶段和个人自由水平。因此,机械团结和有机团结是理解涂尔干反思现代社会理论的出发点。

机械团结是一种建立在"相似性"和"集体意识"基础上的团结。① 机械团结社会由内部组织彼此相似的、并置在一起的政治或者家族团体所组成,是一种由社会相似性所构成的总体,个体之间的差异程度低,每个人都是整体的缩影。由于个体之间的相似度高,因此任何个体都可以从社会中分裂出去而不会给社会整体造成损害。在这种社会,每个社会成员都恪守共同的信仰、胸怀共同的情感,拥有一套强烈而又明确的集体意识,并且通过压制性法律、宗教等对个体形成牢固的控制。反映在劳动分工上,机械团结社会的劳动分工和个人意识程度都较为低下,社会作为一个集合体控制着个人的价值和信仰,自我意识为集体意识所淹没。反映在惩戒方式上,压制性法律作为集体意识的结晶成为惩戒的主要手段,补偿性法律则发展不足。这是因为,低度劳动分工

---

① 埃米尔·涂尔干:《社会分工论》,渠东译,三联书店,2000年,第42页。

和个体化水平限制了补偿性法律的发展空间。反映在个人自由上,机械团结与个人自由之间呈负相关关系。涂尔干把高度劳动分工基础上的个性化发展和道德实践看作是自由的表现。① 他认为,"集体类型越能得到彰显,分工越是停留在低级水平……社会越是原始,构成它的个体之间就越具有相似性"。②

有机团结则是以高度分工和个人差异为基础的团结,这是一种只有在现代工业文明产生之后才出现的社会团结。劳动分工的扩张是有机团结的前提,高度劳动分工所形成的功能性依赖是有机团结的基础。有机团结社会是一个由细致劳动分工所构成的有机整体,每一个人在整体中都扮演着特殊的角色、发挥着特殊的功能,因此任何部分的去除或者功能失常都将给整体造成损害。反映在惩戒方式上,补偿性法律取代压制性法律居于主导地位,而且劳动分工越发展,补偿性法律在法律体系中的比例就越高。因为,高度劳动分工使能了解所有职能的人越来越少,集体意识的权威从而越来越小,与此相适应,对于越轨的制裁也就不再能以惩戒为主,而是必须以补偿为主。反映在个人自由上,有机团结与个人自由之间呈正相关的关系。涂尔干认为,劳动分工以个人活动的专门化为前提,劳动分工越发展,个性化发展的空间就越大,"一方面,劳动越加分化,个人就越贴近社会;另一方面,个人的活动越加专门化,他就越会成为个人"。③

从机械团结向有机团结过渡是传统社会向现代社会转型的标志。这既是一个个人自由不断提升的过程,又是一个充满失范的过程。一方面,劳动分工的发展使个体的社会职能越来越专门化,个人自由的空间从而越来越大,传统集体意识的控制力则不断缩小。另一方面,由于集体意识的消解和控制力的减弱,新的社会整合纽带又尚待建立,社会缺

---

① 埃米尔·涂尔干:《道德教育》,陈光金等译,上海人民出版社,2006年,第43页。
② 埃米尔·涂尔干:《社会分工论》,渠东译,三联书店,2000年,第93页。
③ 埃米尔·涂尔干:《社会分工论》,渠东译,三联书店,2000年,第91页。

乏普遍的道德权威，社会失范问题从而变得严重，这给个人自由造成威胁。

失范是涂尔干社会理论的基本概念，意指"集体生活的整个领域绝大部分都超出了任何规范的调节作用之外"①，或者说"社会在个体身上的不充分在场"甚至是"社会的缺席"。② 失范意味着社会控制机制出现问题：一是集体意识丧失原有的支配力，它在日常生活中变得隐晦不现；二是个体意识缺乏管制，欲望在日常生活中变得张扬。涂尔干把其生活时代出现的贪欲横流、冲突高涨和战争肆虐等现象看作是失范的表现。具体表现在，个体行为缺乏参照的标准，欲望变得毫无节制，心理总是渴望新奇的东西、未知的享受和不可名状的感觉。③ 由于个体心理从来得不到满足，社会凝聚力从而变得高度匮乏，个体之间总是处于无休止的竞争和冲突状态，强权成为社会的公理。

在涂尔干看来，失范尽管由分工所引起，但根本原因却是由于社会道德匮乏所致。这一点可通过 19 世纪大多数国家出现的自杀的反常发展得到说明，因为"自杀的反常发展和当代社会普遍存在的弊病是相同的原因引起的"。④ 自杀可分为"利他主义的自杀"（把自杀作为提升集体价值的手段）、"利己主义的自杀"（个体过分坚持自己目标所导致的自杀）和"斯多葛式的自杀"（以利己主义为基础，兼具利他主义特征的自杀）。⑤ 利他主义的自杀在传统社会或者说机械团结社会表现得明显，它表明了集体意识对个人心理的控制。后两种自杀则是现代社会的典型，它表明了集体意识的消退和个人意识的发展。由于社会整合所需的道德纽带软弱无力，导致个体把满足自身欲望当作唯一的追求，"如

---

① 埃米尔·涂尔干：《社会分工论》，第 14 页，第二版序言。
② Emile Durkheim, *Suicide*, Glencoe: Free Press, 1951, p. 389.
③ Emile Durkheim, *Suicide*, p. 256.
④ 埃米尔·涂尔干：《自杀论》，冯韵文译，商务印书馆，1996 年，第 372 页。
⑤ 埃米尔·涂尔干：《自杀论》，冯韵文译，商务印书馆，1996 年，第 260—272 页。

果达不到这个唯一的目的,他今后就没有理由活下去"。① "斯多葛式的自杀"也是道德匮乏的曲折反映。集体意识衰落和劳动分工所造成的分裂使个人心理失去了目标和管制,利己主义得到普遍发展。但有些个体对利己主义所带来的短暂欢乐并不满足,他们试图追求更高的目标,并把自己变成这种目标的奴仆,为之奋斗、甚至为之自杀。因此,不论利己主义的自杀还是斯多葛式的自杀,它们都是现代社会道德匮乏的表现。

道德权威的缺乏使涂尔干把重建现代社会的思路转向了道德维度,希望在职业分殊的现代社会建立起普遍性道德。② 在他看来,"国家"和"职业团体"是实现这一目标的两大途径。国家不是马克思所认为的统治阶级工具,它的功能是要从根本上解放个人。个人自由与国家进步是历史已经给出的最权威的因果证明:国家越强大,个人就越受尊重。③ 国家在促进个人自由方面的作用主要有:第一,国家是个人独立的解放者。国家可以凭借至高无上的权力把个体从次级群体(如家庭、行会、公社等)中解放出来。要做到这一点,国家就不能只扮演被动的"法庭"角色,而是必须渗透进家庭、贸易组织、教会等次级群体中,使它们无法唯我独尊,用国家普遍主义取代群体特殊主义。第二,国家是个人道德生活方式的教育者。国家把个人从次级群体中解放出来的目的不是要使他们成为只知道自身利益的自我主义者,而是要使他们成为道德个人主义者。他除知道和追求个人的目标外,还了解和维护社会的总体目标,能够与其他个体或群体建立起互惠和合作的关系。④

职业群体也是个人自由的促进者。它"由那些从事同一种工业生

---

① 埃米尔·涂尔干:《自杀论》,冯韵文译,商务印书馆,1996年,第264页。
② 埃米尔·涂尔干:《职业伦理与公民道德》,渠东、付德根译,上海人民出版社,2001年,第9页。
③ 埃米尔·涂尔干:《职业伦理与公民道德》,第62页。
④ 埃米尔·涂尔干:《职业伦理与公民道德》,第74页。

产，单独聚集和组织起来的人们所构成"①，可以发挥多方面的功能：一是可以弥补国家的经济职能，使社会经济在高度分工的基础上得到有序组织。由于劳动分工的发展，许多经济事务对国家而言已过于专业而难以胜任。职业群体作为联系国家与个人的纽带，既可以把个体的要求和意见传递给国家，促进个人与国家之间的合作，又可以协助和组织经济事务，使工业经济得到有序组织。二是可以为不同职业制定明确的规范，从而明确雇主、工人以及雇主之间的权责，减少劳资冲突和雇主之间的恶性竞争。三是可以遏制利己主义的膨胀，提升个人的职业道德和社会整合程度，包括培养劳动者对于团结互助的热情，防止工业和商业关系中出现强权法则等。因此，职业群体也是现代社会道德基础的塑造者。

这种以高度分工为基础的道德整合社会就是有机团结的社会，从事各种特殊职业而又具有普遍道德意识的个体则是"道德个人主义"的个体。道德个人主义是个人自由的表现。它一方面使个体摆脱了集体意识的控制，获得了个性发展的空间；另一方面又使个体不至陷入自我主义（egoism）的巢臼，而是具有普遍的社会道德意识。由此可见，在涂尔干那里，个人自由建立在劳动分工和道德意识两大基石之上，国家、职业团体则是高度分化社会克服社会失范、实现个人自由的两大途径。

### 三、韦伯：合理化与价值理性的迷失

韦伯的思想体系可分为"世界诸宗教的经济伦理"和"经济史、社会学与政治学"两大部类，"文化论"和"制度论"是韦伯思想体系的两大支柱。② 无论从哪一根支柱来看，"劳动分工"似乎都不重要。但实

---

① 埃米尔·涂尔干：《社会分工论》，渠东译，三联书店，2000年，第17页。
② 苏国勋：《序言》，《韦伯作品集：新教伦理与资本主义精神》，广西师范大学出版社，2007年，第5页；郑飞：《文化论与制度论的统一：论韦伯学说的思想主题》，载《江海学刊》，2011年第4期。

际上，劳动分工作为一个隐匿的主题在韦伯思想体系中有着重要的地位。当代思想家安东尼·吉登斯认为，"韦伯关于分工在西方社会发展的思想构成了马克思和涂尔干提出的观点之外的第三种观点"。① 根据卡尔·洛维特（Karl Löwith）的经典论述，韦伯的核心思想是要在一个"专家没有精神，纵欲者没有心灵"的"除魔世界"中拯救人最后的尊严。② 专家是高度分工的表现，尊严则是个体自由的肖像，没有严格的劳动分工也就无所谓专家，缺乏有保障的尊严也就谈不上个人自由。可见，与前两大思想家一样，劳动分工在韦伯那里也是一个举足轻重的主题。

要理解韦伯有关劳动分工与个人自由的见解，首先必须理解其"理性化"（rationalization）概念。理性化不仅是其解释资本主义起源的出发点，而且是其反思现代社会的核心。③ 理性化表现为这样一种信念和原则："以越来越精确地计算合适的手段为基础，有条理地达成一特定既有的现实目的"。④ 学术界已经对韦伯的理性概念进行过复杂的分类⑤，但以下两种划分最为重要和普遍：一是作为手段和程序的理性；二是作为价值和结果的理性。前者被称作"工具理性"或者"技术合理性"，后者则被称作"价值理性"或者"价值伦理"。前者体现在手段和程序的可计算性上，具有客观的性质；后者则体现在后果的价值上，具有主

---

① 安东尼·吉登斯：《资本主义与现代社会理论：对马克思、涂尔干、韦伯著作的分析》，郭忠华、潘华凌译，上海译文出版社，2007年，第262页。
② Karl Loewith, *Max Weber and Karl Marx*, London: George Allen and Unwin, 1982. pp. 19–22.
③ Anthony Giddens, *Politics, Sociology and Social Theory*, Cambridge: Polity Press, 1995, pp. 41–44.
④ 马克斯·韦伯：《韦伯作品集：中国的宗教，宗教与世界》，康乐、简惠美译，广西师范大学出版社，2004年，第492页。
⑤ 施路赫特：《理性化与官僚化：对韦伯之研究与诠释》，顾忠华译，广西师范大学出版社，2004年，第5页；安东尼·吉登斯：《资本主义与现代社会理论：对马克思、涂尔干、韦伯著作的分析》，郭忠华、潘华凌译，上海译文出版社，2007年，第293—294、300页。

观的性质。①

通过比较世界诸宗教伦理，韦伯认为，现代资本主义发端于新教伦理：新教徒以一种理智、勤奋、节俭、冷峻和禁欲的态度努力追求财富，但却避免把得来的财富用于个人享受。② 新教徒能够做到这一点的关键在于其"天职"观念，即把"完成个人在现世里所处地位赋予他的责任和义务"作为"上帝应许的唯一生存方式"。根据前文的区分，这显然是价值理性的体现。不论对"劳动分工"还是"个人自由"而言，价值理性的意义都非同寻常。从前者来看，天职观念对劳动分工的最大影响莫过于把个体的职业与上帝的意愿联系在了一起，从而给劳动分工提供了强有力的精神认证：所有职业皆出自上帝的意愿和安排，都具有同等价值，因此都必须欣然接受。从比较的角度来看，如果说涂尔干是要给已经强化的劳动分工寻找普遍的道德基础的话，韦伯则从相反的立场出发，从普遍道德的角度推演出现代劳动分工。从个人自由的角度来看，通过新教伦理，韦伯表明了他对自由的看法：自由是个体以职业生活为中介而获得的心理上蒙受上帝恩宠的感觉。"人的职业生活……是经由良心的态度来证明自己的恩宠状态，而这种良心的态度乃表现于职业工作里的关注周到与方法讲求"。③ 在《新教伦理与资本主义精神》一书中，韦伯刻画了新教徒发自肺腑的自由体验：生活在严格宗教律令下的新教徒之所以丝毫不感到压抑，之所以能在没有任何强制的情况下自觉遵守宗教律令并发奋劳动，关键在于新教徒虔诚的宗教信仰。可见，在韦伯那里，出于个人自由的目的，世俗生活中的技术合理性必须服务于个人内心的价值理性，个体即使在世俗生活中受到最严苛的工具

---

① 苏国勋：《理性化及其限制：韦伯思想引论》，上海人民出版社，1988年，第227页。
② 马克斯·韦伯：《新教伦理与资本主义精神》，康乐、简惠美译，广西师范大学出版社，2007年，第23—51页。
③ 马克斯·韦伯：《新教伦理与资本主义精神》，康乐、简惠美译，广西师范大学出版社，2007年，第157页。

理性约束，只要他怀有始终不渝的精神信念，那么这种约束就不仅不重要，而且本身是自由的一部分。

价值理性为劳动分工提供了道德认证，工具理性则为劳动分工提供了直接动力。新教徒价值理性追求的外化是彻底的行动理性化，如执着而不动摇、克制而不放纵、明智而不糊涂、冷峻而不冲动、机敏而不迟钝、勤奋而不懒惰等。总之，为了贯彻价值理性，新教徒的一切行动都必须技术合理化，一切世俗事务都必须得到最合理的组织。这种神意的解释一方面为现代实业家的利润追逐行为提供了正当的理由，另一方面，更为生产过程的合理化组织（劳动分工的细化和合理化）提供了源源不断的心理动力。由此可见，在韦伯那里，现代劳动分工的动力来源于工具理性的扩张。当然，工具理性扩张又是因为新教徒内在价值理性的追求。这种情况不仅在资本主义经济中是这样，在所有社会领域都是这样。韦伯说道："近代资本主义精神，不止如此，还有近代的文化，本质上的一个构成要素——立基于职业理念上的理性的生活样式，乃是由基督教的禁欲精神所孕生出来的"。① 韦伯关于分工动力的理解从而与马克思形成对比。前者把分工的动力归结为由基督教禁欲精神所形成的心理动力，认为"强调固定职业的禁欲意义为近代的专业化劳动分工提供了道德依据"；后者则把它看作是生产力发展的结果，认为"分工的阶段依赖于当时生产力的发展水平"。②

但问题是，按照韦伯的观点，在现代社会，价值理性与工具理性之间的互动所带来的并非劳动分工与个体自由的同步发展，而是两者的失衡发展：一是工具理性越来越摆脱价值理性的控制而处于支配地位，工具理性所编织的"牢笼"成为人们的栖身之所；二是价值理性变得晦暝不现，使我们的时代越来越变成一个"贫乏的时代"。当然，如吉登斯

---

① 马克斯·韦伯：《新教伦理与资本主义精神》，康乐、简惠美译，广西师范大学出版社，2007年，第186页。

② 《马克思恩格斯选集》第1卷，人民出版社，1995年，第135页。

所言，对于两者在现代社会为何会形成失衡发展的问题，韦伯所言无多。①

有关工具理性霸权所带来的社会影响，展现在《新教伦理与资本主义精神》的结尾。韦伯在那里以一种悲悯的语气预言现代社会："……完全可以，而且是不无道理地，这样来评说这个文化的发展的最后阶段：'专家没有灵魂，纵欲者没有心肝；这个废物幻想着它自己已达到了前所未有的文明程度'"。②在这个最后阶段，工具理性一方面给社会带来前所未有的物质文明；另一方面，又使自己变得不受钳制和无法约束。它弥漫于所有社会领域，甚至深入个体的心灵深处，将我们的时代变成一个技术理性支配的时代，生活在这个时代的人则变成毫无信念的享乐主义者。这些享乐主义者已没有新教徒曾经持守的道德感：对于宗教伦理的虔诚感、对于职业工作的天职感、对于世俗生活的责任感等。世界因为缺乏信念伦理而变得"愚陋不堪"。③

论及技术合理化，还不能不论及韦伯的官僚制思想，因为它不仅是韦伯支配社会学的核心内容，而且还是其思考个人自由的重要载体。在洛维特等人看来，韦伯关注的核心问题是，"在不同的条件下，特别是高度科层化的资本主义社会的条件下，自由是如何可能的。"④从官僚制的起源来看，技术合理化不仅对资本主义产生影响，而且对整个社会产生影响，反映在政治领域就是官僚制的蔓延。在韦伯看来，官僚制组织尽管是历史的晚期产物，但却最大限度地契合了现代社会的专业化需

---

① Giddens, Anthony, *Politics, Sociology and Social Theory*, Cambridge: Polity Press, 1995, p. 43.
② 马克斯·韦伯：《新教伦理与资本主义精神》，于晓、陈维刚等译，陕西师范大学出版社，2006年，第106页。
③ 马克斯·韦伯：《学术与政治》，冯克利译，三联书店，1998年，第116—117页。
④ Kar Loewithl, *Max Weber and Karl Marx*, London: George Allen and Unwin, 1982, p.54. 或者参阅 Wolfgang J. Mommsen, *The Political and Social Theory of Max Weber*, Cambridge: Polity Press, 1989, p. 35。

要。这是因为，官僚制具有无可比拟的好处：精确、迅速、明晰、档案知识、连续性、统一性、严格的等级关系、减少摩擦、降低成本等。从劳动分工的角度来看，官僚制是分工精细化和合理化的体现，这种精细和合理使官僚制变成一部恒定的、难以摧毁的机器。① 但是，技术上的合理并不意味着价值上同样合理，相反，它对个人自由而言却不啻是一个牢笼。因为身处其中的个体"不过是一部无休止运转的机器上的一个小齿轮，这部机器为他规定了一条实质上是固定的行进路线"。② 他无需四射的激情、高尚的目标、博学的知识、远大的抱负，要的只是循规蹈矩，努力从小齿轮变成大齿轮。

对于现代社会的未来，已经有诸多思想家援引韦伯的理论来拯救那不可避免的合理化趋势。例如，欧文、斯特朗把"克里斯玛领袖"看作是使世界"返魅"（re-enchanting）的良方③；吉登斯意识到其中的危险，通过提升议会的地位，把政治领袖和议会民主看作是解决问题的答案：领袖可以打破官僚制牢笼，议会则可以教育政治领袖④；蒙森尽管强调保留和发展社会能动力的重要性，但把克里斯玛型领袖看作是做到这一点的前提。⑤ 对韦伯而言，这些良方对于打破合理化支配尽管重要，但却未必能使个人重获自由，因为它们本质上不过是外在支配模式的变化，不能解决个体内在价值伦理上的问题。克里斯玛领袖是用个性化的领袖支配代替官僚制的无人支配；议会民主则是多数人的支配取代个人

---

① 马克斯·韦伯：《马克斯·韦伯社会学文集》，阎克文译，人民出版社，2010年，第216页。

② 同上，第216页。

③ David S. Owen, and Tracy B. Strong, "Introduction: Max Weber's Calling to Knowledge and Action", in Max Weber, *The Vocation lectures*, Hackett Publishing Company Inc, 2004, p. xi.

④ Anthony Giddens, *Politics and Sociology in the Thought of Max Weber*, London: MacMillan Publisher Ltd, 1972, pp. 22–23.

⑤ Wolfgang J. Mommsen, *The Political and Social Theory of Max Weber*, Cambridge: Polity Press, 1989, p. 2.

支配。不论何种支配模式，都无法解决个人信念上的问题。在一个已然祛魅的时代，价值伦理或者为工具合理性所消解，或者变成没有统合性的"诸神之争"。从这一意义而言，个人自由的前景随着现代社会的发展而变得愈加模糊。

## 四、对三大思想家的比较

时至今日，尽管存在某些遗漏和不足，把三大思想家看作现代社会理论奠基人的做法还是得到了广泛的认可。① 三大思想家之所以重要，在于他们在现代性初度展开之际以各自方式开创了反思和重建现代性的理论传统。有些学者认为，他们开创了思考现代性的三根明显主线：资本主义、工业主义和理性化②；有些学者认为，他们开创了研究现代性的三大方法论传统：批判主义传统、实证主义传统和解释学传统。③ 如果说"现代性"构成了三大思想家的共同研究对象的话，那么，他们对于这一对象的思考很大程度上都投射到了"劳动分工与个人自由"命题上，围绕这一命题而形成了诸多的知识关联。在接下来的篇幅里，本文将在前文分析的基础上，围绕"劳动分工"、"个人自由"和"从分工到自由"三大主题，对三大思想家的知识关联展开比较。

---

① 例如，在《资本主义与现代社会理论》一书中，吉登斯把马克思、涂尔干、韦伯看作是现代社会理论的奠基者，参阅安东尼·吉登斯：《资本主义与现代社会理论：对马克思、涂尔干、韦伯著作的分析》，郭忠华、潘华凌译，上海译文出版社，2007年；莫里森在《马克思、涂尔干、韦伯：现代社会思想的形成》一书中也持相同的观点，参阅 Ken Morrison, *Marx, Durkheim, Weber: Formation of Modern Social Thought*, London: Sage Publication Ltd, 1995。

② 安东尼·吉登斯：《现代性的后果》，田禾译，译林出版社，2000年，第9—12页。

③ 文军：《历史的困境与未来挑战：当代西方社会学理论面临的主要危机》，载《社会科学辑刊》，2002年第5期。

## 1. 劳动分工

劳动分工在三大思想家的理论体系中尽管都很重要，但他们对其起源、后果和问题超越的思考却表现得迥然相异。马克思以对自愿分工和自然分工的区分作为出发点，力图在保留自然分工所形成的发达生产力的前提下，摒弃其所造成的社会异化，实现自愿分工与发达生产力的统一。涂尔干以对机械团结和有机团结的区分作为出发点，力图在摒弃劳动分工所导致的社会失范的前提下，实现个人主义与社会整合的协调发展。韦伯则以对工具理性和价值理性的区分作为出发点，深刻揭示工具理性所造成的合理化支配和价值伦理的迷失。

对于劳动分工的起源，马克思把性别、体力、自然需要的差异作为自愿分工的起源，把生产力、私有制等作为自然分工的起源。尽管存在这些不同的划分标准，但真正的标准还是分工是否为劳动者所乐意接受。涂尔干没有对劳动分工进行直接区分，但其机械团结后面隐含的显然是前现代社会分工或者低度社会分工的含义，而有机团结后面隐含的则是现代社会分工或者高度社会分工的含义。在涂尔干看来，劳动分工尽管可以溯源至远古，现代劳动分工的根源却是现代工业。[①] 韦伯也没有对劳动分工进行明确的区分，但现代社会工具理性扩张尤其是官僚制支配后面明显隐含着分工发展和精密化的含意，价值理性则为劳动分工的扩张提供了道德认证。实际上，不论对何者而言，对于劳动分工或者相关范畴的区分都只是分析的需要，其真正的目的在于探讨现代劳动分工的发展、问题和改善之策。对于现代劳动分工产生的原因，一言以蔽之，马克思归结为生产力的发展，涂尔干归结为现代工业的发展，韦伯则归结为新教伦理的产物。

在马克思那里，生产力是整个社会的最终决定性力量，只有当生产力发展到特定阶段之后才会催生工业主义，宗教则是现世苦难在精神领

---

① 埃米尔·涂尔干：《社会分工论》，渠东译，三联书店，2000年，第1—4页。

域的反映，是社会异化的表现。对于马克思的历史解释，韦伯持相反的立场。他认为，必须把资本主义和现代分工归结为某种特殊的精神气质和价值观念。1895年，当《资本论》第三卷问世，马克思的经济理论风靡欧洲之际，韦伯在弗莱堡大学发表"民族国家与经济政策"演讲。他指出，当代对所谓"经济"的夸大强调是一种"虚妄之见"，"民族国家绝非只是单纯的'上层建筑'，绝非只是统治经济阶级的组织，相反，民族国家立足于根深蒂固的心理基础，这种心理基础存在于最广大的国民中，包括经济上受压迫的阶层"①，"所谓'唯物主义历史观'，作为一种世界观或作为对历史实在性所作的一种因果解释，是应当加以断然拒斥的"。② 从这种立场出发，韦伯坚持从文化论到制度论的路径解释现代劳动分工的发生和发展。同样是在19世纪90年代，在拉法格、米勒兰、盖德和恩格斯等人的努力下，马克思主义在法国也得到广泛传播。涂尔干此时显然受马克思的影响。1895—1896年，由于部分学生改信马克思主义，涂尔干发表有关社会主义的系列讲演，并拒不接受马克思的经济决定论观点。在他看来，在以机械团结为基础的社会，宗教对劳动分工的影响比经济更大。但是，随着现代工业的发展和宗教力量的衰退，工业主义取代宗教而成为劳动分工的主要推动力。相较于其他两大思想家，涂尔干对于古今劳动分工之动力的看法表现出二元化的倾向。

对于劳动分工的后果，三大思想家分别将其刻画为异化、失范和合理化支配。马克思对于劳动分工的态度实际上是双重的：一方面，他偏爱自愿分工条件下的自由；另一方面，又看重自然分工条件下的效率。因此，在其共产主义的想象中将两者融合在一起，构成未来社会的双轮。但在从自然分工向自愿分工高级阶段过渡的过程中，异化是一个漫

---

① 马克斯·韦伯：《民族国家与经济政策》，甘阳译，三联书店，1997年，第98—99页。
② 马克斯·韦伯：《社会科学方法论》，杨富斌译，华夏出版社，1999年，第165页。

长而痛苦的环节。马克思早年曾对"异化"进行过专门的分析,尽管 1845 年之后他很少再使用该概念,但异化作为连贯的主线贯穿于马克思著作的始终。① 对于劳动分工,涂尔干的态度也是双重的。一方面,他拥抱现代劳动分工给个人主义所带来的可能性;另一方面,他又痛心从机械团结向有机团结过渡的过程中出现的"失范"问题。与马克思的异化概念一样,失范成为或隐或现地反复出现在涂尔干许多重要著作中的核心概念②,成为其对现代危机及其可能的解决模式进行整体分析时不可或缺的部分。同样,韦伯对工具理性也持双重性态度。一方面,他赞成价值理性支配下的工具理性扩张,认为这是落实个人自由的要求和体现;另一方面,他又对现代社会工具理性的独自发展感到忧虑,认为它所呼唤出来的无所不在的工具合理性将摧毁价值伦理的存在基础,使人类生活在无所不在的官僚制"牢笼"中。

很显然,隐含在异化、失范和合理化后面的,是对于自然状态和人的本质的不同看法。异化建立在下述假设之上:在原始社会的自愿分工条件下,人是自由的,但此后的社会发展把人的天性扭曲了,因此重归人的自由本性关键在于消灭资本主义的劳动分工,外在强制的消除是实现人性解放的必要条件。失范则建立在不同的假设之上:人天生是一个自负自大和贪婪的生命体,必须通过社会来严加约束。③ 劳动分工尽管为彰显个人提供了机会,但必须加上社会的道德约束才是真正完美的个体。正因为如此,在部分人看来,马克思的观点更加接近于卢梭,而涂尔干的观点则更与霍布斯相一致。④ 但问题实际上远比这复杂,因为如

---

① Anthony Giddens, *A Contemporary Critique of Historical Materialism*, Cambridge: Polity Press, 1993, p. 155.
② 渠敬东:《缺席与断裂:有关失范的社会学研究》,上海人民出版社,1999 年,第 17 页。
③ Emile Durkheim, *Suicide*, Glencoe: Free Press, 1951, p. 256.
④ John Horton, "The de-humanisation of anomie and alienation", *British Journal of Sociology* 15, 1964, pp. 283, 300; Steven Lukes, "Alienation and anomie", Laslett, Peter and Fishkin, James, *Philosophy, Politics and Society*, Yale University Press, 1967, pp. 134, 156.

果根据一种假定的自然状态来揣摩异化和失范后面的假设，将导致对马克思和涂尔干某些显著共性的扭曲：人的历史本质。在驳斥费尔巴哈把人的本质归结为"宗教的本质"时，马克思提出，"人的本质……是一切社会关系的总和"。① 涂尔干也认为："为了引导个人追随社会的目的，就必须对人进行约束，而主要是在社会活动方面建立和组织这种约束"。② 由此可见，两位思想家都清晰而果断地将自己的观点与置于历史之外的抽象哲学区分开来。韦伯尽管主张新教徒积极参与现世生活，但其塑造的精神世界却隐含着强烈的个人主义色彩。反映在劳动分工上，分工的动力来源于个体的宗教信念，而不是生产力或者现代工业等总体性社会力量，入世的社会生活不过是个人证立自己信念的体现。③ 当然，在从事这种证立的时候，个体必须积极入世，必须依照现世规律行事。韦伯的假设尽管体现出早期启蒙思想家原子式个人的构想，但其设想的是宗教化的个人，并且与现实世界紧密关联。

围绕超越劳动分工的问题，三大思想家也形成复杂的知识关联，但由于对这一问题的探讨与对三大思想家有关从"分工到自由"问题的探讨紧密联系在一起，因此，这里将暂时搁置而把它留待后文分析。

## 2. 个人自由

与劳动分工相比，个人自由在三大思想家那里有着更加重要的地位，尽管他们在各自不同的背景下进行写作，但都旨在防止他们所认为的现代人必须面临的紧迫的社会和政治问题，旨在实现各自的政治理想。具体地说，他们的"首要动力都旨在在一个与传统自由主义原则不

---

① 《马克思恩格斯选集》第1卷，人民出版社，1995年，第60页。
② 埃米尔·涂尔干：《社会学方法的准则》，狄玉明译，商务印书馆，1999年，第134页。
③ 韦伯这种思想最典型的表达是："此种禁欲则封起了修道院的大门，转身步入市井红尘，着手将自己的方法论灌注到俗世的日常生活里，企图将之改造成一种在现世里却又不属于俗世也不是为了此世的理性生活。"参见马克斯·韦伯：《韦伯作品集：新教伦理与资本主义精神》，康乐、简惠美译，广西师范大学出版社，2007年，第146页。

相符的环境中建立一种变化了的政治自由主义"。①

首先,从背景上看,马克思的主要写作年代尽管比涂尔干、韦伯早近半个世纪,但影响他们思想形成的背景和事件却基本相同:1848 年革命和1871 年巴黎公社运动。1848 年 2 月,《共产党宣言》甫一问世,欧洲就被卷入革命风暴之中。但不论对法国还是德国而言,革命的结果都不是无产阶级的胜利,而是资产阶级或者封建地主阶级的胜利。1848 年事件成为将马克思和韦伯联系在一起的历史事件。对马克思而言,事件的结果是被迫流亡英国,使他在思想上认识到系统阐明资本主义发展规律的必要性。通过将英国古典政治经济学和法国空想社会主义结合在一起,马克思最终建立起一套完备的以无产阶级为历史主角的政治自由学说。在德国,1848 年的失败和俾斯麦强权政权的建立则表明资产阶级的自由主义政治和无产阶级的社会主义政治在德国的不合时宜,这成为韦伯思想形成的重要背景。面对举步维艰的德国民族国家建设、强邻环伺的德国政治环境、不断强化的官僚制统治、不断增强的无产阶级威胁以及孱弱的资产阶级力量,韦伯考虑的核心问题是如何发展资本主义,建立资产阶级领导下的现代民族国家。德国资产阶级的"政治不成熟"和政治领导权问题成为韦伯建构其政治自由主义学说的首当其冲的问题。②

对涂尔干而言,如果18世纪的工业革命和法国大革命预示了现代社会个人主义的可能性的话,那么,1848 年和 1871 年的革命则使他蒙上了阴影,而这之间出现的德国俾斯麦统治则成为将他与另外两位思想家联系在一起的决定性事件。如前所述,俾斯麦在德国的胜利构成了韦伯思想形成的重要政治背景。对于法国来说,俾斯麦的铁血政策则带来了灾难性后果:它不仅搅乱了法国的政治秩序,还使法国人民长期蒙受羞辱。由于德国入侵所催生的巴黎公社使马克思看到了自由社会的曙

---

① Anthony Giddens, *Studies in Social and Political Theory*, London: Hutchinson & Co. (Publishers) Ltd, 1977, p.21.

② 马克斯·韦伯:《民族国家与经济政策》,甘阳译,三联书店,1997 年,第 104—108 页。

光,但却使涂尔干看到了不同政治势力之间搏杀所导致的血腥和残忍。涂尔干没有像马克思那样为巴黎二月起义和巴黎公社而欢欣鼓舞,他丝毫没有从中体验到无产阶级胜利的喜悦。对他来说,不论是守旧的保守主义还是革命的社会主义,都不代表法国政治发展的方向。相反,持续的政治动荡和血腥表明,国家正经历着严重的社会失范,国家重建的任务与其说是阶级的政治领导权问题,毋宁说是普遍的社会道德问题。因为只有普遍的社会道德才能实现不以个人和特殊利益为转移的普遍性目的①,兑现两次大革命(工业革命和法国大革命)所唤起的个人主义理想。

其次,从对自由的理解来看,马克思从自愿分工与自然分工的立场出发,认为,人的类特性在于自由、自觉的活动,这是人与其他物种的根本区别。"一个种的全部特性、种的类特性就在于生命活动的性质,而人的类特性恰恰就是自由的自觉的活动"。② 但在马克思的分析谱系中,自由的含义经历过一系列变化。生产力是人类改造自然和征服自然的能力,隐含其后的是人类对于自然的自由,即超越自然必然性限制而形成的支配和改造自然的自由。这一点后来被恩格斯进一步放大,发展成"自然辩证法"或者说"自然哲学"。恩格斯明确指出,"自由不在于幻想中摆脱自然规律而独立,而在于认识这些规律,从而能够有计划地使自然规律为一定的目的服务"。③ 除自然维度的自由外,马克思对于自由的理解还体现在社会维度上,思考人与人之间的自由。在这一维度上,马克思认为,自由并非霍布斯所设想的自然状态下人们的放纵,而是通过摆脱异化、阶级、剥削等外在强制,完全按自己的意愿"今天干这事,明天干那事"的自由。按照马克思的设想,个体的这种自由不仅不会影响或者妨碍其他人的自由,而且还是一切人自由的条件。

涂尔干基于日益强化的劳动分工来阐释从传统社会向现代社会转变

---

① 埃米尔·涂尔干:《道德教育》,陈光金等译,上海人民出版社,2006年,第83页。
② 《马克思恩格斯全集》第42卷,人民出版社,1979年,第96页。
③ 《马克思恩格斯选集》第3卷,人民出版社,1995年,第455页。

过程中如何实现个人自由的问题,其关注的焦点主要集中在社会维度,自然维度基本不被提起,而且其道德个人主义所刻画的个人自由更多反映在观念而非生活领域。在涂尔干那里,自由不是摆脱外在强制而随心所欲的自由,而是在即使存在明显外在强制(如劳动异化)的条件下,通过重塑个体的心理认知结构而使其体验到的主体感、满足感以及社会关系上的和谐感。道德个人主义展现了一种个性独立、个性发展与社会和谐的自由景象。但是,涂尔干否认马克思的知识社会学立场,即认为精神、道德、观念与其社会"基础"之间存在着某种单向关联。如果把宗教看作是一套观念体系的话,涂尔干认为,"我们必须避免把这种宗教理论看成是历史唯物主义的简单重复,那样做会对我们的思想造成极大的误解"。① 在涂尔干那里,传统社会的宗教权威与现代社会的道德威权之间的差别并不像乍看上去那样大,两者在涂尔干的知识历程中存在着明显的连续性,只不过现代社会的道德权威以个人主义为基础,而传统社会的宗教权威以低度分化的集体意识为基础。当然,当马克思提出共产主义社会是"这样一个联合体,在那里,每个人的自由发展是一切人的自由发展的条件"的命题时②,后面也隐含了个体高度的道德水平含意,只不过那是一个隐匿的主题。

自由在韦伯的文本中出现并不频繁,但这并不表示它在韦伯的思想中无足轻重。拉里·琼斯教授等人认为,韦伯不但把个人自由最大限度的扩张视作德国自由主义文化发展的最高成就,而且哀怜人类无法控制的历史进程正深刻地侵蚀着个人自由。③ 在韦伯那里,自由并不是外在

---

① Emile Durkheim, *The Elementary Forms of the Religious Life*, New York: Free Press, 1965, p. 471.
② 《马克思恩格斯选集》第 1 卷,人民出版社,1995 年,第 294 页。
③ Larry E. Jones, "In the Twilight of the Liberal Era: Max Weber and the Crisis of German Liberalism 1914 – 20", *Central European History* 1, 1989, p. 89; Wolfgang J. Mommsen, *The Political and Social Theory of Max Weber*, Cambridge: Polity Press, 1989, pp. 110, 170.

## 第六章　劳动分工与个人自由

强制的缺位，尽管技术合理性的确会对个人自由带来致命威胁，但这种威胁的兑现取决于个体内心所膺服的神灵以及神灵的有无。就劳动分工而言，现代劳动分工所造就的社会现实不仅要求个体作为合理的事实加以接受，而且这种接受还必须出于个体心中的价值伦理。一旦个体出于自身信念而无法接受分工的事实或者根本就缺乏矢志不渝的信念，分工也就变成了纯粹的外部强制，个体自由的空间从而被压缩，甚至根本就无从谈起。关于这一点，我们还可以从韦伯的"天职"概念中管窥点滴。"天职"观念是职业与信念的统一体，现代人的自由不是力图到专门化的工作之外去寻找，而是就隐含在他的工作中，通过理性、冷峻地完成自己的工作以为上帝增添荣耀，个体在工作中体验到自由的感受。通过这种方式，韦伯将专门化的工作与个人自由问题结合在了一起。①

把三者综合在一起，显然，隐含在三大思想家自由观后面的是观念与现实的关系问题，套用密尔和卢梭等人的术语和区分，即"意志自由"与"社会自由"的关系问题。② 通过把黑格尔"倒转"过来，马克思坚持"从市民社会出发阐明意识的所有各种不同理论的产物和形式，如宗教、哲学、道德等等，而且追溯它们产生的过程"。③ 从经济角度分析观念和政治成为马克思的基本原理。因此，在马克思那里，只要在经济上消灭私有制以及与此关联的阶级、剥削等外在强制因素，人类将翩然进入自由王国。韦伯则从新康德主义立场出发，坚持观念不可能从社

---

① 李猛：《除魔的世界与禁欲者的守护神》，见李猛主编：《韦伯：法律与价值》，上海人民出版社，2001年，第170页。
② 密尔在《论自由》的开篇指出："这篇论文的主题不是所谓意志自由……这里所要讲的乃是公民自由或称社会自由"，参阅密尔：《论自由》，许宝骙译，商务印书馆，2006年第1页；卢梭则把自由区分为"自然的自由"（自然状态下的拥有无限权利的自由）、"社会的自由"（社会状态中为公意所约束的自由）和"道德的自由"（扼制冲动和嗜欲，使人成为自己主人的自由）三种类型，参见卢梭：《社会契约论》，何兆武译，商务印书馆，1996年，第30页。
③ 《马克思恩格斯选集》第1卷，人民出版社，1995年，第92页。

会或者经济中演绎出来，观念力量与经济力量在历史中一样重要，前者并不一定衍生于后者。通过这种方式，韦伯一方面表明了信仰与现实之间的偶性关系，另一方面也避免了马克思版本的历史哲学——从实证研究中得到某种发展"逻辑"，并据此对历史做连贯的解释。因此，在韦伯那里，自由的持存尽管取决于信念，但这种信念并不保证能始终支配着个体的社会行动。实际上，从世俗领域的合理化消解了清教徒虔诚的宗教信仰这一点来看，现世行动与精神信仰之间的关联实际上是非常偶然的。当然，韦伯的这种理论立场也为其克里斯玛型政治领袖的出场铺设好了舞台。在对待观念与现实的问题上，涂尔干与马克思站在了一起，试图将对现代社会秩序的事实评价与道德评价结合在一起，只不过他在做法上与后者完全相反，即将道德自由置于社会自由的优先地位。涂尔干坚信，个体行为失范根源于社会道德的匮乏，道德教育是兑现现代劳动分工所期许的个人自由的前提，在高度社会分工的背景下，只有重建社会道德，社会自由才会如期而至。

### 3. 从分工到自由

如何从异化、失范和技术合理化的问题之境迈向个人自由的理想之境，这是三大思想家探讨"劳动分工与个人自由"问题的第三个环节。对于这一问题，前文已有较多论述：马克思设想通过阶级斗争与无产阶级专政的途径迈入共产主义的自由之境；涂尔干设想通过国家和职业团体的路径来进入有机团结的社会；韦伯对于未来社会的想法则比其他两位思想家灰暗得多，认为在一个技术合理化、价值伦理缺失和充斥着诸神之争的时代，个人自由将变得一去不复返。不同的政治想象后面，隐含的实际上是三大思想家对现代社会的基本结构和发展趋势的不同理解，其中，阶级、国家和社会主义是联系三大思想家的纽带。

马克思有关资本主义的分析建立在两个彼此关联的假设上：一是劳动分工的发展以及由此而来的异化的升级；二是两极化阶级结构的形成和无产阶级的胜利。劳动分工使资本主义创造了"比过去一切世代创造的全部生产力还要多，还要大"的生产力①，但是，这是以无产阶级的异化的最大化为代价的，无产阶级从而成为扬弃资本主义问题和重建现代社会的担当者。但对涂尔干和韦伯来说，劳动分工与阶级结构之间的关联并不是最主要的，现代社会尽管可以从阶级的角度加以描述，但阶级并不构成现代社会的本质特征。在涂尔干看来，马克思所刻画的强制性劳动分工的确是社会病态的表现，但并不能由此就建立起分工与阶级之间的强固关联，从根本上说，问题的根本必须从社会团结中去寻找，建立有机团结社会所要求的道德权威的缺失才是问题的根本。将社会设想为由两大对立的阶级所组成，再通过其中一个阶级的运动来缔造一个使分工性质发生完全改变的新社会，这根本是不可能做到的事情，因为阶级带来的本质上不是团结，而是令人烦恼的纷争。②韦伯尽管也使用阶级、身份等概念，但在他看来，马克思所刻画的资本主义阶级关系实际上是社会合理化的表现，合理化才是现代社会的本质属性。实际上，随着现代社会的发展和官僚制的扩张，合理化已经从资本主义的经济领域蔓延到更广泛的社会政治领域，它把自身从先前仅是人类活动"手段"的东西转变成了人类活动的"目的"。韦伯对于合理化与阶级的看法反映了他与马克思之间最根深蒂固的分歧：对于历史的解释到底该从观念的角度出发还是从作为某种普遍性支配因素的阶级或者经济出发？

国家在实现个人自由过程中所扮演的角色成为联系三大思想家的另一个环节。马克思将阶级与国家关联在一起，国家成为阶级统治的工具和个人自由的障碍，国家消亡则成为迈向个人自由的必要条件。涂尔干压根不认为仅凭经济上的重组就可以解决现代社会的问题，因为这种问题是道德上的，而非经济上的，倘若经济在社会中的地位日益增强，这只能说明社会已经出现失范。因此，与马克思相反，涂尔干不认为实现

---

① 《马克思恩格斯选集》第1卷，人民出版社，1995年，第277页。
② 埃米尔·涂尔干：《社会分工论》，渠东译，三联书店，2000年，第334页。

个人自由的关键在于降低国家的职能或者取消国家,相反,面对劳动分工所带来的失范问题,国家的职能不是必须减少,而是必须加强,尤其在道德教育领域,因为只有通过道德教育而不是经济措施才能减少从传统向现代转型过程中的不适症。在涂尔干与马克思之间,黑格尔成为重要的理论中介。黑格尔把国家设想成为伦理观念的现实和民族的共同体,使国家获得了超越于市民社会和个人的地位。通过倒置黑格尔的观点并使之非伦理化,国家在马克思那里从而变成赤裸裸的阶级统治工具。涂尔干保留了国家在伦理上的重要性,但把个人从国家中解放出来,国家成为实现个人自由的道德工具。在把国家与伦理脱钩方面,韦伯与马克思站在了一起,并且两者都把国家看作是一套强制性机构。但由于把阶级置于无足轻重的位置,国家在韦伯那里并不代表多少阶级的利益。毋宁说,韦伯更从民族主义的立场出发,把建立以德意志民族为基础的民族国家看作必须和紧迫的政治任务。对于韦伯把领土、暴力垄断等看作是国家本质的做法,涂尔干显然不能接受,因为这些在他看来并不代表国家的本质,毋宁说国家的本质更在其道德功能上。

围绕社会主义所形成的理论分歧则代表三大思想家对于未来社会的不同想象。社会主义和共产主义在马克思那里不仅代表了重建现代社会的理想蓝图,而且代表了个人自由的理想境界。在那种社会,对人的统治将由对物的管理所取代,社会将实行"各尽所能,按需分配"的原则。① 涂尔干投身学术的时候,圣西门、蒲鲁东、马克思等人的社会主义学说已经有着广泛的影响,他的学生马塞尔·莫斯证明,涂尔干对圣西门、马克思等人的社会主义学说非常熟悉。② 但与马克思不同,涂尔干拒绝将社会主义与共产主义混为一谈,而是把前者看作18世纪末以来出现在欧洲的现象,把后者看作自柏拉图以来就存在的乌托邦想象。

---

① 《马克思恩格斯选集》第1卷,人民出版社,1995年,第306页。
② Emile Durkheim, *Socialism*, New York: Collier, 1962, p.32.

共产主义以低生产力水平和禁欲思想为基础，社会主义则表现为国家对经济和生产的集中掌控。共产主义的目标是使国家远离经济以提升国家的道德，社会主义则把经济与国家捆绑在一起以提升经济的道德。[1] 但最关键的问题是，涂尔干认为，用集中控制经济和再分配社会财富的办法来解决现代社会的问题，根本没有抓住现代社会问题的本质，社会主义者在解决现代社会的问题时，颠倒了问题的主次顺序，远离了现代社会的目标。[2] 以这种判断为基础，通过《社会分工论》等著作，涂尔干把前文已经论述过的普遍道德作为重建现代社会的替代性方略。

对于社会主义，韦伯与马克思之间的分歧主要反映在对官僚制的不同认识上。两者尽管对官僚制的历史内涵持诸多共同看法，例如，都把欧洲官僚制国家看作是服务于君主政体以削弱地方分权的工具而兴起的，都把官僚制看作是资本主义兴起的重要条件。但是，韦伯把官僚制看作是整个社会技术合理化趋势中的一部分，马克思则否认这一点。在后者看来，官僚制集权仅仅是资本主义的特殊阶段和特殊形式，其问题可以通过无产阶级革命得到解决。通过参考巴黎公社政权，马克思认为，社会主义将能够简化国家管理，无产阶级将通过"普选制"、"罢免制"和"工资制"等办法解决官僚制的问题。[3] 韦伯把官僚制看作是更广泛社会技术合理化中的一部分，因此，官僚制的摒弃和摧毁不如马克思设想的那般容易。在韦伯看来，官僚制实际上是所有社会结构中最恒定的机器，马克思所设想的社会主义国家不仅难以解决官僚制的问题，而且还将使官僚制更加蔓延。[4] 因为社会主义的政策将不可避免地使国家机器更加扩张，使国家成为所有社会、经济事务的管理者。

---

[1] Emile Durkheim, *Socialism*, New York: Collier, 1962, p. 71.
[2] Emile Durkheim, *Socialism*, New York: Collier, 1962, pp. 104–105.
[3] 《马克思恩格斯选集》第3卷，人民出版社，1995年，第55—57页。
[4] 马克斯·韦伯：《韦伯政治著作选》，阎克文译，东方出版社，2009年，第228—229页。

### 五、结语：个人自由的三种前景

伴随着工业革命和启蒙运动在近代欧洲的双重展开，劳动分工与个人自由之间的矛盾也变得突出：工业革命所催生的现代工业使职业分殊现象急剧发展，劳动分工成为个人自由的严重障碍；启蒙运动则以其对应然社会的想象给流传千年的社会和政治制度带来颠覆性的影响，个人自由成为一切社会和政治结合的目的。个人自由的理想追求与劳动分工的现实障碍成为横亘在现代社会门槛上的基本矛盾，而探究这一矛盾的性质及其解决办法则成为那一时代社会学家所面临的基本任务。通过对现代社会问题的揭露和对未来社会的勾画，三大思想家展示了个人自由的三种前景。

其一，马克思所勾勒的前景：通过消除外部强制来实现个人自由。尽管马克思一再重申只有"消灭分工"才能获得个人自由①，但他并不是空想社会主义者主张的那种取消一切劳动分工。相反，马克思希望消灭的只是那种强加在个人身上的不以个人意志为转移的劳动分工。在生产力高度发展的基础上，如果个体能够按自己的意愿自由选择职业，那就是个人自由的体现。原始社会的劳动分工尽管是建立在自愿的基础上，但由于分工不发达，生产力发展水平低，个人自由的程度有限。资本主义社会的生产力得到前所未有的发展，但分工却给个人形成强大的支配力量。因此，马克思所面临的问题是：如何在继承和发展资本主义生产力的基础上，消除其劳动分工所造成的外部强制（即异化），实现生产力高度发展与职业选择高度自由的统一。在这一目标的观照下，马克思设想的通往个人自由的路径是：将劳动分工与生产力、劳动异化和

---

① 《马克思恩格斯选集》第 1 卷，人民出版社，1995 年，第 85 页；《马克思恩格斯全集》第 42 卷，人民出版社，1979 年，第 120 页。

阶级斗争对接在一起，把被压迫阶级看作是实现社会变革的主要力量；在这一前提下，把无产阶级看作是迄今为止历史上最先进、最革命和最无私的被压迫阶级，无产阶级将肩负起消除资本主义劳动异化和促进生产力进一步发展的历史任务，最终建立生产力高度发展和职业选择高度自由的共产主义社会。

其二，涂尔干所勾勒的前景：通过重构个体心理认知来实现个人自由。涂尔干面临着与马克思相同的社会问题，但与后者相反，他对现代劳动分工持明显褒扬的态度，把个人在现代工厂中从事的局部操作看作是个性化发展的体现，把工厂中的生产链看作是有机团结在工厂中的对应物。个性化发展意味着个人主义的发展，有机团结意味着普遍的社会道德，两者的结合则意味着个人自由。因此，在涂尔干那里，现代劳动分工与其说是个人自由的障碍，毋宁说是个人自由的摇篮。但是，现代社会初度展开之际的确出现诸多挥之难去的"失范"现象。比如，个体对现代劳动方式的厌恶，个体欲望的无限提升，个体心理缺乏归宿感和满足感，社会纷争此起彼伏等。在涂尔干看来，失范起源于个体道德上的缺陷。现代社会重建的关键在于解决如下问题：如何重建普遍的社会道德，使个体认识到自身职业的意义，使个体在社会生活中复归平静和满足的心理。基于这一问题，涂尔干设想的通往个人自由的路径是：将劳动分工与社会团结、社会道德和社会失范对接在一起，通过发挥国家和职业团体的功能来重建社会道德和克服社会失范，最终建立个人主义与普遍社会道德相结合的有机团结社会。

其三，韦伯所勾勒的前景：人类将生活在由工具理性所编织起来的牢笼中，个人自由的前景暗淡。面对现代社会肆虐的合理化支配，韦伯并不持排斥的态度，只要个人没有丧失其价值信念，那么，一切价值信念主导下的合理化就都是可取的，因为自由的核心在于个体从其所恪守的价值信念出发，接受能够实现这种价值的合理性规范。韦伯所面临的时代问题是：以官僚制为典型的工具理性在世俗生活中支流四溢，而以前支配了工具理性的价值伦理却越来越趋于消失,工具理性对个体形成纯粹的外部强制。按照这种逻辑,决定韦伯重建个人自由的路径应当是:找回并充实工具理性背后的价值信仰。但是,韦伯并没有按照这种逻辑走下去,而是从其价值多元主义的立场出发,认为"祛魅"世界的来临已经使现代社会无可挽回地进入到"诸神之争"的时代,曾经让新教徒诚心膺服并照亮其内心的价值伦理已经如轻烟般飘散。在这种时代,任何旨在对个体施以援手的"领袖民主"或者"议会民主"等返魅企图都成枉然。因为在韦伯看来,真正自由的个人是只能独立地面对此世的,没有任何人能够帮助他。[①] 一方面是共同价值伦理的消失和诸神之争,另一方面是工具理性不合时宜的支配欲望,可以想见,个人自由必将随着现代社会的发展而越来越成为无法企及的奢望。

孟德斯鸠曾言,在人类所创造的词汇当中,歧义丛生、以多种方式打动人心的,无过于"自由"一词。[②] 面对扬帆起航的现代社会,三大思想家从不同的角度揭示了劳动分工给个人自由所带来的威胁,并以此为基础勾勒了个人自由的种种前景。三大思想家所生活的时代尽管已离我们远去,但他们所揭示的问题却仍然幽灵般徘徊于我们时代的上空,而且较之于他们所生活的时代,我们时代的劳动分工在范围上更加广延、在程度上更加细密,而与劳动分工相关的个人自由则更多是珍藏于心中的光芒四射的天国。这个镌刻着"全球化"、"后工业主义"、"后

---

[①] 韦伯指出:"个体被迫独自面对已经由彼岸决定的命运。无人施以援手。不再能求助教士,因为选民只能在自己的心中理解上帝的话。不再有仪式……因为仪式仅仅是对信念在主观上的补充,而不是得蒙天恩的方式。不再能指望教会,尽管它声称'教会之外无救赎'(extra ecclesiam nulla salus)……可教会的成员却包括了被唾弃的……最终,甚至不再能祈望上帝。因为连基督亦因选中而殁,纵使上帝已自彼岸恩恤他的壮行",参阅 Max Weber, *The Protestant Ethic and the Spirit of Capitalism*, Beijing: China Social Sciences Publishing House, 1999, p. 105。

[②] 转引自北京大学外国哲学史教研室:《十八世纪法国哲学》,商务印书馆,1963年,第38页。

现代主义"和"消费主义"等称谓的时代能否通过马克思、涂尔干所指明的方向来窥见个人自由的缕缕微光?能否在社会变动中天启般地发现新的通往个人自由的坦途仰或幽径?或者注定要生活在韦伯所谶言的为工具理性所裹挟的世界里,变成没有灵魂的专家和没有心肝的纵欲者?在世界历史发展的当前关头,我们已很难确信哪一种情况最有可能发生。从这一意义而言,三大思想家及其提出的问题就没有失去其当世的意义。

## 本章小结

本章以三大思想家作为蓝本,从劳动分工的角度集中分析了公民身份的核心理念之一——个人自由。围绕劳动分工与个人自由这一主题,以马克思、涂尔干和韦伯为代表的三大思想家对现代社会问题展开了分析,对现代社会的未来进行了预测。以自然分工和自愿分工为基础,马克思把前者看作是一种低生产力水平条件下自然而然的分工,与强制和压迫等并不存在多大关联,把后者则看作是现代资本主义社会的劳动分工,它以大机器生产作为背景,以强制作为条件,这种并不是建立在个人自愿的基础上。在资本主义条件下,分工越发达,个人便越不自由。对于对现代社会未来的展望,马克思设想通过受分工和社会压迫最深的无产阶级来打破劳动分工的强制性,最后建立一个个人可以自由发展的共产主义社会。涂尔干也从劳动分工的角度分析了现代社会的产生、问题和未来。在他看来,劳动分工的发展意味着意味着个人自由的发展,社会越来越向有机团结社会过渡。但在从机械团结向有机团结过渡的过程中,由于传统社会纽带遭到破坏,社会"失范"现象也变得越来越明显。在涂尔干看来,失范起源于个体道德上的缺陷,克服失范的关键在于重建社会道德,使个体认识到自身职业的意义,使个体在社会生活中复归平静和满足的心理,最终形成道德个人主义的社会。韦伯对于劳动分工与个人自由的分析建立在其价值理性与工具理性在现代社会中的作用的分析上。一方面,新教徒围绕"天职"、"被选"等价值理性的追求促进了他们在世俗生活中工具理性的发展,现代资本主义正是在这种理性主义的推动下扬帆起航的。但现代社会的问题在于,工具理性的发展越来越导致价值理性的隐退,整个社会日益沉溺在以官僚制为典型的工具理性支配下。在韦伯那里,个人自由更加体现为价值理性主导下的精神满足,当价值理性日益隐退而世界日益为工具理性所主宰时,个人自由也就越来越趋于消逝。

通过对劳动分工与个人自由的分析,三大思想家为我们展现了个人自由的三种可能路径:以马克思为代表的"通过消除外部强制来实现个人自由",以涂尔干为代表的"通过重构个体心理认知来实现个人自由",以及以韦伯所构想的悲观前景——人类将无可避免地生活在由工具理性所编织起来的牢笼中,个人自由的前景暗淡。在劳动分工进一步发展和高度全球化的背景下,三大思想家对于个人自由的分析仍然具有重要的参考意义。

# 第七章　人权与公民权：马克思

第五章从东方主义的视角就韦伯、梁启起有关现代公民身份起源的问题进行了分析，第六章则围绕劳动分工与个人自由问题对以马克思、涂尔干和韦伯为代表的经典思想家进行了论述。它们表明了公民身份主题在经典思想家理论体系中的地位以及公民身份对于现代社会发展所发挥的影响。但是，鉴于马克思对现代社会理论和现代社会发展所形成的影响，对于公民身份问题的分析必须对其尤其加以重视，本章将集中论述马克思围绕人权、公民权问题所形成的看法。

马克思有关人权、公民权的思想与其对现代历史的看法结合在一起。时下，中西学术界尽管已就马克思现代史观进行过大量的论述，例如，吉登斯从"结构化理论"（structuration theory）的角度重释"人们自己创造自己的历史"① 命题，把历史看作是行动随时空绵延而不断结构化的过程;② 哈贝马斯从"交往行动"的角度重建历史唯物主义，以此解决晚期资本主义生活世界殖民化的问题;③ 德里达从"后现代主义"角度解构历史唯物主义，认为必须祛除历史唯物主义的统一性魔咒，替

---

① 《马克思恩格斯选集》第 1 卷，人民出版社，1995 年，第 585 页。
② Anthony Giddens, *A Contemporary Critique of Historical Materialism*, Stanford University Press, 1995, p. 94.
③ 尤尔根·哈贝马斯：《重建历史唯物主义》，郭官义译，社会科学文献出版社，2000 年。

之以复数而异质的"马克思幽灵"①，但从人权和公民权角度分析其现代史观的仍然屈指可数。有鉴于斯，本章的目的主要有两个方面：一是系统清理马克思有关公民权和人权的论述；二是以此为基础廓清马克思现代史观的基本观点。

## 一、人权、公民权的兴起

马克思有关人权和公民权的论述以对布鲁诺·鲍威尔有关"犹太人问题"的批判作为起点。通过《犹太人问题》《现代犹太人和基督徒获得自由的能力》等著作，鲍威尔对德国当时突出的犹太人问题提出了自己的看法：要解决犹太人经济上富足而政治上无权的问题，首先必须使他们放弃自己的犹太教，从而要求德国相应放弃其基督教偏见，这样才能实现其渴望的公民地位和获得政治解放。也就是说，宗教问题是横亘在犹太教徒与基督教徒之间的最大障碍，只有让人们首先从宗教中解放出来，他们才能获得政治上的解放。对于这种颠倒宗教信仰与社会现实之间关系的观点，马克思感到极为愤慨，他在《德法年鉴》上相继发表《论犹太人问题》《〈黑格尔法哲学批判〉导言》等文章，对鲍威尔的观点进行尖锐地批评，并通过阐明宗教解放、政治解放、人类解放之间的关系，系统说明他对于犹太人问题以及更一般意义上的现代历史发展的看法，人权、公民权则在其中扮演着理解这些思想的核心线索。

在马克思看来，鲍威尔是把犹太人与基督徒之间的对立看作是宗教上的对立，把宗教的统治当成前提，认为只要废除宗教，犹太人便可以作为公民而得到解放。"青年黑格尔派同意老年黑格尔派的这样一个信念，即认为宗教、概念、普遍的东西统治着现存世界"，"宗教的统治

---

① 雅克·德里达：《马克思的幽灵》，何一译，中国人民大学出版社，1999年，第21页。

当成了前提"。① 因此，犹太人要在德国获得解放，就"要求犹太人放弃犹太教，要求一般人放弃宗教，以便作为公民得到解放。……宗教在政治上的废除就是宗教的完全废除"②。但在马克思看来，问题在于，公民解放、政治解放根本不依赖于宗教解放，前者可以与后者和谐共存，即个体即使仍然是虔诚的宗教信徒，他也可以获得公民解放和政治解放。同时，在政治解放已经完成了的国家，宗教不仅可以存在，甚至还可能生气勃勃、富有生命力。这些情况表明，宗教存在和政治解放之间并不是彼此矛盾的关系。③ 鲍威尔的问题在于混淆了宗教问题与世俗问题的关系，把前者看作是后者的前提。但问题却恰恰相反，宗教现象根源于世俗问题。马克思指出：

> 在我们看来，宗教已经不是世俗局限性的原因，而只是它的现象。因此，我们用自由公民的世俗约束来说明他们的宗教约束。我们并不宣称：他们必须消除他们的宗教局限性，才能消除他们的世俗限制。我们宣称：他们一旦消除了世俗限制，就能消除他们的宗教局限性。我们不把世俗问题化为神学问题。我们要把神学问题化为世俗问题。相当长的时期以来，人们一直用迷信来说明历史，而我们现在是用历史来说明迷信。在我们看来，政治解放对宗教的关系问题已经成了政治解放对人的解放的关系问题。④

从这一立场出发，在马克思看来，只有倒转宗教解放与政治解放的关系，才能真正理解犹太人以及现代社会问题的本质。

那么，什么是政治解放呢？政治解放就是国家从宗教中解放出来，

---

① 《马克思恩格斯选集》第 1 卷，人民出版社，1995 年，第 65 页。
② 《马克思恩格斯文集》第 1 卷，人民出版社，2009 年，第 25 页。
③ 《马克思恩格斯全集》第 3 卷，人民出版社，2002 年，第 169—170 页。
④ 《马克思恩格斯全集》第 3 卷，人民出版社，2002 年，第 169—170 页。

不再以任何形式的宗教作为国教，而只信奉自身。"犹太教徒、基督徒、一般宗教信徒的政治解放，是国家从犹太教、基督教和一般宗教中解放出来。当国家从国教中解放出来，就是说，当国家作为一个国家，不信奉任何宗教，确切地说，信奉作为国家的自身时，国家才以自己的形式，以自己本质所固有的方式，作为一个国家，从宗教中解放出来。"①但是，摆脱了宗教的政治解放并不意味着彻头彻尾地摆脱宗教的束缚，政治解放只是国家从宗教中解放出来，不以某种宗教为自己的国教，宗教仍旧是存在的，只不过宗教信仰经由国家的中介变成纯粹私人的事务而已。在马克思看来，"所谓基督教国家只不过是非国家"，"所谓基督教国家，就是基督教对国家的否定"，"基督教国家是伪善的国家"②，获得了政治解放的国家则是纯粹的国家、真正的国家。因为它宣布：宗教，与血缘、财产、出身、等级、职业等所有非政治因素一样，都属于私人的事务。从这一意义而言，政治解放就是传统以封建制为基础的旧政治体制的解体和现代资产阶级共和制的建立。因为封建政治体制建立在宗教、财产、家庭、身份等基础上，新兴的资产阶级共和国则宣布所有这些东西都属于私人领域的要素，资产阶级政治摆脱了这些要素的限制而完全以自己的原则组织起来，比如自由、平等、博爱等。马克思认为，在当时的世界诸国中，英国、法国、美国等都属于已完成政治解放的国家。

政治解放的完成使社会个体的生活分割为公共领域与私人领域等两个完全不同的领域，并由此形成个体两种迥然不同的身份：公民身份和私人身份。作为私人，个体表现为自私的、利己的、具有各种欲望的个体；作为公民，个体以"类存在"的方式出现，抹掉了市民社会中身份、等级、宗教、教育等所有差别，所有人都表现为平等的主体。"政

---

① 《马克思恩格斯全集》第3卷，人民出版社，2002年，第170页。
② 《马克思恩格斯全集》第3卷，人民出版社，2002年，第175—176页。

治解放一方面把人归结为市民社会的成员,归结为利己的、独立的个体,另一方面把人归结为公民,归结为法人。"①"公民"是"抽象的、人为的人,寓意的人,法人"②,马克思有时候就简称其为"公人";"私人"则是"具有感性的、单个的、直接存在的人",是活生生的个体。"公人"与"私人"的划分意味着政治解放的完成,国家与市民社会的分离和对立关系的确立。从此,宗教被宣布为与政治无涉的市民社会领域的事情,并形成政治解放与宗教信仰和谐共处的局面。马克思指出:"人分为公人和私人,宗教从国家向市民社会的转移,这不是政治解放的一个阶段,这是它的完成;因此,政治解放并没有消除人的实际的宗教笃诚,也不力求消除这种宗教笃诚。"③

在政治国家与市民社会二分的基础上,形成了马克思有关公民权与人权的基本观点:"公民权"(droits du citoyen)是个体作为政治国家成员的权利,这是一种抹掉个体的出身、财产、能力、教育、宗教等差别之后而形成的普遍性权利。比如,所有个体都被看作是国家主权的拥有者;所有个体在政治国家中都拥有平等的公民身份;所有公民都有亲身或经由其代表参与法律制定的权利;所有公民都享有选举权、被选举权和担任公职的权利;所有公民都有权亲身或经其代表来确定赋税的必要性等。从这一角度而言,公民权表现为个体作为类存在的权利,这是一种脱离社会实在而虚构出来的权利。马克思指出:"在国家中,即在人被看作是类存在物的地方,人是想像的主权中虚构的成员;在这里,他被剥夺了自己现实的个人生活,却充满了非现实的普遍性。"④ 与公民权相对,"人权"(droits de l'homme)则是个体作为市民社会成员的权利。在马克思看来,在市民社会中,个体最基本的权利就是作为"作为利己

---

① 《马克思恩格斯全集》第 3 卷,人民出版社,2002 年,第 190 页。
② 《马克思恩格斯全集》第 3 卷,人民出版社,2002 年,第 188 页。
③ 《马克思恩格斯全集》第 3 卷,人民出版社,2002 年,第 175 页。
④ 《马克思恩格斯全集》第 3 卷,人民出版社,2002 年,第 173 页。

的人的权利、同其他人并同共同体分离开来的人的权利",也就是说,人权是一种"分隔的权利,是狭隘的、局限于自身的个人的权利"。① 根据近代启蒙思想家确立的政治原则,它们表现在自由、财产、安全和反抗压迫等权利上。如果说公民权以相互结合为基础,人权则恰恰相反,它以个体之间的相互分离和孤立作为基础。以自由为例,自由作为人权的最重要组成部分,其本质内容就是"可以做和可以从事任何不损害他人的事情的权利"。个体之间的自由界限有如田地之间的界碑,彼此不能重叠,通过划定彼此的边界,自由就是每个人退到自己的边界范围内做自己想做的事情的自由。

较之于学术界的普遍看法,马克思关于人权和公民权的观点体现出鲜明的现代性和实在性。首先,从产生时间上看,公民身份在西方普遍被看作是2000多年前古希腊城邦国家的产物,雅典和斯巴达城邦最早创造了公民身份制度。② 较之于公民身份,人权的兴起则被追溯得更加久远。例如,近代启蒙思想家普遍从假想的自然状态出发追溯人权,把人权看作是"自然的"、"天赋的"。相比之下,马克思则完全把公民权和人权看作是现代的产物,它们以近代资本主义经济的发展、市民社会的出现、民族国家的确立作为前提。公民权承载了现代政治的基本原则,人权则体现了市民社会的现实状况。缺乏这些前提条件,人权和公民权都不可能产生。

其次,从内容上看,人权在西方学术界一直被看作比公民权具有更加普遍和根本的内容。人权被当作人之为人的权利,具有普适性和道义性特征,比如生命权、平等权、人格权、发展权等。公民权则表现出明显的国家性和政治性特征,如选举权、被选举权、监督权、劳动权和受

---

① 《马克思恩格斯全集》第3卷,人民出版社,2002年,第182、183页。
② 彼得·雷森伯格:《西方公民身份传统:从柏拉图到卢梭》,郭台辉译,吉林出版集团有限责任公司,2009年,第15页。或者德里克·希特:《何谓公民身份》,郭忠华译,吉林出版集团有限责任公司,2007年,第41页。

教育权等。个体的公民权即使遭到剥夺，其人权依然存在。人权不仅仅局限于国家，而是以"类存在"的方式出现。比如，布赖恩·特纳认为，与公民权相对照，人权更具有普遍性（它为联合国宪章所载明）、更具有当代性（它不依附于民族国家）和更具有进步性（它更不考虑国家如何管理其人民）。① 索伊萨尔也认为，公民权是一个以特定领土和人口为基础的国家性（national）概念，人权则更是一个全球性概念。② 但在马克思看来，根本就不存在超越于特定经济基础和政治国家的普遍人权，人权和公民权都以特定的市民社会和政治国家作为基础，前者不过是个体在市民社会中的私人性权利，后者则不过是个体在政治国家中被虚构出来的普遍性权利，两者的差别反映了"商人和公民、短工和公民、土地占有者和公民、活生生的个人和公民之间的差别"，反映了"个人生活和类生活之间、市民社会生活和政治生活之间的二元性"。③

回到马克思的现代史观话题上来，前文的分析至少表明了他对于现代历史的如下看法：首先，人权和公民权的兴起标志着现代史的开端。如果说前现代社会是一种为宗教神光所笼罩的社会的话，公民权和人权的兴起则表明，人们开始废除"作为人民的虚幻幸福的宗教"，开始"要求人民的现实幸福"。④ 一句话，人们开始以世俗的眼光来看待世界和构想幸福。其次，人权与公民权的分立表明政治国家与市民社会之间的分离关系。人权反映的是市民社会的真正状况，公民权反映的则是人们在政治上幻想出来的作为类生活的幸福。这种类生活想象尽管没有兑现在现实生活中，尽管没有带来人的真正解放，但至少表明了人们在政

---

① 布赖恩·特纳主编：《公民身份与社会理论》，郭忠华等译，吉林出版集团有限责任公司，2007 年，第 208 页。
② Yasemin Soysal, "Postnational Citizenship: Reconfiguring the Familiar Terrain", in E. Amenta, K. Nash, and A. Scott (eds.), *The Blackwell Companion to Political Sociology* (2nd edition), Wiley-Blackwell, 2008, p. 333.
③ 《马克思恩格斯全集》第 3 卷，2002 年，人民出版社，第 173、179 页。
④ 《马克思恩格斯选集》第 1 卷，1995 年，人民出版社，第 2 页。

治上所获得的解放，因此仍然具有进步意义。把这两个方面结合在一起，人权、公民权的出现一方面表明了一种迥异于传统宗教统治的政治秩序的形成，这是一种以世俗生活为基础的政治秩序；另一方面又表明了现代社会生活的二元化，即以人权为基础的市民生活与以公民权为基础的政治生活的二元分化。这种分化产生了现代社会的根本问题，但这成为接下来篇幅的主要内容。

## 二、人权、公民权的本质

人权和公民权的出现尽管标示了现代社会的形成，但在马克思看来，它们并不意味着人类从此就实现了对于自身的解放，就进入到梦寐以求的自由状态。相对于传统社会，政治解放所催生的现代社会尽管不啻为一个巨大进步，在实现人类解放目标上迈出了一大步，但社会仍然被积重难返的问题所缠绕，尤其是以物的统治为表征的社会异化问题。"各个人在资产阶级的统治下被设想得要比先前更自由些……事实上，他们当然更不自由，因为他们更加屈从于物的力量。"① 现代社会的问题同样反映在人权与公民权之间的关系上，因此可以通过它们而得到解释。

在马克思看来，公民权在形式上尽管表现为个体在国家中享有的一系列普遍而神圣的权利，但在现实生活中，它不过是一种虚构的权利，为反映社会真实状况的人权所主宰，公民权屈从于人权。"公民身份、政治共同体甚至都被那些谋求政治解放的人贬低为维护这些所谓人权的一种手段；因此，citoyen［公民］被宣布为利己的 homme［人］的奴仆；人作为社会存在物所处的领域被降到人作为单个存在物所处的领域之下；最后，不是身为 citoyen［公民］的人，而是身为 bourgeois［市民

---

① 《马克思恩格斯选集》第 1 卷，人民出版社，1995 年，第 120 页。

社会的成员］的人，被视为本来意义上的人，真正的人。"① 公民权与人权的关系反映了国家与市民社会之间的工具性关系：公民权服务于人权，通过前者作用的发挥，市民社会获得更加稳固的基础，市民社会的目的得以实现。以财产权为例，财产权体现为"每个公民任意地享用和处理自己的财产、自己的收入即自己的劳动和勤奋所得的果实的权利"。在马克思看来，财产权反映了人权的核心内涵，它表明，个人可以任意地、自私自利地、与他人无关地享用自己的财产，个人在财产上的这种自由构成了市民社会的基础。但是，这种财产权不仅仅局限于市民社会领域，而且进入到政治领域，整个资本主义国家都建立在财产私有这一经济基础之上，并把它具体落实到宪法、一般法律以及其他政治制度上。公民权作为资本主义政治制度的组成部分，成为保护和再生私有财产权的政治手段。作为结果，如果说传统国家通过领主、等级、宗教以及同业公会等形式将个体整合进国家的话，现代国家则倒转了这种关系，它使"公共事务本身反而成了每个个体的普遍事务，政治职能成了他的普遍职能"。②

在确立了公民权与人权的位序之后，马克思转而探讨市民社会的本质。从表象上看，市民社会就是犹太人的社会、基督徒的社会、清教徒的社会、商人的社会、短工的社会、土地占有者的社会，它表现出多姿多彩的特征。但从本质而言，市民社会就是"做生意"的社会、"金钱"的社会，归根结底，是"利己主义"的社会。市民社会的本质倒转了金钱与政治、人权与公民权的关系。以前文刚刚论述的犹太人问题为例，犹太人经济富足与政治权力之间的矛盾，实际就是金钱势力同政治权力之间的矛盾，是前者征服后者的体现。市民社会的现实情形与启蒙政治的观念追求从而是背道而驰的，即在观念上，启蒙思想家追求政治凌驾

---

① 《马克思恩格斯全集》第 3 卷，人民出版社，2002 年，第 185 页。
② 《马克思恩格斯全集》第 3 卷，人民出版社，2002 年，第 187 页。

于金钱之上，但现实却恰恰相反，前者是后者的奴隶。同时，市民社会的本质也决定了人权和公民权的本质，即人权服务于市民社会的要求，公民权作为人类对于理想生存境况的追求，不但没有得到兑现，反而成为人权运作的外部支撑。马克思说道："任何一种所谓的人权都没有超出利己的人，没有超出作为市民社会成员的人，即没有超出作为退居于自身、退居于自己的私人利益和自己的私人任意，与共同体分隔开来的个体的人。在这些权利中，人绝对不是类存在物，相反，类生活本身，即社会，显现为诸个体的外部框架，显现为他们原有的独立性的限制。"[1]

根据马克思的观点，现代市民社会的本质反映的无非是资本主义社会的本质，自由、财产、安全等人权无非是资产阶级的人权。市民社会的本质体现在做生意、金钱和利己主义上，这是资本主义生产关系的本质体现，资本主义生产关系是一种围绕利己主义而展开的金钱和贸易关系。"在现今的资产阶级生产关系的范围内，所谓自由就是自由贸易，自由买卖"。[2] 这种自由贸易、自由买卖建立在资本主义私有产权的基础上。私有产权尽管在前现代社会就已经存在，但只有到现代资本主义社会才获得其"最完备的表现"。因为它使整个社会的生产、分配、生活和政治关系都建立在它的基础之上。马克思对《人权与公民权利宣言》中规定的"自由、平等、财产、安全"四种人权进行了分析，认为财产权很大程度上充当了其余三种人权的基础。财产权体现为个体可以任意地、不受他人干涉地处理自己财产的权利，它构成了现代市民社会的基础。反映在其余三种人权上，自由相当大一部分的内容就体现在个人可以任意处置自己财产的自由上，平等则进一步将这种权利的范围扩大，使所有社会个体都拥有同样的权利，同时，保障私有财产的安全也构成

---

[1]《马克思恩格斯全集》第3卷，人民出版社，2002年，第184—185页。
[2]《马克思恩格斯选集》第1卷，人民出版社，1995年，第288页。

了安全权的最主要内容。

但问题在于,这种以财产私有和利己主义为基础的资本主义在创造"比过去一切世代创造的全部生产力还要多,还要大"的生产力的同时,也创造了比过去一切世代还要集中、还要严重的社会问题,那就是"异化"。异化是资本主义社会问题的集中反映,它体现在工人在劳动过程中的异化、人与自己的类本质异化等方面。关于劳动异化,马克思在《1844年经济学哲学手稿》中进行过精彩地论述:"首先,劳动对工人说来是外在的东西,也就是说,不属于他的本质的东西;因此,他在自己的劳动中不是肯定自己,而是否定自己,不是感到幸福,而是感到不幸,不是自由地发挥自己的体力和智力,而是使自己的肉体受折磨、精神遭摧残。……劳动的异化性质明显地表现在,只要肉体的强制或其他强制一停止,人们就会象逃避鼠疫那样逃避劳动。"① 人与自己的类本质异化则体现在人的类存在与现实存在之间的颠倒关系上。按照人的类存在要求,劳动对象、劳动产品以及人所创造的社会关系都应当是人维持自己类生活的手段,但是,现实却恰恰相反,类生活反而成为劳动对象、劳动结果和自己创造出来的社会关系的手段。由此形成的结果是:"人的类本质——无论是自然界,还是人的精神、类能力——变成人的异己的本质,变成维持他的个人生存的手段"。② 由此形成的结果是,每个人都同自己的类本质相异化,整个社会成为一个异化的社会。

较之于西方思想界有关公民权和人权的理解,马克思的相关论述显示出明显的阶级性特征。在西方,不论是人权还是公民权,都被看作是"解放"的手段,公民权和人权都被看作高于政府而存在,政府有保护它们的义务,一旦有违背这一宗旨,人民便有权改变它。这种观点可以追溯到《独立宣言》和《人权与公民权利宣言》等经典文献那里。比

---

① 《马克思恩格斯全集》第42卷,人民出版社,1979年,第93—94页。
② 《马克思恩格斯全集》第42卷,人民出版社,1979年,第97页。

如，《独立宣言》开篇便对这一点进行了明确："我们认为这些真理是不言而喻的：人人生而平等，造物主赋予他们若干不可剥夺的权利，其中包括生命权、自由权和追求幸福的权利，为了保障这些权利，人类才在他们之间建立政府，而政府的正当权力，是经过被治理者的同意而产生的。当任何形式的政府对这些目标具有破坏作用时，人民便有权力改变或者废除它。"① 《人权与公民权利宣言》也指出："任何政治结合的目的都在于保护人的自然的和不可动摇的权利。这些权利就是自由、财产、安全和反抗压迫。"② 但按照马克思的观点，在资本主义社会，人权和公民权与其说是解放的手段，不如说是将个体置于资本主义枷锁中的主要推手。人权就是个体在市民社会中做生意、谋取金钱和利己主义的权利，公民权不过是屈从和服务于人权的工具。在资本主义私有制的条件下，两种权利共同导致的结果是劳动异化、阶级对立以及人与自己类本质的异化等。总之，在西方学术界，人权和公民权被当作是超越于资本主义经济基础的自由屏障，而在马克思那里，人权和公民权被作当是维护资产阶级剥削的工具，后者的观点从而表现出明显的阶级性。

反映在现代史观上，马克思有关人权和公民权的论述表明了他对于这一问题的两点看法：首先，公民权是维护人权的手段，两者都服务于资产阶级利益的需要。从表面上看，公民权与人权的分立确立了国家与市民社会的分离关系，国家毫无例外地服务于所有公民，人们普遍而平等地享有公民权。但那只是一种表象，公民权实际上服务于人权的需要，从现代市民社会即资本主义社会的角度而言，人权和公民权又都服务于资产阶级利益的需要。以自由为例，马克思指出："自由这一人权一旦同政治生活发生冲突，就不再是权利，而在理论上，政治生活只是

---

① 转引自格奥尔格·耶里内克：《〈人权与公民权利宣言〉：现代宪法史论》，李锦辉译，商务印书馆，2012年，第7页。
② 转引自格奥尔格·耶里内克：《〈人权与公民权利宣言〉：现代宪法史论》，商务印书馆，2012年，第12页。

人权、个人权利的保证,因此,它一旦同自己的目的即同这些人权发生矛盾,就必定被抛弃。"① 其次,以资本主义私有制为基础的人权和公民权是导致社会异化的主要原因。在资本主义社会,自由、财产、安全等人权以资本主义私有制为基础,服务于资产阶级利己主义的目的。但是,这种人权在促使资产阶级创造出比以前任何世代都要多、都要大的生产力的同时,却同时也使社会异化问题比以往任何时代都要严重、都要集中。从这一角度而言,人权、公民权不仅不是像近代西方启蒙思想家所认为的那样是实现人类解放的手段,它们本身就是使人类遭受奴役的原因。人权与公民权的这种性质促使马克思思考如何超越它们,实现人类解放的问题。

## 三、人权、公民权的终结

在马克思看来,催生人权和公民权的政治解放并没有带来"人的解放",它只不过是迈向人类解放过程中的一个脚印和一个步骤。随着这一步骤的完成,政治领域中的类生活方式被系统地构想出来,并在社会中产生广泛的影响。但以资本主义为基础的市民社会的问题在于,体现人们以类生活方式存在的公民权被置于人权之下,公民权成为服务于人权的手段,最终成为实现市民社会利己主义目标的手段。在这种情况下,公民权不仅没有带来人类解放的结果,反而造成前所未有的社会异化。鉴于这种结果,马克思得出结论指出:"政治解放本身并不就是人的解放"。② 要使个人真正复归于自身,使人类真正生活在没有异化的类本质状态下,人类解放的历程就必须再向前迈进一步——从"政治解放"迈向"人的解放"。

---

① 《马克思恩格斯全集》第3卷,人民出版社,2002年,第186页。
② 《马克思恩格斯全集》第3卷,人民出版社,2002年,第181页。

由此提出的一个问题是，如何从政治解放走向人的解放呢？马克思对此的回答是：消除市民社会的存在前提。前文已经指出，市民社会的本质表现在"做生意"、"金钱"、"利己主义"上。市民社会的这种本质是由于资本主义财产私有制造成的。因此，如果一个社会消除了私有制的存在基础，从而消除了做生意、金钱、利己主义的存在基础，那么，服务于它的人权也将从市民社会的束缚中解放出来而使社会真正成为自由、平等和安全的社会。这种社会也是公民权所承诺的理想社会，人权与公民权从而趋于一致。到那一时期，由政治解放所催生的"公民"与"私人"、国家与市民社会之间的差别将会消失，公民将复归于个体，个体将在自己的意识、经验、劳动和社会关系中以"类本质"的方式存在。随着公民权与人权之间差异的消失，它们也将失去其存在的理由。只有在这种条件下，"人的解放"才告完成。马克思指出："只有当现实的个人把抽象的公民复归于自身，并且作为个人，在自己的经验生活、自己的个体劳动、自己的个体关系中间，成为类存在物的时候，只有当人认识到自身'固有的力量'是社会力量，并把这种力量组织起来因而不再把社会力量以政治力量的形式同自身分离的时候，只有到了那个时候，人的解放才能完成。"①

我们可以再一次以犹太人为例来说明人的解放问题。犹太人问题实际上是现代社会问题在犹太人身上和宗教维度上的体现，但除它们之外，现代社会问题还体现在政治、经济、社会、家族、性别等其他各个方面。因此，不是犹太人的宗教造成了他们的问题，而是市民社会造成了他们的问题。市民社会不仅产生了区分于他人的犹太人，而且产生了犹太人问题。犹太人问题与所有其他问题一样，都根源于利己主义，都建立在资本主义私有制的基础上。从这一意义而言，犹太人问题的解决不可能通过废除犹太教以及与之对应的基督教而得到解决，必须反过

---

① 《马克思恩格斯全集》第3卷，人民出版社，2002年，第189页。

来，从产生犹太宗教的经济基础着手才能使问题得到彻底解决。也就是说，宗教问题的解决依赖于废除那需要依靠宗教来幻想的环境。马克思指出："如果有一种社会组织消除了做生意的前提，从而消除做生意的可能性，那么这种社会组织也就会使犹太人不可能存在。他的宗教意识就会像淡淡的烟雾一样，在社会这一现实的、生命所需的空气中自行消失。"① 如果社会不再催生犹太教徒、基督教徒、工人、资本家等形形色色的社会群体，那么，所有这些标示社会异化的范畴也就将变得没有价值，人们从而从形形色色的社会异化中得到解放。

问题在于，作为市民社会根深蒂固基础的私有制和利己主义如何才能被废除？这一问题耗费了马克思毕生的心血。从无产阶级所经受的深重苦难中，马克思看到了实现人类解放的动力来源，并提出了实现这一解放的方案，即"工人革命的第一步就是使无产阶级上升为统治阶级，争取民主"，在此基础上，"无产阶级将利用自己的政治统治，一步一步地夺取资产阶级的全部资本，把一切生产工具集中在国家即组织成为统治阶级的无产阶级手里，并且尽可能快地增加生产力的总量"，最终过渡到"每个人的自由发展是一切人的自由发展的条件"② 的共产主义社会。反映在历史维度上，1871年巴黎公社的建立为马克思的人类解放方案提供了现实范本。相对以前所有的政权而言，巴黎公社不是一次简单的政权转移，而是一次政权性质的根本改变。以前，"每经过一场标志着阶级斗争前进一步的革命以后，国家政权的纯粹压迫性质就暴露得更加突出"。③ 但巴黎公社却是要从根本上废除国家政权的压迫性质，建立使被压迫者获得解放的政权。公社不但要求在形式上用共和国取代"阶级统治的君主制形式"，而且在性质上用"社会共和国"取代"阶级统治本身的共和国"。马克思说道："公社的真正秘密就在于：它实质上是

---

① 《马克思恩格斯全集》第3卷，人民出版社，2002年，第193页。
② 《马克思恩格斯选集》第1卷，人民出版社，1995年，第293—294页。
③ 《马克思恩格斯选集》第3卷，人民出版社，1995年，第53页。

工人阶级的政府,是生产者阶级同占有者阶级斗争的产物,是终于发现的可以使劳动在经济上获得解放的政治形式。"①

从与西方学术界有关人权和公民权观念比较的角度而言,马克思有关人权和公民权的历史走向的观点体现出明显的相反性和历史性特点。所谓相反性,即在全球化日益发展的当今世界,越来越多的学者认为,公民权的重要性将日益降低,人权的重要性则将日益凸显,公民权将日益融合于人权当中。例如,文森特认为,随着过去20多年全球化、世界主义、国际主义等彼此交织浪潮的发展,表示人类普遍性含义的人权概念将取代以特定成员身份为基础的公民权而成为最有影响、最有价值的词汇。② 索伊萨尔认为,"在战后时期,一种新的、更加普遍的公民身份概念已经展示在世人的面前,它的组织和正当原则建立在普遍个人身份的基础上,而不是以国家归属原则作为基础。"③ 福克斯也认为:"人权的语言在世界政治事务中变得越来越重要。在尊重个人的原则下,挑战国家对于公民具有至高无上主权,其他国家或者国际组织无权干预的理念。"④ 从历史性的角度而言,鉴于民族国家的恒在性和世界差异的持久性,所有这些作者都没有预测过公民权和人权的消亡,相反,它们被看作是在差异和冲突的政治环境中保护个人的有效手段。马克思的关注点主要是民族国家内部,而且侧重于人权和公民权的阶级分析。因此,在他看来,随着市民社会的私有制和利己主义基础的消失,人权将从原来服务于它们的工具转变成促进个人自由的手段,人权从而将与公民权所承诺的类生活重合在一起,使后者不再处于虚幻的状态。从历史的角

---

① 《马克思恩格斯选集》第3卷,人民出版社,2002年,第55、58—59页。

② Andrew Vincent, "Particularism, human rights and the transnational challenge", in Wayne Hudson and Steven Slaughter (ed.), *Globalisation and Citizenship: the Transnational Challenge*, London and New York: Routledge, 2007, pp. 113 – 114.

③ Yasemin Soysal, *Limits of Citizenship*, Chicago: University of Chicago Press, 1994, p. 1.

④ Keith Faulks, *Citizenship*, London and New York: Taylor & Francis Group, 2000, p. 114.

度来看，由于经由人权和公民权所建立起来的各种对立关系和异化状态的消失，两者的差异也将消失，人权和公民权从而不再具有存在的理由。

马克思有关人权和公民权将走向终结的观点反映了其对于现代社会归宿的看法。在马克思那里，现代社会即资本主义社会，这是一种以私有制为基础的社会，人权是服务于利己主义追求的手段，通过资产阶级革命而建立的公民权表面上赋予人们普遍平等的权利，但它只是"部分的纯政治的革命，毫不触犯大厦支柱的革命"。① 但是，资本主义私有制和社会异化形成了一个"被戴上彻底的锁链的阶级，一个并非市民社会阶级的市民社会阶级，形成一个表明一切等级解体的等级，形成一个由于自己遭受普遍苦难而具有普遍性质的领域"，这个社会阶级、等级或者领域就是无产阶级。它的出现不仅表明"人的完全丧失"，而且表明只有"通过人的完全回复才能回复自己本身"。② 从这一角度而言，无产阶级揭示自己存在的秘密，也就是揭示现代社会制度的秘密，无产阶级追求自身的解放，也就是追求整个人类的解放。无产阶级运动开启了超越特殊利益和权利的"世界历史"进程。在这一进程中，人权、公民权等标示资产阶级法权和无视社会个体阶级差别、能力差别的权利范畴将逐步趋于消失，社会最终将"超出资产阶级权利的狭隘眼界"而在"自己的旗帜上写上：各尽所能，按需分配"。③

## 本章小结

本章论述了马克思对于人权与公民权的看法。马克思对于人权和公民权的看法与公民身份研究领域的主流观点存在着明显的差异，但与其

---

① 《马克思恩格斯选集》第1卷，人民出版社，1995年，第12页。
② 《马克思恩格斯选集》第1卷，人民出版社，1995年，第14—15页。
③ 《马克思恩格斯选集》第3卷，人民出版社，1995年，第306页。

对现代社会历史发展的看法紧密联系在一起。与西方公民身份论者的大多数观点相反，马克思认为，人权、公民权并不是生俱来和不可剥夺的东西，更不是永恒的普世价值，相反，人权和公民权都是资产阶级革命的产物，公民权表征了资本阶级所追求的政治解放，人权则表征了市民社会中追求私人利益的权利，人权与公民权的分离表明了资本主义社会中政治与经济分离的事实，表明人类解放只前进到政治解放的阶段。在资本主义生产资料私有制的条件下，公民权和人权不仅不是人类解放的手段，而且还沦为促进社会异化的推手，它们最终都服务于市民社会的要求。因此，在资本主义社会，公民权的理想是虚幻的。按照马克思的预测，由于资本主义社会本质上是一个异化的社会，资本主义生产越发展，异化现象也将越严重，最终必然导致无产阶级领导的社会革命，这种革命将从根本上结束市民社会的存在基础，即废除财产私有制，使所有社会个体回归自己的类本质生活，即人类解放阶段的到来。伴随着这一生活方式的回归，公民权和人权也将失去其存在的理由。马克思有关人权和公民权的思想不仅在公民身份研究领域独树一帜，而且还表明了其对于现代历史发展的基本看法。从这一角度而言，要廓清公民理论的基本问题，马克思有关人权和公民权的思想不能不被纳入其中。

# 三
# 公民身份与民族国家

# 第八章　公民身份与国家认同

我曾在第一章中指出,公民身份一直被看作是个人在国家中所拥有的正式成员资格,这意味着公民身份与现代社会的另一个政治构造物——民族国家——有着千丝万缕的关系。个体之所以拥有公民身份,其中重要的一点是因为他拥有某个民族国家的成员资格;反过来,民族国家的存在也要求国民对自身具有某种程度的国家认同,国家认同是接连个体与国家之间的心理纽带。安东尼·吉登斯曾言,生活在现代国家中的人们从不怀疑自己是特定国家的"公民",而且也无不注意到国家在其生活中所扮演的多样性角色。① 公民对于民族国家的认同属于公民身份概念涵义的美德维度。从最简单的角度衡量,公民身份与国家认同之间似乎是一种简单的对应关系,即生活于某个国家的公民自然而然地会认同于自己的国家,生理和政治上生活在某个国家而心理上却认同另一个国家的情形似乎是反常的、不合理的。但现实表明,公民身份与国家认同之间似乎并不是这样一种简单的对应关系。本章在考察现有有关国家认同观点的基础上,系统分析公民国家认同的动态变化、国家建立基础和形成方式等问题。

---

① Anthony Giddens, *Sociology: A Brief but Critical Introduction*, London: Palgrave Macmillan, 1982, p. 17.

## 一、既有观点的检视

要理解公民身份与国家认同的关系，首先必须对这两个概念的内涵有所了解。根据本书第一部分的相关阐述，公民身份表示个体在国家中拥有的正式成员资格以及与这一资格相联系的权利和义务，公民身份通常可以划分为自由主义和共和主义两大传统，前者强调公民权利的重要性，后者则强调公民责任和公民情感的重要性。因此，当我们谈论公民身份的时候，权利、义务、情感、美德等被看作是公民身份概念的基本要素。例如，哈贝马斯说道，公民身份"具有双重特征，一种是由公民权利确立的身份，另一种是文化民族的归属感"。① "认同"（identity）则通常表达了三种涵义：一是"同一"、"等同"，指事物在不同时空条件下所具有的连贯性；二是"确认"、"归属"，指个体或群体辨识自己的特色，确认归属于哪一类属；三是"赞同"、"同意"，指个体或群体对事物或观点所持的肯定态度。② 认同具有各种不同的形式，如文化认同、民族认同、群体认同、政治认同等。国家认同只是各种认同形式当中的一种。它既包括对政治权力、政治制度、政治运作等的政治认同，也包括对领土主权、民族同胞、象征文化等的文化认同。例如，台湾学者江宜桦认为，"政治认同和文化认同都是国家认同的重要层面，他们共同创造了公民对国家忠诚的感情。"③ 社群主义者沃尔泽（Michael Walzer）也注意到，"国家认同包含政治与文化两个面向"。④

---

① 尤尔根·哈贝马斯：《包容他者》，曹卫东译，上海人民出版社，2002年，第133页。
② 肖滨：《公民身份与国家认同的双元结构》，载《武汉大学报》，2010年第1期。
③ 江宜桦：《自由主义、民族主义与国家认同》，扬智文化事业股份有限公司，1998年，第90页。
④ 转引自江宜桦：《自由主义、民族主义与国家认同》，扬智文化事业股份有限公司，1998年，第93页。

公民身份是现代政治的基础。但是，一方面，由于拥有同样身份的公民通常被归属于不同的文化群体，如民族、种族或者族群，导致他们对于国家的政治认同和文化认同经常脱节，甚至是背离，从而使公民身份与国家认同的关系变得复杂化。另一方面，20世纪中后期以来，随着现代性和全球化浪潮在全球范围内的飞速发展，公民身份与国家认同之间也被楔入了许多失谐的因子。这表现在，公民身份不仅在范围上超越民族国家的界限而形成像欧洲公民身份等区域性公民身份，而且在内容上也表现出明显的复杂性，出现性向、生态、文化等其他公民身份类型。公民身份的变化不仅给以国家和权利作为言说对象的传统公民身份造成张力，而且还使公民的政治认同超越国家的层次表现出多元化和复杂化的趋势。面对公民身份与国家认同之间的复杂关系和日益增加的张力，许多学者开始反思和思考，出现了"维系论"、"切割论"和"匹配论"三种较有代表性的观点。

"维系论"从国家认同是维系公民身份的最有效手段的角度出发，认为公民身份如果不与国家认同结合在一起，将会使自身变成一个空洞无物的概念。"维系论"的这种看法与其从文化的角度考察公民身份的立场相一致。在它看来，公民身份如果不建立在共同历史、政治文化和共同命运感的基础上，将导致自身变成一种纯粹以私人利益为基础的"简单互惠关系"。如果这样的话，不仅将导致公民身份变得虚弱无力，而且还将损害到国家，使之除了能够为其成员提供最基本的安全之外无能为力。在它看来，公民身份倘若要变得富有含义和坚强有力，那就必须与国家的历史、象征、民族等因素结合在一起。例如，金里卡认为，公民身份涉及在各种选项之中作出选择，而共同体文化则不仅提供了这些选项，而且还使公民身份变得富有意义。[①] 德沃金也认为，共同体文

---

① Will Kymlicka, *Multicultural Citizenship: A Liberal Theory of Minority Rights*, Oxford: Oxford University Press, 1995, p. 83.

化"为我们提供了用来识别有价值的经验的眼镜"。① 言下之意,共同体文化构成了公民身份的底色,个体落实其公民身份的能力依赖于其认同和掌握共同体文化的能力。② 从这种立场出发,"维系论"认为,对于民族、国家等共同体的文化认同优先于公民身份。文化认同是公民身份存在的土壤,只有将公民身份与民族国家牢固地捆绑在一起,公民身份才会变得充满意义,才能得到实现。

"切割论"则从对立的立场出发,试图分割公民身份与民族国家的关系,将公民身份扩展到民族国家的范围之外。这一观点认为,国家认同尽管重要,但它并不是公民唯一的认同形式,宗教、阶级、性别、环境等也是公民认同的基本对象。既然公民认同具有多元化的特征,分离公民身份与国家认同的关系也就未必导致前者失去其文化之根和变得空洞无物。更有甚者,以文化差异作为公民身份存在的理由,将导致公民身份更加具有排斥性,使主流民族或种族之外的其他民族无法真正享有公民身份。除此之外,"切割论"还从全球化的立场出发,认为在当今全球化时代,民族国家已不再构成全球关系网络中的重要结点,跨国公司组织、全球 NGO 组织以及大量其他国际组织与民族国家一起共同编织起了一张覆盖全球的治理网络。在这一网络中,以民族国家为基础的社会秩序已不再能够单独通过民族国家而得到维持。同时,从公民身份的责任来看,当今环境破坏、全球不平等、全球移民等问题的涌现也要求我们切割公民身份与民族国家的强固关联,思考自身与其他共同体的责任。以全球移民为例,跨国移民的加速使民族国家的构成明显多元化,在这种情况下,"我们倘若要建立平等而有序的社会,那就必须利用公民身份的平等精神,并且将它与民族、国家等观念分离开来"。③ 总

---

① Ronald Dworkin, *A Matter of Principle*, London: Harvard University Press, 1985, p. 228.
② Will Kymlicka, *Multicultural Citizenship: A Liberal Theory of Minority Rights*, Oxford: Oxford University Press, 1995, pp. 8–9.
③ T. K. Oommen, *Citizenship, Nationality and Ethnicity*, Cambridge: Polity Press, 1997, pp. 21–22.

之，不论从国内还是从全球的角度衡量，公民身份都必须切割与民族国家的关联，只有这样，才能"超越公民身份的普遍主义与民族国家的排斥性之间的矛盾，划清公民身份与民族和国家之间的界限"。①

如果说"维系论"和"切割论"代表了两种对立的立场的话，"匹配论"主张则体现得更加细致和完善。它既不主张将公民身份与国家认同切割开来，也不赞同简单地以共同体文化来维系公民身份。在它看来，要理解公民身份与国家认同的关系，首先必须对这两个概念作更细致的分析。不论何者，都存在着不同的种类划分：公民身份可以划分为以权利、义务为导向的"政治—法律公民身份"和以公民文化、心理归属为导向的"文化—心理公民身份"。我们可以把前者称为以制度为基础的公民身份，而把后者看作以文化为基础的公民身份。同样，国家认同也可划分为不同的类型，包括对特定政治、经济、社会制度持肯定态度的"赞同性认同"和对领土、主权、人口、历史等持归属态度的"归属性认同"。在划分不同公民身份和不同国家认同的基础上，"匹配论"主张，两者之间存在的实际上是一种彼此匹配的逻辑关系，即政治—法律公民身份与赞同性国家认同相匹配，文化—心理公民身份则与归属性国家认同相匹配。前一种国家认同聚焦于国家制度，由此形成的爱国主义主要是宪政爱国主义；后一种国家认同则专注于对国家领土、国家历史、国家文化和祖国同胞的认同，并由此形成一种深沉的"在家的感觉"和情感投入。② 通过对公民身份和国家认同的细化和相互搭配，"匹配论"试图对公民身份与国家认同问题进行条分缕析。

从总体来看，三种观点某种程度上都存在合理之处，面对公民身份的文化基础日益为全球化浪潮所消蚀的倾向，"维系论"试图重新夯实公民身份的文化根基。同样面对日益强化的全球趋势，"切割论"则试

---

① Keith Faulks, *Citizenship*, London: Routledge, 2000, p.37.
② 肖滨：《公民身份与国家认同的双元结构》，载《武汉大学学报》，2010年第1期。

图彻底割断公民身份与民族国家之间的联系，使公民身份获得更加广阔的发展空间。相比之下，"匹配论"与"维系论"有着更多的相似之处，但又显得比后者更加细致和深入，它不仅看到了公民身份与国家认同的不可分割性，而且还试图区分出不同的公民身份和国家认同，并在它们之间建立起某种逻辑关联。三种观点尽管表面上显得差异迥然，但仔细检视它们后面所隐含的各种假设，可以发现，它们也存在着诸多共同之处。例如，都把公民身份看作是一种固定的法律地位，都把国家认同看作是个体对国家的固定情感指向，都试图在公民身份与国家认同之间建立起某些固定的关联等。如何审视三种观点的得失，并在此基础上把对公民身份与国家认同的理解推向深入，这是本章所要探讨的核心问题。在这一核心问题的观照下，本章接下来将依次探讨三个问题，对这三个问题的回答依次构成了本章接下来的三部分内容。

第一，公民身份与国家认同之间是否仅仅是一种或两种清晰而固定的搭配关系？

第二，除对制度和文化的认同外，国家认同是否还存在其他的形式？

第三，国家认同是否只是共同体文化的产物或者公民理性地选择的结果，它能否是两者互动的产物？

## 二、国家认同的动态变化

针对前文提出的第一个问题，承认公民身份与国家认同之间存在着某种匹配关系意味着必须对"切割论"的观点作更细致的分析。"切割论"主张公民身份必须彻底摆脱民族国家以及负载其上的国家认同的羁绊，使公民身份具有容纳全球化所带来的含义复杂化趋势的潜能。但我要提出的是，无论全球化给当今民族国家带来了何种冲击，任何有关民族国家已经过时、民族国家时代已经结束的断言都为时尚早。① 毋宁说，当今时代更是一个民族国家日益净化自身而成为普遍化的时代。因为在此之前，民族国家总是与其他政治组织形式（比如大型帝国）等同时存在。在当今时代，随着两极格局所荷载的意识形态争斗的瓦解，"民族国家的观念第一次为每一个人所接纳，他们都试图拥有自己的民族国家"。② 既然民族国家没有消失，公民身份很大程度上也就仍将以民族国家作为认同对象，国家也就仍将是公民形成自身政治认同时首先直面的问题。

对于"切割论"的反驳并不意味着无条件地接受"维系论"等的观点。"维系论"主张公民身份必须以共同体文化为基础，建立起共同体文化与公民认同的单一匹配关系。"匹配论"则更进一步，将"政治—法律公民身份"与"文化—心理公民身份"相区别、"赞同性国家认同"与"归属性国家认同"相辨析，以此形成了两种公民身份与两种国家认同彼此匹配和双线对举的格局。比较而言，"维系论"将公民身份和国家认同化约成单一的文化认同，显然有过于简单和化约之嫌，它不仅忽视了匹配论所提出的制度性维度，而且没有看到公民身份在当今社会所发生的复杂变化。当然，本章并不认为公民身份与国家认同之间就只能是匹配论所说的那两种关系。第三章在论述公民身份概念时已经指出，当历史前进到 20 世纪中后期以后，公民身份已经呈现出两方面的明显变化态势：一是公民身份内涵的复杂化；二是公民身份层级的多样化。这种变化趋势意味着我们必须超越将公民身份仅仅看作是"国家公民身份"的局限，认识到部分新型公民身份（如女性、生态、企业、亲密）无法归结为"制度"或者"文化"的范畴，部分层级公民身份（如城市、地方、地区、世界）则无法归结为"国家"的范畴。也就是

---

① 例如，日本政治学家大前研一就曾作类似的断言，参阅 Kenichi Ohmae, *The End of the Nation State: The Rise of Regional Economics*, New York: Free Press, 1996。

② 安东尼·吉登斯：《全球时代的民族国家》，载《中山大学学报》，2008 年第 1 期。

说，如果公民身份已经变化如斯，那么，公民的国家认同也就不会是仅仅两种，而是会更加复杂。这一点在接下来的一节还将会论述到。

从国家认同的角度来看，区分国家认同的"赞同"类型和"归属"类型尽管可以使我们获益良多，但不论从逻辑还是从现实的角度来看，两者都存在着明显的冲突之处，因为两种认同后面隐含的是个体所持的两种相反的认识论立场：在共同体文化面前，个体只能消极地认同和归属于它（归属性国家认同）；在国家的法律制度面前，个体则有充分的主体和理性意识，能够自主决定是否该赞同还是反对它们（赞同性国家认同）。对于这种区分而言，不论在理论还是在实践中，文化与制度能否如此截然分开都是一个值得怀疑的问题。如果再与个体的认同方式联系在一起，同样值得怀疑的是：生活在某一文化场域中的个体是否果真如此无能为力，自身的认同只能消极地由前者所形塑？而生活于某一法律制度中的个体是否就果真具有如此高的自主性，能够冷静和理性地决定自身对于它们的态度？实际上，政治法律制度或许根本无法与文化割裂开来，因为前者通常是在后者所提供的土壤的基础上发展起来的。如果说前者主要体现为一种"外在制度"而后者则主要体现为一种"内在制度"的话，那么，"外在制度的有效性在很大程度上取决于它们是否与内在演变出来的制度互补"。① 另一方面，从人类认识论的角度来看，不论在什么时候和何种场景下，人类认识都是社会结构与个体能动性相互作用的结果。不存在在政治制度的背景下人类就具有充分的认知能力，而在共同体文化面前，个体就只能完全被其支配的情形。这也是吉登斯"结构化理论"所要表明的基本观点：一方面，所有的人都是具有认知能力的行动者；另一方面，人类行动者的认知能力又总是受到限制，这种限制既来自行动未被认识到的条件，又来自行动的意外后果。②

---

① 柯武刚、史漫飞：《制度经济学》，韩朝华译，商务印书馆，2002年，第36页。
② 安东尼·吉登斯：《社会的构成》，李康、李猛译，三联书店，第408—409页。

如果制度和人类认知能力的分类不是如此泾渭分明，那么，公民身份与国家认同之间的联系也就更加模糊和动态。

另外，把公民身份与国家认同仅仅看作是一种固定的匹配关系，而未看到两者之间的动态变化性，也是有问题的。这种动态性反映了民族与国家之间时而融合、时而紧张的关系。"匹配论"所区分的两种公民身份分别对应于民族和国家两个共同体。实际上，现代民族国家建设至少也包括政权建设（state-building）和民族建设（nation-building）两个过程。[①] 政权建设使民族国家建立起统一的、排他性的权力体系，民族建设则为民族国家的存在提供了文化和心理的合法性源泉。但是，在当今世界，单一民族国家的情形毕竟少之又少。一个国家拥有多个民族或者一个民族分布在多个国家的情形比比皆是。这对同时兼为两个共同体成员的个体的情感认同会造成何种影响？答案是，如果民族的边界与国家的边界真正吻合，那么，"匹配论"所持的匹配关系或许会是有效的。但如果相反，两个共同体的边界并不重合，尤其是发生民族挑战国家的极端情形时——这种情况在当今世界并不少见，前南斯拉夫以及当今许多其他国家频频发生的内战都是这方面的例证——公民的归属性认同所指向的或许更是民族，而与国家相对立。在这种情况下，甚至还可能出现这样的极端情形，即公民的归属性认同指向另一个他不生长于其中、但却为其民族所主宰的国家，而其赞同性国家认同则指向自身生长于其中、但不为其民族所主宰的国家，从而形成两种国家认同彼此背道而驰的情形。白鲁恂的"族群意识可以建立一个国家，也可以撕裂一个国家"[②] 言论反映了这方面的含义。它表明，公民身份与国家认同之间的匹配关系并不是那么固定。取得了某个国家公民身份的个体，既可能在情感上对这个国家形成归属性认同和赞同性认同的统一，也可能导致两

---

① 尤尔根·哈贝马斯：《后民族结构》，曹卫东译，上海人民出版社，2002年。
② 哈罗德·伊罗生：《群氓之族：群体认同与政治变迁》，广西师范大学出版社，2008年，第3页。

者的分道扬镳。当今为民族分离运动所累的许多民族国家至少反映了这方面的情形。撇开这种极端的情形,一个国家新型民族政策的出台、民族关系的变动和国际形势的变化等也可能导致两者关系表现出动态性。

阐述公民身份与国家认同的关系还不能如前面诸论所说的那样仅仅将分析的视野集中在民族国家内部,而忽视当今国际移民浪潮下公民身份与国家认同的转化。从上世纪 70 年代开始,随着全球化的发展,国际移民也表现出新的特征,即从原来个别和偶然性质的移民转化成为群体、永久性质的移民。① 不仅移民的规模迅猛扩大,而且移民的区域也相对集中,美国、西欧和大洋洲成为国际移民的集中地。相关统计资料表明,德国、法国、奥地利、瑞士等国的外国移民均超过本国人口的 5%,瑞典的比例甚至高达 19.9%。② 那么,应当如何看待这些规模庞大、人口众多的移民的国家认同呢?"维系论"没有把分析的视角扩展到这一领域,"匹配论"则提出,他们可以对移入国持赞同性国家认同,而对母国持归属性国家认同。后一种观点对于刚移入他国的移民来说或许如此,但不能保证在较长时间内同样有效。随着移民在移入国居住时间的推移,他们不仅可以对移入国的政治制度产生赞同性国家认同,而且可以对它形成归属性国家认同,这对移民的后代来说尤其如此。这或许也说明了为什么移入国会要求移民在本国居住数年之后再举行入籍和归化宣誓的道理。宣誓本身是移民对移入国产生情感归属的反映。这些情况说明,公民身份与国家认同之间的匹配关系并不是永远固定的,当今规模巨大的国际移民浪潮不仅可以改变公民身份与国家认同之间的匹配关系,甚至可以从根本上改变公民的国家认同。

上述分析表明,公民身份与国家认同的关系并不像"维系论"所说

---

① Anthony M. Messina, *The Logics and Politics of Post-WW II Migration to Western Europe*, Cambridge: Cambridge University Press, 2007, p. 2.

② Anthony M. Messina, *The Logics and Politics of Post-WW II Migration to Western Europe*, pp. 3 – 4.

的那样,是公民身份与文化认同之间的单线对应关系,也不是像"匹配论"所说的那样,是两种公民身份与两种国家认同之间的双线对应关系。一方面,外在制度与内在制度的纠结、人类行动与制度结构彼此互动等因素可以模糊二者的划分,从而使国家认同的划分变得模糊。另一方面,民族与国家之间的复杂关系、国际移民浪潮等因素则可以使二者的关系表现出动态性。概言之,公民身份与国家认同之间很大程度上并不是一种稳定的匹配关系,两者的关系通常是模糊的和动态的。

## 三、国家认同的建立基础

公民的国家认同建立在复杂要素的基础上,当"切割论"主张切割公民身份与国家认同的关系时,其所看到的正是当今公民身份的复杂化趋势,主张从全球化的立场理解公民身份和从多元化的角度来理解公民的国家认同。[①] 当然,"切割论"的主张已经走向了另一个极端,即主张完全拆散民族国家与公民身份之间的关联,这种做法或许并不可取。按照"切割论"的观点,当今世界是一个全球化的世界,国家认同对于公民来说尽管重要,但它并不是唯一的认同形式,除此之外,宗教认同、民族认同、性别认同、环境认同等也很重要。"切割论"所说的其他认同有许多不能纳入国家认同的范畴,但这并不避免国家认同同样具有多重表现。要理解这一点,必须超越政治制度、历史文化和单一民族国家的视界,从阶级关系、国际关系和全球化的视角做出分析。

阶级因素不仅可以使赞同性国家认同与归属性国家认同的关系变得复杂,而且还可以催生新的国家认同形式,如阶级认同、规划性认同等。前面所说的三种观点存在着一种共同的假设,即不论处于何种社会地位的公民,他们对于国家的认同都是同质的,具体体现在对国家的政

---

① 基思·福克斯:《公民身份》,郭忠华译,吉林出版集团有限责任公司,2009年,第136页。

治制度和历史文化具有相同的认同程度上。事实是否如此？如果我们把阶级的因素引入分析的视野，可以发现，这种同质性假设事实上并非如此，国家认同后面隐含着更多复杂和多元的因素。不言而喻，不论在哪一个国家，公民群体都分属于不同的阶级或者阶层，很少有哪一个国家只存在一个阶级的情形。公民的阶级划分一方面造成了国家认同的裂变，另一方面则为国家认同增添了新的因素。从前一方面来看，可能形成的结果是：公民尽管在文化上认同自己所处的祖国，但却无法从政治上对自己国家产生认同感——因为正是这些政治制度造成了部分公民屈居于被统治阶级地位的事实——从而造成前文所说的赞同性国家认同与归属性国家认同背道而驰的情形。从后一个方面来看，阶级分化催生阶级认同。阶级认同尽管属于群体认同的形式，但在性质上却无疑属于政治认同，并且与国家认同紧密相关。统治阶级由于自身所处的阶级地位，可能形成阶级认同与国家认同的一体化；与之相反，被统治阶级则可能由于自身所处的地位而形成政治认同与阶级认同的背离。阶级是影响国家认同的重要因素。当阶级斗争趋于和缓和平静之时，整个公民群体对于国家的政治认同和文化认同也更趋于一致。当阶级斗争变得激烈之时，两种认同的分离程度也相应越大，下层阶级对于本阶级的阶级认同很可能超过对国家的政治认同。另外，曼纽尔·卡斯特区分了三种不同的认同形式：合法性认同、抗拒性认同和规划性认同。规划性认同"是一种不同的生活规划，有可能是以被压迫者的认同为基础。"① 对下层阶级而言，他们对于理想国家的"规划性认同"很可能超过对当前国家的认同。这一点在马克思有关无产阶级历史使命和未来国家的设想中可以得到印证。②

超出一国的视野而从国际关系的角度考察，与其他国家的差异和敌

---

① 曼纽尔·卡斯特：《认同的力量》，曹荣湘译，社会科学文献出版社，2006年，第8—9页。
② 《马克思恩格斯选集》第1卷，人民出版社，1979年，第305—307页。

对关系可以建立起公民对于本国的"差异性认同"。"维系论"和"匹配论"在分析国家认同的时候，都把注意力集中在了民族国家内部，没有认识到国际关系、国际安全所建构的差异性认同。英国学者戴维·莫利在《认同的空间》中提出，"差异构成了认同"，认同涉及排斥和包含的关系。① 前文刚刚谈到，曼纽尔·卡斯特区分了三种不同形式的认同，抗拒性认同是其中之一。抗拒性认同建立在反抗既有社会体制或者其他国家的基础上。② 将这两种认同理论结合在一起，可以表明国际关系和国际安全在形构国家认同中的作用。在许多情况下，人们的国家认同可能被某些外敌（他者）的存在所强化。这种情况在历史上并不少见。在英国，曾经存在着一个著名的有关国家认同的研究，认为英国的国家认同是从与法国的长期敌对状态中塑造出来的。③ 百年战争的结果对英国和法国来说不太一样，但对两国动员民众反对外部威胁、创造民族认同感和凝聚力，从而在地理上分开纠结在一起的法国和英国，形成民族国家来说，意义却是一样的。印度尼西亚独立运动的主要推动力量是民族主义，但荷兰殖民统治结束之后，原来为对抗外敌而凝聚起来的民族主义对国民的感召力随着"他者"的消失而弱化，由"他者"所界定的国家认同也开始出现危机。④ 类似的观点或许还能说明苏联出现的情况。在进行卫国战争的过程中，联邦各共和国的人民逐步建立起对苏联的国家认同⑤，但随着外部敌人的消失，苏联的国家认同也受到极大的影响并被迫重建。

---

① 戴维·莫利:《认同的空间——全球媒介、电子世界景观和文化边界》，司艳译，南京大学出版社，2001 年，第 61 页。
② 曼纽尔·卡斯特:《认同的力量》，曹荣湘译，社会科学文献出版社，2006 年，第 6—7 页。
③ 转引自安东尼·吉登斯:《全球时代的民族国家》，载《中山大学学报》，2008 年第 1 期。
④ 郭艳:《全球化时代的后发展国家：国家认同遭遇'去中心化'》，载《世界经济与政治》，2004 年第 9 期。
⑤ 尼·伊·雷日科夫:《大国悲剧：苏联解体的前因后果》，徐昌翰译，新华出版社，2008 年，第 18 页。

"阶级"、"外敌"的视角尽管是催生新型国家认同的因素，但它们仍然局限于单一民族国家。然而，当今时代是一个全球化的时代，全球化对公民身份和国家认同的关系又将产生何种影响？前述三种观点在提出其观点时都隐含着一种假设：公民的国家认同是排他性的。正是假定公民在政治和文化上只会认同于自己的祖国，"维系论"和"匹配论"都主张将公民身份重置于民族国家的樊篱之下，用国家的政治制度和共同体文化来充实公民身份的基础。"切割论"则主张切割民族国家与公民身份的关系，使公民身份获得更大的发展空间。这里所提出的一个问题是：国家认同是否具有排他的性质？即公民除了在政治和文化上认同于自己的国家以外，能否再认同于其他的政治共同体？对于这一问题的回答要求我们将"全球化"引入分析的视野。它将表明，国家认同并不是排他性的，公民在认同自己国家的同时，还可以持有"超国家认同"和"亚国家认同"。

20世纪中后期出现的全球化这一引人注目的发展潮流催生了两大发展趋势：一是以经济全球化为主旋律，夹杂着政治、文化等复合变量的全球一体化趋势；二是以地方自治、地方独立为主旋律的地方化趋势。与这些发展趋势相一致，公民身份与国家认同之间的关系也变得复杂化。从公民身份的一端来看，除原有的国家公民身份以外，超国家公民身份和亚国家公民身份也得到发展。从国家认同的一端来看，则体现在超国家认同和亚国家认同同时得到发展上。鉴于前文已经对单一民族国家范围内的公民身份与国家认同多有论述，这里将主要集中在超国家公民身份、亚国家公民身份所导致的各种认同上。超国家公民身份集中体现在欧洲公民身份（European Citizenship）的发展上。1993年，随着欧盟条约（通常指《马斯特里赫特条约》）的正式生效，欧洲公民身份也正式得到确立。这意味着，公民除了拥有成员国的公民身份以外，还正式拥有了"欧洲公民身份"。欧洲公民身份不仅赋予成员国公民相应的公民身份权利，而且还力图形成公民的欧洲认同感。为此，欧盟发行了自己的护照、设计了自己的盟旗、采纳了自己的盟歌。尽管时下成员国公民对于欧盟的认同程度还体现得参差不齐,但它无疑已成为公民政治认同的组成部分。① 与亚国家公民身份携手同行的是亚国家认同的发展。亚国家公民身份不仅体现在联邦制国家成员单位的公民身份上(如美国各州的公民身份),而且还体现在城市公民身份的复兴上(城市公民身份在中世纪意大利等国的城市共和国中早已存在)。与亚国家公民身份的发展相一致,公民的亚国家认同(如对于城市和地方共同体等的认同)也得到发展,甚至出现"在地方主义得到发展的地方,地方认同和权力通常比国家当局所拥有的认同和权力要大得多"的情形。②

以上分析表明,国家认同并不仅仅是单一民族国家内部政治或者文化因素的结果,它还存在其他的形成性因素和表现形式。公民的阶级地位不仅可以引发赞同性国家认同与归属性国家认同之间的错位,而且还可以催生阶级认同、规划性认同等国家认同形式;从国际关系的角度考察,与其他国家的差异和敌对关系可以催生公民的差异性认同;从全球化的角度来看,全球化促进了超国家认同和亚国家认同的发展,使公民的国家认同更趋复杂化。

## 四、国家认同的形成方式

国家认同是否完全是公民理性选择的结果?"切割论"在这一问题上语焉不祥,"维系论"把共同体文化是公民身份的底色,文化是公民身份与共同体的联系纽带。言下之意,文化决定了公民的认同结构。"匹配论"则同时持相反的立场,即一方面既把国家认同看作是文化决定的结果(归属性认同),又把它看作是公民理性选择的结果(赞同性

---

① Maurice Roche, *Exploring the Sociology of Europe*, London: Sage, 2009, pp. 219 – 221.
② Derek Heather, *What is Citizenship*? Cambridge: Polity Press, 1999, p. 132.

认同)。从"能动"(agency)与"结构"(structure)的角度衡量,"维系论"代表的是"结构决定论"的立场,其不足之处在于忽略了个体行动者所具有的能动性。[①]"匹配论"代表的则是一种内在冲突的立场:一方面强调公民在选择国家认同时所具有的自主性,另一方面又强调文化对认同的决定性作用和公民在文化面前的情感归属。由此提出的一个问题是:国家认同到底是公民理性选择的结果还是国家有意识地培养的结果?本章无意忽视公民在建构自身国家认同时所具有的能动性和自主性,但同时认为,国家认同也是社会结构性力量的产物,尤其是国家政权有意识地"培养"或者"灌输"的结果。从总体来看,国家认同是个体"理性地建构"与社会"结构性制约"双重作用的结果。

从社会学方法的角度来看,"维系论"、"匹配论"分别代表了客体主义和主体主义两种对立的立场。客体主义以结构主义、功能主义作为典型,两者尽管存在某些明显的差异,但都倾向于把自然和客体置于分析的核心,强调社会整体相对于个体所具有的至高无上性。主体主义则以解释社会学作为典型,集中体现了客体主义所一贯反对的"人本主义"立场。在它看来,相对于人类行动者而言,最为重要的是行动和意义,而不是客体主义者所一贯强调的结构与功能,社会科学研究的首要任务在于通过解释人类行动的意义来理解人类社会的整体构成。把这些立场与"维系论"、"匹配论"的立场联系起来,可以看出,前者把共同体文化看作是公民身份的决定性因素,代表了客体主义的核心主张;"匹配论"则把国家认同看作是个体自主选择的结果,反映了主体主义的特征。但问题在于,在人类认识形成的过程中,主客体之间并不是相互排斥的关系。离开了人类主体的能动性,认识活动将无由开展;反过来,离开了客体因素,人类的认知活动也就成为无源之水、无本之木。正因为如此,从 20 世纪 70 年代后期开始,当代著名思想家安东尼·吉

---

[①] Anthony Giddens, *Central Problems in Social Theory*, London: Palgrave, 1979, p.2.

登斯对主体主义和客体主义的立场进行了有力的综合,并且提出了前文提到的著名的"结构化理论"。在他看来,"社会科学研究的主要领域既不是个体行动者的经验,也不是任何形式的社会总体存在,而是将主体与客体结合在一起的各种社会实践"。①

将这种观点用于分析国家认同,可以看出,公民个体与社会结构之间是一种彼此互动而不是彼此分离的关系:一方面,国家认同的形成以公民所具有的能动性作为基础,离开了公民的理性和主体性,国家认同的形成也就无由谈起;另一方面,社会结构则是公民个体形成其国家认同的条件和环境。后者尤其体现在通过国家政权所创造出来的环境上,国家政权通常通过教育、宣传等手段有意识地培育公民的国家认同。公民个体与社会结构之间的互动关系可以通过历史经验得到印证。以移民为例,移民的国家认同建构最能反映旧国家认同与新国家观之间的互动作用。当某个公民移居到另一个国度,其内心通常面临着一系列重要的考验。例如,由于"文化冲击"(cultural shock)而带来的是否该认同移入国文化的考验,由于政治生活方式的差异而带来的是否该认同移入国政治制度的考验,由于社会生活差异而带来的是否该认同新的社会生活方式的考验等。对于这些考验的反应方式和适应过程也就是移民理性地重建自身国家认同的过程。在历史上,美国典型地是一个移民国家,在谈到美国早期国家认同形成的过程时,霍华德·芒福德·琼斯指出:"旧世界把关于习惯、力量、实践、价值和假定的一套丰富、复杂而矛盾的体系投射在新世界;而新世界接受、改变或拒绝这套体系,或用自身的发明来融合它。"② 正是通过旧国家认同与移民新观念的相互作用,形成了美国独特的国家认同。同样的情形也反映在两极格局瓦解之时。1989—1991年,伴随着苏联—东欧社会主义国家的纷纷瓦解,两极格局

---

① Anthony Giddens, *The Constitution of Society*, Cambridge: Polity Press, 1984, p. 2.
② 迈克尔·卡门:《自相矛盾的民族:美国文化的起源》,江苏人民出版社,2007年,第20页。

也宣告结束，苏联裂变为 15 个独立的国家。与此同时，人们的国家认同也开始迅速调整，"俄罗斯人和其他民族正在他们新的文化认同的这样和那样的标志背后动员和前进"。①

提出国家认同是公民个体与社会结构之间双向互动的产物，不意味着我们必须持一种僵化的立场，认为不论在何种条件下和任何一种认同中，主体与客体总是具有相同的重要性，可以起到同样的效果。毋宁说，它所代表的仅仅是一种总体性立场。随着时间和条件的转移，主体与客体所发挥的作用也可能不尽相同，这尤其体现在国家所发挥的作用上。为了促进公民的国家认同、提高国家的合法化水平，国家通常会有意识地对公民进行意识形态教育。要印证这一点，我们可以借助于历史的经验加以分析。19 世纪德国俾斯麦统治时期，国家在公民身份与国家认同之间扮演着一种微妙角色。通过三次"王朝战争"而实现统一的德国以容克地主阶级的统治作为基础。不论是君主、贵族还是教会，都不愿把普遍的公民权利给予资产阶级和无产阶级，因为这将威胁到他们权力的排他性、私有性和专断性。② 在这种情况下，为了巩固容克地主阶级的统治、促进经济发展、提高国家的政治一体化水平，俾斯麦采取了一种行之有效的统治策略：一方面将公民身份权利分离开来，有意识地发展公民的社会权利（建立福利制度）但却抑制其公民权利、政治权利；另一方面，进行大规模义务教育，向学生灌输民族主义和国家主义思想，要求他们在观念上认同和忠诚于自己的国家。通过这种方式，德国不仅取得了经济上的快速发展，而且还使人民的忠诚、义务和认同程度得到明显提升。③ 通过政权的力量来塑造公民的国家认同或许还体现

---

① 塞缪尔·亨廷顿：《文明的冲突与世界秩序的重建》，新华出版社，1999 年，第 3 页。
② Michael Mann, "Ruling Class Strategies and Citizenship", *Sociology*, Vol. 21, 1987, pp. 339 – 354.
③ Charles Tilly. *The Formation of National States in Western Europe*, Princeton, N. J.: Princeton University Press, 1975, p. 78.

在此后出现的纳粹统治上。在这一时期，宣传和恐怖构成了极权统治的双轮。正如科恩所指出的那样："若无宣传，恐怖就会失去其大部分心理效果；若无恐怖，宣传就无法包含力量。"① 如果上述情况所代表的仅仅是一些特殊的情形的话，那么，通过历史教育、爱国教育、文化教育等手段来提高公民的国家认同感却是大多数国家所采用的惯常手段。

由此可见，国家认同的形成既不完全是共同体文化所决定的结果，也不完全是公民理性地进行选择的结果。人类认识起源于认识主体与认识客体之间的互动。把这一认识论立场用于分析公民国家认同感的形成，可以得出，国家认同是公民"理性地建构"与社会（尤其是国家）"结构性制约"的结果。但是，在国家认同形成的过程中，主体与客体之间通常体现为一种动态的平衡，在特定的历史条件下，其中某一方可能更居于主导地位。

## 本章小结

本章论述了公民身份与国家认同之间的关系。与前面数章的风格稍异，本章的论述风格是对话式的，即在总结现有有关公民身份与国家认同基本观点的基础上，提出我所要提出的主张。当前，有关公民身份与国家认同的分析集中表现为三种主张：维系论、切割论和匹配论。三种主张各有其优缺点：维系论看到了共同体文化在承载国家认同方面的重要性，切割论则看到了当今公民身份多元化趋势对传统国家认同所形成的挑战，匹配论则更进一步，它拆分了两种公民身份和两种国家认同，并在它们之间建立起匹配关系。以现有的主张为基础，本章所要表明的观点是：第一，公民身份与国家认同之间的关系是动态的，国家认同的类型也并不总是清楚明了。一方面，由于政治制度总是必须以一定的文

---

① 转引自汉娜·阿伦特：《极权主义的起源》，林骧华译，三联书店，2008年，第440页。

化作为基础，制度与文化之间的界线并不总是清楚。另一方面，民族—国家必须以特定的民族和国家（state）作为基础，公民同时归属于民族和国家两个共同体，因此经常出现民族认同与国家认同之间的紧张和动态关系，同时国际移民浪潮也使国家认同变得更加复杂和动态。第二，公民的国家认同是复杂的。除文化和制度这两个因素外，还有很多因素可以影响国家认同的形成。比如，公民在国家的阶级地位不仅可以引发赞同性国家认同与归属性国家认同之间的错位，甚至还可以催生阶级认同、规划性认同等形式；与其他国家的差异和敌对关系可以催生公民的差异性认同；当今全球化则可以催生公民的超国家认同和亚国家认同。第三，公民的国家认同不是仅仅为文化所消极地决定的，或者是公民个体所理性选择的，而是公民与特定政治结构（国家的政治文化、国家的政治制度、全球政治环境、地方政治环境等）彼此互动的结果。

# 第九章　公民身份与民族主义

前一章分析了公民身份与国家认同之间的复杂关系，本章将分析公民身份与民族主义之间的关系。显然，民族主义也是现代政治的重要现象，民族主义与公民身份之间同样存在着复杂的关联。前一章所说的维系论侧重于从文化的角度来看待公民身份，认为公民身份脱离了共同体文化便失去了稳固的基础，民族主义显然是构成共同体文化的最重要组成部分。但除了认同、美德等因素之外，公民身份还存在更加复杂的内容，因此，公民身份并非仅仅由民族主义所支配的。当代著名思想家安东尼·吉登斯对公民身份与民族主义之间的关系进行了概括，在他看来，如果民族主义导向国家主权，则容易形成"侵略"性质的民族主义；如果民族主义导向公民身份，则容易形成"启蒙"性质的民族主义。[①] 但现实表明，这种概括尽管简练，但却过于简单。本章着眼于分析公民身份与民族主义之间的关系，与上一章的写作风格类似，本章也采取理论对话的写作模式，在第一节检视既有有关公民身份与民族主义论述的基础上，第二节将说明启蒙性质的民族主义的条件与范围，第三节则将说明公民身份导向的民族主义可能存在的侵略性。

---

[①] 安东尼·吉登斯：《民族—国家与暴力》，胡宗泽、赵力涛译，三联书店，1998年，第261—262页。

## 一、既有观点的检视

吉登斯的许多思想在当下尽管已如明日黄花，但其对于经典社会理论、民族国家和现代性等问题的阐述仍然不容忽视。与他对经典思想家、结构化理论、民族国家和现代性等问题的丰富论述相比，他对于民族主义或者公民身份主题的论述并不多，但这并不说明它们对于研究这些问题就无足轻重。实际上，不论对于理解庞大的吉登斯思想体系而言还是对于这两个主题的单独研究而言，吉登斯的相关论述都极为重要。按照吉登斯自己的说法："我知识生涯的连续性一直是使我生活的其余部分凝聚起来的因素……我从一开始就始终不渝地追求同一个研究课题……我想要重新考察经典社会思想以往的发展，为社会科学建立一个新的研究方法框架，以分析现代性的突出特性。"① 从这一系列连贯的环节可以看出，现代性是支配其长达 40 余年学术生涯的研究主题。在这一总体目标的观照下，民族主义和公民身份实际上是其反思和重建现代性的两条进路：民族主义从心理的维度反映了现代社会发展所带来的悖谬性后果，表现在民族主义的"侵略性"和"启蒙性"上；公民身份则从政治的维度反映了现代政治发展的悖谬性后果，表现在公民身份权利与行政监控的同步发展上。② 由此可见，民族主义和公民身份实际上是与其庞大的理论联系在一起的。

要理解吉登斯有关民族主义和公民身份的论述，首先必须了解他对于这两个概念内涵的理解。在他看来，民族主义是"对于某些符号的共同归属感，这些符号可以使一个特定人群的成员认同他们共同属于一个

---

① Anthony Giddens, Christopher Pierson, *Making Sense of Modernity*: *Conversations with Anthony Giddens*, Cambridge: Polity Press, 1998, p. 51.

② 有关这两种悖谬性后果的更详细分析，可参阅郭忠华：《解放政治的反思与未来：安东尼·吉登斯现代性思想研究》，中央编译出版社，2006 年，第四章。

相同的共同体。"① 民族主义本质上是一种现代的现象,它出现于 18 世纪的欧洲,以法国大革命的出现作为标志。② 从发生学的角度来看,民族主义与现代性的发展相关联。启蒙运动以来,由于现代性的发展,传统、宗教、血缘等社会团结纽带日趋瓦解,"后传统社会"日益显露其雏型。在这种条件下,个体的本体安全(ontological security)处于脆弱的境地,时刻遭受焦虑的折磨。民族主义实际上是个体在这种环境下建立起来的一种新的本体安全维护机制。"在这类情境中,本体的安全感在心理方面根基薄弱……在'道德意义'已退居私域和公域边陲的地方,民族象征所提供的公有性为本体安全感提供了支撑的手段。"③ 吉登斯有关公民身份的观点则很大程度上以对 T. H. 马歇尔观点的修正作为基础。马歇尔把公民身份看作是"所有人要求分享社会遗产,进而要求成为社会的完全成员的权利,即成为公民的权利"④。吉登斯没有对这种定义提出多大的异议,只是认为,各种公民权利之间并不是一种依次演进的关系,同时必须从阶级冲突和阶级斗争的角度理解公民身份,公民权利不仅仅是政府自上而下地授予的结果,它们更是斗争的结果。⑤

在吉登斯看来,对于民族主义的分析不能停留在含义的层次,还必须从其生长的环境出发,具体分析民族主义的导向或者性质。在这一方面,有两种因素影响了民族主义的导向:国家主权和公民身份。"主权、公民身份与民族主义,它们是一些彼此关联的现象,出于这种原因,它

---

① Anthony Giddens, *Sociology: a Brief but Critical Introduction*, London: Macmillan, 1986, p. 155.
② 安东尼·吉登斯:《民族—国家与暴力》,胡宗泽、赵力涛译,三联书店,1998 年,第 144 页。
③ Anthony Giddens, *Nation-State and Violence*, Cambridge: Polity Press, 1985, p. 218.
④ T. H. Marshall, T. Bottomore, *Citizenship and Social Class*, London: Pluto Press, 1992, pp. 6-8.
⑤ Anthony Giddens, *Profiles and Critiques in Social Theory*, California: University of California Press, 1982, p. 165.

们成为我旨在阐明的目标。"① 在他看来，民族主义一旦产生，其成长的环境不外乎两种：或者成长在一个公民身份得到高度发展的环境，或者成长在一个国家主权得到高度强调的环境。不同的成长环境培育出不同性质的民族主义。"如果民族主义基本上导向主权——尤其是在国家遭受大量侵凌争夺的环境中，或者在国家强烈地整军备战之时——民族主义情绪可能发生一个排外的转折，即强调这个'民族'的超乎对手的优越性。于是，公民身份权利就可能发育孱弱或者大受限制，而公民权利和政治权利则更有可能大受蔑视。"② 也就是说，成长于主权至上环境中的民族主义很可能是一种"侵略"性质的民族主义，公民权利在这种环境下遭到蔑视。另一方面，"如果公民身份权利更实质地扎了根或者实现了，它们就会在一个相反的方向上影响主权和民族主义的关系，刺激民族主义情感向更加多元化的方向发展。"③ 也就是说，成长于公民身份环境中的民族主义将会是一种"启蒙"或者多元性质的民族主义。概括起来，民族主义存在"启蒙性"和"侵略性"两种导向，它们分别是民族主义与公民身份和国家主权相互关联的结果。

吉登斯对于民族主义性质的分析尽管简洁，但却忽视了许多重要的因素和细微的环节，因此不可避免地招来批评之声。在这一方面，民族主义的"三导向说"表现得最为典型。④ "三导向说"以对吉登斯"二导向说"的反思作为基础，认为民族主义除导向国家主权和公民身份之外，还存在"族群"（ethnic group）的导向。因为在大多数情况下，民族是由众多族群组成的，族群与民族相互作用的结果是：或者族群为民

---

① Anthony Giddens, *Nation-State and Violence*, London: Polity Press, 1985, p. 212.
② 安东尼·吉登斯：《民族—国家与暴力》，第262页。
③ 安东尼·吉登斯：《民族—国家与暴力》，第262页。此处的"公民身份权利"即本书所说的公民权利。
④ 参阅肖滨：《民族主义的三种导向：从吉登斯民族主义的论述出发》，载《开放时代》，2007年第5期。

族所同化，或者民族为族群所分裂，或者民族与族群和谐相处。三种情形依次形成"民族同化性质的民族主义"、"族群性质的民族主义"和"兼容性质的民族主义"。同时，"三导向说"还对其余两种导向的民族主义进行了细化，认为主权导向的民族主义并不必然就是"侵略性"的，出于维护国家主权安全目的的民族主义是"正当的"，不能把它纳入"侵略"的范畴。同样，公民身份导向的民族主义内部也存在差别。公民身份存在自由主义公民身份和共和主义公民身份等两大传统。民族主义如果导向的是前者，将会把权利和宪政置于其追求的核心；如果导向的是后者，则将把爱国主义、公民美德等政治伦理置于追求的核心。

与吉登斯的"二导向说"相比，"三导向说"显然更加全面和细致。但是，两者也存在诸多共同之处。例如，都把公民身份导向的民族主义看作是启蒙性质的民族主义；都把民族主义本身看作是中性的，只是在与主权或者公民身份结合之后才形成其特定的性质；都在隐含的意义上把主权与公民身份对立起来，认为导向主权或多或少会导致对公民权利的蔑视；都把分析的视野局限于民族国家内部；都持一种静态的分析视角等。深入分析"二导向说"或者"三导向说"的得失不是本章的任务——尽管这里面的确隐含着许多有意义的问题——毋宁说，本章的任务在于择取其中的分支，专门检视公民身份与民族主义的关系。因此，以上述两种观点为基础，本章接下来将重点探讨以下三个问题，它们构成了本章接下来两节的内容。

第一，什么是启蒙性质的民族主义？启蒙性质的民族主义除必须导向公民身份之外，是否还必须有其他条件限制？

第二，公民身份导向的民族主义是否还存在其他的性质？如果存在，那是什么？表现在哪些方面？

第三，吉登斯等人把侵略性看作是民族主义导向国家主权的结果，难道真的就不可能产生在公民身份导向的条件下？如果可能，这又是一些什么样的情形？

## 二、民族主义启蒙性的条件

不论是民族主义的二导向说还是三导向说，它们对于民族主义启蒙性的条件都交待无多。然而，这些条件却是民族主义之所以具有启蒙性质的前提，讨论民族主义的启蒙性时显然不能将它们弃置不顾。

吉登斯等人都把公民身份导向的民族主义看作是"启蒙"性质的民族主义。当然，与吉登斯的"二导向说"相比，"三导向说"更加深入一些，它看到了公民身份的不同传统，并据此区分了启蒙的不同表现。与民族主义的其他导向相比，我的确认为，由于接下来即将论述到的原因，公民身份导向的民族主义更易具有"启蒙"的特性，但同时提出，在形成这一判断的时候，还需要对启蒙的表现和条件做更加细致的分析。这集中体现在以下几个问题上：第一，启蒙性质的民族主义是一种什么样的民族主义？即启蒙在这里的特定含义是什么？第二，如何认识启蒙民族主义的本质？第三，尽管"三导向说"已经对公民身份进行了初步区分，我还是要认为有必要对其做更细致的分析。第四，在思考民族主义启蒙性的时候，必须考虑民族与族群的关系。对于这四个问题的分析将表明，启蒙性质的民族主义除必须导向公民身份外，还需要有更广的视野或者更多的限制性条件。

什么是启蒙性质的民族主义？吉登斯等人除了把启蒙作为一个自明的概念加以使用之外，没有对它做更多的说明。然而，"启蒙"实际上是一个非常复杂的概念，康德、福柯等思想巨擘曾围绕"什么是启蒙"的问题发表著名的见解。福柯甚至认为："整个现代哲学一直尽力试图回答的，就是两百年前非常贸然地提出的这一问题：什么是启蒙？"[1] 对

---

[1] Michel Foucault, "What is Enlightenment?" in *Ethics：Subjectivity and Truth*, the New Press, 1997, pp. 303–319.

"启蒙"进行哲学思辨背离了我的论述目标，毋宁说这里需要搞清楚的是启蒙性质的民族主义的含义。为了与吉登斯等人的观点形成对话的基础，我这里循着他们赋予启蒙概念的隐匿含义，对它进行显性的表达。实际上，吉登斯等人之所以把公民身份导向的民族主义看作具有"启蒙"的性质，无非是将公民身份的政治意蕴稼接在民族主义身上。第一章和第二章一再指出，公民身份具有许多政治含义：平等、权利、自主、参与、美德、自由等。这些含义之间尽管存在差异，但与前现代的政治传统存在本质性区别，它们是启蒙运动以来成长起来的政治目标。因此，认为公民身份导向的民族主义具有启蒙的性质并无不妥。当提出民族主义具有启蒙性的时候，实际上指的是一个民族的大多数成员秉持平等、权利、自主、参与等公民身份理念。但是，必须认识到，民族主义以民族共同体的文化传统作为基础，公民身份则更多与政治共同体联系在一起。民族主义不是如吉登斯等人所认为的那样是"中性"的，只是在公民身份或者国家主权的影响下才形成其特定的性质。正因为如此，从本质上说，民族主义的启蒙性指的是：在民族主义与公民身份相互作用的过程中，公民身份的影响超过了民族主义，使后者表现出前者的性质。

这种分析尽管一定程度上理清了启蒙民族主义的含义，强调了民族主义本身所具有的影响，但仍需要有更广阔的视野。"三导向说"表明，公民身份内部存在自由主义和共和主义两大传统，由此形成的民族主义也存在理念上的差异。然而，公民身份的发展支流实际上比这两大传统的划分更加复杂，尤其是在当今全球化的背景之下。20世纪中后期以来，随着全球化的发展，公民身份的行动主体和行动场所也变得更加复杂、更加广延，出现了文化公民身份、女性公民身份、环境公民身份等新兴公民身份理念。吉登斯等人的分析视野主要局限在自由主义公民身份上，没有考虑这些晚近的公民身份理念。实际上，民族主义无论与上述哪一种公民身份相结合，都将使启蒙的侧重点发生变化，而不仅仅是集中在"个人权利"、"宪政"和"爱国主义"上。例如,民族主义如果与文化公民身份相结合,将使民族主义的关注点集中在少数民族的群体权利上,尤其是他们保持自身文化差异的权利;与女性公民身份相结合,关注点将集中在女性的权利,尤其是保持女性性别差异的权利上;与环境公民身份相结合,则将集中在环境的权利,尤其是动物的权利和后代的权利上。这些导向可以纳入启蒙的范围,但与传统的公民身份理念存在明显的区别,因为从本质上说,传统公民身份理念反映的只是"白人"、"男性"、"有产者"的权利①,这一点在接下来的分析中将会再次论述到。

分析公民身份导向的民族主义,除了必须重视公民身份这一端之外,还必须对民族这一端加以充分的重视。吉登斯在提出其民族主义的"二导向说"时完全没有考虑民族内部的状况。"三导向说"认识到了民族内部的差异,认为,"一体化、作为整体的民族"由"多样化、作为组成部分的族群"所构成。② 但是,这种洞察力只体现在分析族群导向的民族主义这一个维度上,在分析公民身份导向的民族主义时,并没有贯穿这种观点,倾向于把民族看作是一个同质的群体,即具有相同的民族性,具有同样发达的公民意识。然而,现实显然并非如此。世界上绝大多数民族都是由不同的族群构成的。金里卡表明,当今世界大约存在5000多个族群,大大多于民族的数量。③ 统一的中华民族内部包含大小不等的56个族群,法兰西民族包括高卢人、罗马人、日耳曼人等,西班牙民族包括卡斯蒂利亚人、加泰罗尼亚人、加利西亚人、巴斯克人等,英吉利民族内部包括英格兰人、苏格兰人、威尔士人、北爱兰人等。既然民族是由如此分殊的族群所构成,在分析民族主义的启蒙性或

---

① 参阅 Ruth Lister, *Citizenship: Feminist Perspective*, London: Palgrave, 1997.
② 肖滨:《民族主义的三种导向:从吉登斯民族主义的论述出发》,载《开放时代》,2007年第5期。
③ Will Kymlicka, *Multicultural Citizenship*, Oxford: Oxford University Press, 1995, p.1.

者其他性质的时候，显然必须对这一点投以充分的注意力。具体到启蒙性而言，如果民族内部的族群数量越少、差异度越小、同质度越高，在导向公民身份的条件下，民族主义的启蒙性也将越明显。反之，族群数量越多、差异度越大，尽管受公民身份的影响，其启蒙的程度也可能相对较低。

至此，我们可以对民族主义的启蒙性进行清晰的勾画。民族主义的启蒙性是在民族主义与公民身份相互作用的过程中，后者的影响超过了前者，使民族主义表现出公民身份的取向所致，具体体现在平等、权利、多元、美德等取向上。民族主义的启蒙性不仅体现在传统公民身份领域，而且体现在后现代公民身份所反映的新兴领域中，如文化、性别、生态等领域。民族的族群构成对民族主义的启蒙性存在影响。在公民身份的影响相对恒定的条件下，族群数量越少、同质度越高，民族主义的启蒙性也就越明显。

## 三、民族主义启蒙性的范围

由此可见，当把公民身份导向的民族主义看作具有启蒙性的时候，即需要对启蒙的条件做更细致的分析。接下来，本节还要继续指出的是，除必须启蒙的条件之外，民族主义启蒙性的范围也是不可忽视的因素。总体而言，大部分有关启蒙民族主义的分析都集中在民族国家内部，持静态的分析视角，而且倾向于韦伯意义上的理想类型（ideal type）的建构。我这里将引入更加深入和更加广泛的分析视野，集中检视启蒙民族主义的范围，即考察启蒙民族主义能够在多大范围内保持其启蒙的性质。对于这一问题的分析将表明，在现实生活中，启蒙只能局限于特定的范围，超越了这一范围，它将很可能变得具有排斥性。

前文尽管在一定程度上将分析的视野展延到了后现代主义的公民身份，但我这里还是承认，吉登斯等人将分析的重点集中在传统公民身份上具有其合理性,因为"自由主义的公民身份传统主导了刚刚逝去的两个世纪,时至今日,情况依然如此"。① 但是,承认这一点并不意味着接受吉登斯等人的全部观点。吉登斯等人看到了公民身份的"启蒙性"以及由此带来的民族主义的"启蒙性",但却很少重视公民身份的"排斥性"以及由此催生的民族主义的"排斥性"。不论对于共和主义还是自由主义传统来说,公民身份都兼具包容和排斥的含义。前者体现在对特定个体的接纳上,后者则体现在对其他个体的排斥上。不论在共和主义公民身份处于支配地位的时期还是在自由主义公民身份发展的早期,公民都仅仅是少数人的特权,"血统"、"男性"、"财产"、"选举权"、"身体健全"等是获得公民资格的基本标准,占人口大多数的妇女、奴隶、外国人、移民、外来劳动者等在形式和实质上都被排斥在公民团体之外。时至今日,所有个体在形式上都拥有了公民身份,但这并不意味形式公民身份与实质公民身份之间不存在矛盾。"一个人可以拥有正式的国家成员资格,然而却被拒绝(在法律上或事实上)拥有某种政治权利、民事权利或者社会权利,或者在各种背景中被拒绝参与管理公共事务……"② 今天,公民身份的排斥性主要体现在形式普遍性后面隐含的实质排斥性上。比如,忽视其他族群的特殊文化要求,以支配族群的文化标准来匡衡少数族群;忽视女性由于社会分工、性别差异等形成的特殊性别要求,以男性的普遍性标准衡量和要求女性等。将这种分析用于检视公民身份导向的民族主义,将使我们对启蒙民族主义形成更深刻的认识:启蒙与排斥并不必然相互对立。一个民族在某些范围内存在的启蒙性并不排除在其他范围内存在的排斥性。例如,主流族群内部的启蒙与对其他族群的歧视可以并行不悖,出现"简单地要求其他族群整合到

---

① Derek Heater, *What is Citizenship*, Cambridge: Polity Press, 2001, p. 1.
② Rogers Brubaker, *Citizenship and Nationhood in France and Germany*, Cambridge, Mass.: Harvard University Press, p. 36.

一个实际上带有敌意和种族主义的政治体制中去"[1] 的情形；同理，男性内部的启蒙与对女性的歧视也可以有机地结合在一起。

在分析民族主义排斥性的时候，还有必要超越民族国家的视界和静态的视角，从全球化和动态的角度加以理解。20 世纪中后期出现的全球化这一引人注目的发展潮流，一方面正在改变民族的构成，民族成员之间的交往和杂居程度达到史无前例的高度，另一方面正在改变民族主义，把各种曾经纯粹的民族意识带入五彩斑斓、相互碰撞的文化舞台。作为经济全球化的伴生物，国际移民则是催生这两大变化的直接因素。与此前具有经济和临时性质的国际移民相比，上世纪70 年代至今形成的新的国际移民浪潮表现出非偶然性和永久定居的性质。[2] 据统计，1950—2000 年间，进入德国的外国人数约为 3100 万，其中净移民数量约为 900 万，占德国总人口的 8.9%。[3] 到 2002 年，外国移民占法国、德国、奥地利、瑞典、瑞士等西欧国家总人口的比例均超过 5%，瑞典的比例甚至高达 19.9%。[4] 国际移民浪潮不仅仅出现在西欧，在北美、澳洲乃至整个世界都已成为普遍的现象。但是，作为一种外生变量，国际移民却给输入国的民族性和公民性造成了巨大的影响。对于移民来说，归化（jus domicile）是他们获得输入国公民身份的唯一途径。但是，民族主义的排斥性却经常成为实现这一目标的最大障碍。德国堪为这种情况的最佳例证。随着共产主义统治在东欧的结束，许多既不会说德语、对德意志文化也知之甚少的德意志"族裔"加入德国，成为德国的公民。与此相反，200 多万名土耳其客籍工人却被拒绝在公民身份的

---

[1] Keith Faulks, *Citizenship*, London: Routledge, 2000, p. 51.
[2] Anthony M. Messina, *The Logics and Politics of Post-WW II Migration to Western Europe*, Cambridge: Cambridge University Press, 2007, p. 2.
[3] Philip Martin, "Bordering on Control: Combating Irregular Migration in North America and Europe", Geneva: International Organization for Migration, 2003, p. 48.
[4] Anthony M. Messina, *The Logics and Politics of Post-WW II Migration to Western Europe*, Cambridge: Cambridge University Press, 2007, pp. 3 – 4.

门槛之外。他们尽管在德国已居住多年，甚至是数代，拥有正当的职业，也缴纳了各种税收，但却不能拥有相应的公民身份。作为一个以现代公民身份为基础的自由民主国家，德国实行的实际上是一种双轨制，即一方面是德意志民族内部的启蒙，另一方面是对于其他民族的排斥。

如果说德国代表的仅仅是"血统原则"的情形，在实行"属地原则"的法国，情况也不见得会好多少。属地原则根据"共和国的领土"和"是否接受世俗共和主义价值"来授予公民身份，不考虑血统、种族等前现代政治价值，因此，被看作代表了"进步的现代主义观念"[①]。但是，面对日益增多并且永久居留的国外移民，法兰西民族的共和主义精神也经受着越来越严峻的考验。1989年，当三个穆斯林学生戴着头巾来上课而被学校当局遣送回家时，当勒庞领导的极右党"人民阵线"在全国大选中赢得高达15%的选票并且控制了部分地方政府的权力时，2005年前后，当巴黎以及其他城市持续不断地出现"移民骚乱"时，潜藏在法兰西民族心灵深处的恐惧和外国移民心灵深处的怨恨终于浮出了水面。这些事件表明：即使在像法国这样一个自认为对"共和"和"多元"的热爱超过了对"种族"和"血缘"的热爱的国家，支撑其"公民身份"的各种假设仍然深深浸渍在民族性的营养中，国际移民检测了法兰西民族启蒙性的纯正度。与德国的情形相比，法国的情形更反映了启蒙民族主义的范围和动态特征。如果说自由、共和、多元、包容等构成了启蒙民族主义的基本内涵的话，那么，国际移民便从多个角度检视了它们的范围和抗干扰程度：移民既是自由和共和的象征，也是自由和共和的威胁；移民是多元的表现，也是多元终结的标志；移民是包容落实的表现，也是包容不再可能的证明。超越了法兰西民族，启蒙性终究难敌移民的煎熬而表露出排斥性的底色。

现实表明，民族主义的启蒙性终归具有一定的边界。比如，局限于

---

[①] Keith Faulks, *Citizenship*, London: Routledge, 2000, p.45.

主流族群内部或者本民族内部。超越了这一边界，它就可能表现出排斥的特征。对于公民身份导向的民族主义来说，启蒙性与排斥性之间可能并不矛盾，对于本民族内部的启蒙与对于其他民族或者族群的排斥可以有机地结合在一起。同时，启蒙民族主义还具有动态的性质。民族主义在特定的背景下具有启蒙性，并不必然在所有时候都具有启蒙性，外生变量可以影响乃至改变民族主义的导向。

## 四、公民身份、民族主义与侵略性

尽管"三导向说"敏锐地注意到，不能把维护国家主权的正当性纳入侵略性的范畴，但吉登斯等人还是把民族主义的侵略性看作是民族主义导向国家主权的结果，似乎与公民身份毫无关系。这种归纳方法尽管看到了民族主义侵略性所由产生的真实的一面，但也造成了两种不利的结果：一是把公民身份置于国家主权的对立面，认为公民身份催生民族主义的启蒙性，国家主权则只会催生侵略性；二是忽视了实际政治中许多公民身份导向的民族主义也具有侵略性的事实。

首先，必须指出的是，公民身份与国家主权之间并不是彼此对立的关系。国家主权、公民身份和民族主义本质上都是现代的现象，它们之间相互关联，而不是彼此对立。民族国家公民身份以国家主权的出现作为前提。主权的出现意味着清晰领土边界的确立，只有在这一前提下，才能谈得上个体在国家中的明确的成员资格，并在此基础上讨论个体对于国家所具有的权利和义务。反过来，国家主权也以公民身份理念作为基础，现代国家都建立在公民身份所蕴含的"人民主权"观念的基础上。从民族主义的维度来看，如吉登斯所言，如果不存在"人民主权"这一产生于近代欧洲的自由主义理念，民族主义也就不会出现。[①] 这一

---

① Anthony Giddens, *A Contemporary Critique of Historical Materialism*, Cambridge: Polity Press, 1995, p.192.

点可以从民族主义和人民主权观念同时诞生于法国大革命这一事实中得到印证。从本质上说，民族主义是人民主权观念的文化表达，它为国家主权提供了源源不断的心理动力。吉登斯等人之所以会潜在地把国家主权与公民身份对立起来，在于他们在分析民族主义与国家主权或者公民身份的联系时，割裂了后两者之间的联系。当然，强调主权与公民身份之间的关联并不意味着必须持一种僵化的观点，认为它们对民族主义具有同样大的影响，而是要表明，如果把它们潜在地对立起来，将会扭曲我们对于民族主义的认识。

前文已经分析了公民身份导向下的民族主义的启蒙性，强调了公民身份与国家主权之间的关联而不是对立，但是，这并不意味着就可以对民族主义的侵略性视而不见。不论在历史上还是当代，侵略性民族主义都是大量存在的现象。那么，由此引申出来的一个问题是：这种侵略性又是如何产生的？对于这一问题，首先必须强调的一点是，吉登斯的观点仍然有着重要的意义：在特定条件下，领袖人物所倡导的学说对于侵略性民族主义的生成发挥了至关重要的作用。[①] 这里，不能把领袖人物等同于一般的政治领导人物。前者的特征在于：他们具有非常深厚的群众基础，获得了人们广泛的心理认同。在国家主权受到外在威胁——不论这种威胁是实际存在的还是想象出来的——的条件下，领袖所倡导的价值对于民族性的生成意义重大。如果领袖所倡导的是一种良性的、启蒙的学说，民族主义也将相应变得具有启蒙性，反之，则可能形成侵略性民族主义。"回归对领袖的形象以及他/她所代表的象征和主义的认同，这是民族主义的基本特征。无论是良性的抑或好战的，它都表现为对'群体内'的强烈心理依附和对'群体外'的区别对待。"[②] 这一观点至少说明了两个方面的问题：一是民族主义侵略性与以前封建君主等

---

[①] 安东尼·吉登斯：《民族—国家与暴力》，第 262—263 页。
[②] Anthony Giddens, *Social Theory and Modern Sociology*, Cambridge: Polity Press, 1987, p.179.

的侵略性存在区别；二是侵略性民族主义与公民身份存在关联。从前者而言，侵略性民族主义是一种有着广泛群众基础和得到人们心理认同的侵略性，前现代时期的各种侵略性则主要表现为个人的侵略性以及对部下或者臣民的胁迫。从后者而言，现代历史上出现的侵略性民族主义可能与民主政治联系在一起。民主政治、魅力型领袖和具有煽动力的学说结合在一起，成为侵略性民族主义生成的基本要素。如果法西斯主义是侵略民族主义的典型的话，吉登斯在某种程度上表明了它与公民身份之间的关联："法西斯主义国家是下列两个方面的成功结合：首先是侵略或者排外性的民族主义，其次是对作为共同体利益最终仲裁者的国家的普遍忠诚。"①

除了由于领袖人物的导引而形成侵略民族主义的情形之外，即使在代议制民主正常运作的条件下，民族主义也很有可能表现出侵略性，这种情形或许代表了侵略性民族主义生成的另一种方式。侵略主要针对其他的民族或者国家，民族主义对外的侵略性与对内的启蒙性可以实现完美的结合，这不论在历史上还是在当今时代都不是什么新鲜的现象。在英国的历史上，议会的职能在相当长一段时期主要体现在两个方面：一是制止各种渎职和不法行为，保持公共生活的和谐；二是围绕对外战争问题进行辩论和做出决定。这种运作方式给英国带来的结果是多方面的：战争的决策机制推动了民主政治的发展；战争的持续动员和胜利凝聚了民族的成员，激发了民族的自豪感；源源不断的战争收入则推动英国率先进行了工业革命，成为世界上第一个工业化国家。在那里，民主国家就像一个股东享有充分权益的大型有限股份公司，议会是董事会，国家的成员则是股东。如果战争能够获益（无论是经济上的还是意识形态上的），那么，这笔生意就可以做，如果赔本或收益甚微，那么，这笔生意就不要做，因为它有损大部分股东的利益，股东们就有权否认国

---

① Anthony Giddens, *Social Theory and Modern Sociology*, p.178.

家的战争行为。① 通过这种方式，对内民主与对外侵略之间形成了一种相互促进的机制。"民族主义"一词似乎并不适合于美国，因为它没有悠久的民族记忆和民族文化，也没有可以引起民族悲情的历史创痛。但是，美国特殊的历史却孕育出其独特的民族性：一种以移民文化为基础、以成就为导向、面向未来而不是过去的民族主义。安纳托尔·列文认为，美国民族主义表现为两种形式：一是公民民族主义，体现在"美国信条"上，即对于自由、立宪、法律、民主、个人主义以及政教分离等的信念；一是奉行"大棒"和扩张政策的超级民族主义。同时，他还提出，前者是美国力量的支柱，是美国影响世界的支柱，它对人类具有无可估量的价值。② 但是，过去十余年的世界形势似乎表明，美国的公民民族主义与对其他民族和文化的侵略是相容的，这从美国对伊拉克、前南联盟、阿富汗等国的入侵，从当今美国与伊朗等国的紧张关系中可以得到印证。

## 本章小结

本章分析了公民身份与民族主义之间的关系。对于公民身份与民族主义之间的关系，存在着两种有代表性的观点，第一种观点是以吉登斯为代表的"双导向说"作为代表，认为民族主义如果与国家主权相关联，将导致侵略性的民族主义，如果与公民身份相关联，则将导致启蒙性的民族主义。第二种观点以"三导向说"作为代表，除考察民族主义与国家主权和公民身份之间的关系外，还分析了民族主义与族群之间的关系。本章以上述两种观点为基础，对公民身份与民族主义的关系进行更加深入的分析。本章旨在解决三个问题：一是回答何谓启蒙性质的民

---

① 陈晓律：《第一个工业化民族的民族主义》，载《世界历史》，2008 年第 3 期。
② Anatol Lieven, *America Right or Wrong: An Anatomy of American Nationalism*, Oxford: Oxford University Press, 2004.

族主义的问题，认为启蒙性质的民族主义就是民族主义在与公民身份的相互作用中，民族主义遵循公民身份的取向，以平等、权利、多元、美德等作为自身追求。但除传统公民身份的追求之外，民族主义如果受后现代公民身份的影响，其启蒙性追求将更加多元化，如对性别、环境、少数族群权利的文化尊重等。二是回答除导向公民身份之外，民族主义的启蒙性还必须具备哪些条件。本章的结论是，由于公民身份兼具包容与排斥的性质，民族主义的启蒙性只能局限在一定的边界范围内，超出这一边界，它就很可能变得具有排斥性。进而言之，民族主义的启蒙性很大程度上局限于本民族内部，超越这一边界，它就可能变得很具有排斥性。超出本民族的范围，民族主义的启蒙性与排斥性可以并行不悖。另一方面，启蒙性还具有动态的性质。民族主义在特定时期或者背景下具有启蒙性，并不排斥在其他时候或者背景下具有排斥性或者侵略性。三是回答启蒙民族主义在何种情况下变得具有侵略性的问题。我所要表达的观点是，不能认为导向国家主权就将催生民族主义的侵略性，主权与公民身份之间并不是对立的关系。不论从历史还是逻辑的角度来看，民族主义的对内启蒙与对外侵略都可以结合在一起。综上所述，本章提出，民族主义的启蒙性只能局限于一定的范围内，超出这一范围，它同时还可以具有排斥甚至是侵略的性质。

# 第十章　公民身份与社会权利

前面探讨了公民身份与民族国家的关系，接下来的两章将重点探讨公民身份与公民权利之间的关系。根据本书第三章所区分的公民身份传统，自由主义公民身份传统以公民权利为核心来建构自己的理论体系。马歇尔把公民权利区分为三大要素：民事的要素、政治的要素和社会的要素。三大要素分别代表了人类自由的三种不同形态，即"免于国家干预的自由"、"在国家中的自由"和"通过国家获得的自由"。① 鉴于本书前面三章已对公民权利进行过大量一般性论述，同时也鉴于社会权利在当代的重要性，本章将避免对公民权利的泛泛讨论而聚焦于社会权利，论述社会权利的发展脉络、当代困境和发展趋势。本章共分为四节：第一、二节分别论述威权主义和自由主义背景下的社会权利发展，第三节论述福利国家背景下的社会权利和矛盾困境，第四节则以对吉登斯有关积极福利思想的讨论作为基础，探讨社会权利的发展趋势。

## 一、社会权利的历史缘起

福利国家尽管缘起于英国，但现代社会保障制度的系统建立却肇始

---

① Zygmunt Bauman, "Freedom From, in and Through the State: T. H. Marshall's Trinity of Rights Revisited", *Theoria* (2005) 44 (108): 13–27.

于德国。因此,以德国作为分析的起点也就成为一种合理的选择。19世纪中后期,通过对丹麦、奥地利和法国的三次"王朝战争",分崩离析达数百年之久的德国终于实现了统一。但是,作为民族国家建设的后来者,统一后的德国同时也面临着一系列严重的问题:第一,德国是在普鲁士的主导下实现统一的,普鲁士仅仅是德国众多邦国当中实力较强的一员。如何使其他邦国服从普鲁士政府的领导,把它看作是德国的中央政府,并培育出统一的、作为德国的国家认同,已成为俾斯麦领导下普鲁士政府的首要任务。第二,面对英、法等近邻出现的风起云涌的工人运动以及由此造成的政治动荡,面对本国工人运动不断高涨的苗头,如何避免重蹈其他国家的覆辙,提高本国的政治一体化程度,已成为普鲁士政府必须解决的问题。第三,德国的统一为推进工业化进程提供了契机,大批农村人口进入城市和工厂。但是,这一过程同时也带来了一系列严重的社会问题,如养老、失业、医疗、救济等。把所有这些问题综合在一起,集中体现在德国民族认同的建立、社会问题的消除和中央政府权威的加强上。俾斯麦及其后来的领导者清楚地认识到了这些问题,并采取各种行之有效的应对措施,这集中体现在:培育德国的民族主义情感以强化国家认同;建立完备的社会保障制度以消除由于工业化进程所带来的社会矛盾;压制其他公民权利(民事权利、政治权利)的发展,使容克地主阶级领导的中央政府免受其他阶级的挑战。

德国的统一给资产阶级和工人阶级的发展同时提供了契机。但与英、法等其他国家不同,德国资产阶级自产生之初,就经受着工人阶级和容克地主阶级势力的双重挤压,表现出明显的软弱性,不具有英、法资产阶级的革命性和进取精神。与此同时,在社会民主党的领导下,德国工人阶级的势力却开始蓬勃发展,并得到马克思、恩格斯等革命导师的指导。面对这种情形,以俾斯麦为首的中央政府娴熟地运用了胡萝卜加大棒的政策:首先,面对资产阶级的政治权利要求,表面上承认议会的合法地位,但却采用各种手段操纵和限制议会。例如,提高选举权的门槛,操纵选举过程,使议会或者被置于无足轻重的地位,或者成为服务于容克地主阶级政治统治的工具。面对工人阶级势力的高涨,则颁布《反社会主义非常法》等,打击社会民主党领导的革命运动。其次,以各种经济、社会保障政策拉拢资产阶级和工人阶级,使它们满足于投靠在容克地主阶级的怀抱中。例如,通过铁路、建筑等大规模基础建设,刺激民族经济的发展,使资产阶级在这一过程中尝到甜头,把资产阶级的经济利益与国家财政紧密地铰合在一起;对于工人阶级而言,则通过建立系统的社会保障制度来提高其政治认同和国家认同。1881 年,德国皇帝威廉一世颁布的"皇帝告谕"(又称"黄金诏书")提出,工人因患病、事故、伤残和年老而出现经济困难时可以得到保障,有权得到救济,由此开启了社会保障制度建设的进程。在 1878—1911 年短短 33 年的时间里,德国政府还先后颁布了《童工法》(1878)、《医疗保险法》(1883)、《工伤事故保险法》(1884)、《伤残和养老保险法》(1889)、《女工法》(1891)、《遗族保险法》和《职员保险法》(1911)等。1911年,又将各种社会保险法合并在一起,统称为"帝国保障制度"。社会权利一时获得长足的发展。

通过压制公民权利和政治权利的发展、推行民族主义的国民教育、推进社会保障制度建设,德国政府有效地化解了统一初期亟待解决的民族建设(nation-building)和国家建设(state-building)问题,但却把公民社会的发展置于病态的基础上。在正常情况下,民族国家的成长包括民族建设、国家建设和公民建设等三个维度。① 国家建设使民族国家建立起统一的、有渗透力的行政管理体系;民族建设加强国家一体化的文化维度,使国家成员在情感上有机地团结起来;公民建设则使国家政权

---

① William A. Barbieri, *Ethics of Citizenship: Immigration and Group Rights in Germany*, Duke University Press, 1998, p. 10.

建立在民主的基础上，同时给民族主义注入理性的因素。① 但在19世纪后半期和20世纪早期的德国，中央政府有意识地强化的仅仅是前两个方面，公民权利中的民事权利和政治权利则被看作是"民主政治的毒药"而遭到有意识的抑制。由此导致的结果是：侵略性民族主义得到了前所未有的发展，中央政权的集权化程度迅速提高。社会权利尽管在改善公民生活水平方面起到了积极的作用，但也成为中央政权换取政治合法性和民族狂热的工具。事实证明，中央集权的目标和民族主义的狂热如果没有受到公民权利的有效制约，由此导致的结果将很可能是灾难性的。就德国的情况而言，它们为法西斯主义的诞生提供了温床。法西斯主义是极权主义的表现形式之一，民族主义具有推动极权主义往"极"的方向发展的作用。"民族主义的重要性在于，它为极权主义的学说提供了'极'的一面。"②

时至今日，德国的情形已经发生根本性改变。德国当时的情形曾经被马克思描述为："以议会形式粉饰门面、混杂着封建主义残余、已经受到资产阶级影响、按官僚制度组织起来、并以警察来保卫的、军事专制制度的国家。"③ 如今，这种国家已演变成以真正民事权利和政治权利为基础的现代民主国家——尽管其以"血统原则"为基础的、充满种族主义色彩的公民身份仍未改变。无论如何，从社会权利的角度来看，德国的情形都代表了历史上社会权利的发展方式之一。德国社会权利发展的特殊性在于：首先，发展动力方面，社会权利主要是中央政府自上而下有意识地授予的结果，来自底层的动力并不明显。其次，发展顺序方面，社会权利先于民事权利和政治权利而得到发展，从而不同于T. H. 马歇尔所刻画的民事权利、政治权利、社会

---

① 肖滨：《民族主义的三个导向——从吉登斯民族主义的论述出发》，载《开放时代》，2007年第5期。

② Anthony Giddens, *Nation-State and Violence*, Cambridge：Polity Press, 1985, p. 303.

③ 《马克思恩格斯选集》第3卷，人民出版社，1995年，第315页。

权利依次发展的顺序。① 最后，发展目标方面，社会权利的发展目标显得较为复杂，既有解决由于资本主义市场经济所带来的问题的目的，更有转移公民对于其他公民权利的要求，提高威权主义政权合法性的意图。

德国的模式既给其他国家公民权利的发展提供了经验，也给公民身份研究提出了课题。从前一方面而言，德国的经验表明，社会权利是一种可以脱离民事权利和政治权利而单独得到发展的权利；与这一点相联系，社会权利的发展未必需要民主政治所铺就的舞台；同时，一种与民事权利和政治权利相脱离的社会权利，可以服务于威权乃至极权主义政权的需要。正因为如此，在理解19世纪德国社会权利的时候，必须避免形成这样一种误解，即认为那仅仅是一种局限于当时德国的孤例。不论是在20世纪传统的社会主义国家还是当今其他一些重要的威权主义国家，德国社会权利的发展情形都一再得到重复——尽管民族主义的炽烈程度可能比不上当时的德国，但在利用社会权利来巩固其威权政权方面却可能有过之而无不及。在那些国家，政治话语空间仅仅局限于社会权利领域，丝毫不能触及公民权利和政治权利，尤其是与之关联的国家政权领域。从后一方面而言，德国的情形给公民身份研究提出的问题在于：社会权利与其他两种公民权利之间有着更加复杂的关系，它未必是个人自由逻辑的合理延伸。它不仅"可以脱离民事权利和政治权利而孤立地从其自身出发得到发展和施行"②，而且可以沦落为专制统治者巩固国家政权、提高统治合法性的手段。

## 二、自由资本主义的社会权利

如果说19世纪后期的德国所反映的是威权主义背景下，社会权利

---

① 转引自 Derek Heater, *What is Citizenship?* Cambridge: Polity Press, 2001, p. 13。
② 恩靳·伊辛、布雷恩·特纳：《公民权研究手册》，王小章译，浙江人民出版社，2007年，第98页。

得到长足发展的情形的话,那么,19世纪早期的英国所反映的则是自由资本主义背景下,社会权利发生倒转的情形。从17世纪后半叶资产阶级革命完成到18世纪上半期,英国处在自由资本主义的发展阶段。前面有关德国的分析表明了社会保障制度从无到有、从稀少到体系化的发展过程,但那一时期的英国所见证的却更是一个相反的发展方向——传统社会保障制度不断遭到废除的过程。在卡尔·波兰尼(Karl Polanyi)看来,1834年《新济贫法》的实施,标志着英国正式建立起竞争性的劳动力市场和作为一种社会体系的工业资本主义。[①] 在此之前,英国已经存在着众多与社会保障相关的法律,如《技工法》(1563)、《伊丽莎白济贫法》(1601)、《居住权法》(1662)、《斯品汉兰德法》(1795)、《学徒健康和道德法》(1802)、《工厂法》(1833)等。尤其是被波兰尼赋予"战略意义"的《斯品汉兰德法》规定:只要工资收入低于该法律所规定的家庭收入数额,无论是否拥有工作,都可以获得工资形式的救济。在蓬勃发展的市场经济面前,它起到了保障人们"生存权利"的作用。"斯品汉兰德制度旨在防止老百姓变成无产阶级,或者至少是为了放慢他们变成无产阶级的速度。"[②] 但是,作为结果,"生存权利"终究没有抵挡得住茁壮成长的市场,社会权利从其最初的阵地上如潮水般地退却下来:1795年,《居住权法》被废止;1813—1814年,《技工法》中有关工资的条款被废止;1834年,《斯品汉兰德法》正式被废除,同一年,《新济贫法》正式取代《伊丽莎白济贫法》等。资本主义正式越过"生存权利"的屏障而把所有社会个体卷入市场经济的惊涛骇浪中,让他们自己照顾自己。

但是,如果认为1834年—20世纪初的英国就是社会权利的蛮荒之

---

① 卡尔·波兰尼:《大转型:我们时代的起源》,冯钢、刘阳译,浙江人民出版社,2007年,第87页。

② 卡尔·波兰尼:《大转型:我们时代的起源》,冯钢、刘阳译,浙江人民出版社,2007年,第87页。

地,则是一种错误的理解。从本质上说,传统社会保障制度的废除不过是为正常的市场体系打通道路,因为通过这些制度建立起来的保护性行动与市场经济体系的自我调节之间形成了致命的冲突。与狂浪推进的市场力量相比较,"生存权利"尽管已大大退却,但它并没有完全消失在历史的地平线之外。1834 年颁布的《新济贫法》在社会权利的理念、对象和管理方面进行了调整:在理念上,确立政府负有实施救济、保障公民生存的理念;在对象上,取消"斯品汉兰德体制"的家内救济方式,把受救济者调整为被收容在习艺所中的贫民;在管理上,中央建立起三人委员会(后更名为济贫法部),在地方各教区、联合区组成济贫委员会,具体管理济贫事宜。《新济贫法》体现了社会权利变革的总体情形,《工厂法》则体现了工厂领域的社会权利,它促进了工作条件的改善。例如,限制童工的使用,为儿童提供受教育的机会;建立检查员制度(其中包括通风、温度和工作时间等规则)等,后来,该法案的保护对象还进一步扩大到妇女,检查的范围也扩大到照明、安全等领域。在劳动安全方面,1855 年英国颁布世界上第一部关于安全准则的通则,1860 年的《矿山管制和检察法》则对该通则做进一步细化,比如,禁止 12 岁以下的儿童从事采矿工作等。这些措施使工人的工作条件得到改善,尤其是保障了妇女、儿童的权益。因此,总体而言,那一时期反映的实际上更是社会保障制度从传统向现代的转型。通过这种转型,一方面为资本主义的发展扫清了道路。例如,《居住权法》的废除使劳动力的流动正式成为可能,《技工法》的废除打破了某些职业被限制在特定社会阶层的现象,《斯品汉兰德法》的废除则使统一劳动力市场的建立最终成为可能。所有这些对于资本主义的发展都有着举足轻重的意义。另一方面,这种转型也推动社会权利迈入现代的轨道,使之符合市场经济发展的需要。

但是,从社会权利的角度来看,这一转型同时也是一个充满痛苦感受的过程。随着《斯品汉兰德法》等诸多法律被废除,随着《新济贫法》的颁行,许多曾经植根于乡村、社区、城镇和行会成员身份中的社会权利也土崩瓦解。《新济贫法》尽管表明了现代社会保障制度的理念和管理方式,但也放弃了一系列对于"生存权利"来说至关重要的东西,尤其是对于工资领域的管制。更加重要的是,《新济贫法》表现出一种将公民与社会权利剥离开来的底蕴:社会权利不是公民的应得权利,而是个体不再成为公民的标志。与权利所蕴含的神圣和应得观念相比,《新济贫法》中的社会权利实际上更代表"羞辱"和"失格"(不再成为公民)。它把救济的对象调整为收容院的贫民,而不是社会中的普通公民,真正具有资格能力的公民是不能接受救济的,他必须以自身在市场中的成功来求得生存,接受救济也就意味着丧失作为公民的资格,成为与流浪汉、妇女、儿童等为伍的人。T. H. 马歇尔指出:"烙在贫困救济上的耻辱表明了这个民族的深层情感:谁接受救济,谁就是在跨越从公民共同体到流浪汉团伙的门槛。"①《新济贫法》不是把公民与社会权利分离开来的唯一范例,《工厂法》等其他一些法律也表现出同样的倾向。如前所述,《工厂法》尽管使工人的劳动条件得到了改善,但是,这种保护并不是出于对公民地位的尊重,在保护对象上也更多偏向于作为非公民的妇女和儿童。对于公民来说,所能要求至多是"自由的雇用契约"得到强制性保护。"保护只限于妇女和儿童,并且妇女权利的捍卫者很快就发现这里暗含着侮辱:妇女受到保护就是因为她们不算公民。如果她们想享有完全的、可靠的公民身份,就必须放弃保护。"② 其他诸如教育等领域的社会权利也表现出类似的倾向。

从《新济贫法》的实施到 20 世纪初,英国社会权利的发展情形给世人展示了一幅自由资本主义背景下社会权利的图景。在这一图景中,

---

① T. H. Marshall and Tom Bottonmore, *Citizenship and Social Class*, London and Concord, MA: Pluto Press, 1992, p. 8.

② T. H. Marshall, and Tom Bottonmore, *Citizenship and Social Class*, London and Concord, MA: Pluto Press, 1992, p. 8.

生存权利与市场经济的博弈以前者的败北和转型而告终，后者在打破前者桎梏的基础上获得长足的发展。综观这一时期，社会权利的特殊之处集中体现在以下几个方面：首先，与资本主义的关系方面，与此后许多学者所描述的社会权利与资本主义之间的"战争状态"相反①，那一时期的社会权利实际上反而促进了资本主义的发展。社会权利后面隐含着公民必须努力参与市场竞争，而不是依靠福利求得生存的理念，只有那些无力参与市场竞争的非公民（non-citizen）才是救济的接受者。其次，在价值方面，社会权利蕴含着一种否定的价值。接受福利和救济是一件使人感到羞耻的事情，只有那些缺乏公民资格能力的人才会接受救济，真正的公民不仅不会寻求福利的保护，而且对救济持一种鄙视的态度。通过这种方式，古典公民身份那种将公域与私域相隔离、把后者看作公民活动领域的底蕴似乎以一种转化的方式得到反映②，尽管这里作为公民活动领域的市场在古典时代不仅不存在，而且即使存在，也属于私域的范畴。最后，发展动力方面，与前面所论述的德国自上而下的发展情形相反，当时英国的情形更表现为一种复合的动力：自下而上的破解以及由此而来的自上而下的调整。资本主义的发展首先打破了传统社会保障制度的束缚，国家再根据资本主义的发展需要重新进行调整。

与 19 世纪的情形相比，英国当代的社会权利已经发生了根本性变革，尤其是第二次世界大战之后，社会权利已从当年的消极形象转变成为一种"理所当然"的权利。③ 但是，与德国的情形一样，英国自由主

---

① 例如 Ian Gough, *The Political Economy of the Welfare State*, London: The Macmillan Press Ltd., 1979, p. 11.

② 汉娜·阿伦特：《公共领域与私人领域》，载汪晖、陈燕谷（编）：《文化与公共性》，三联书店，1998 年，第 57—68 页。

③ T. H. Marshall: *The Right to Welfare and Other Essays*, Heinemann Educational Books, 1981, p. 83.

义资本主义时期表现出来的社会权利模式也不是一种仅仅存在于当时英国的现象,在那些自由主义持续处于支配地位的国家①,在那些随着社会主义阵营解体而转向市场经济的国家,甚至是改革开放初期的中国,英国当时的情形都一再被呈现出来,尽管其中蕴含的伦理理念可能会有所不同。上世纪70年代末我国启动了改革的进程,它一方面以政党和国家的力量培育出资本和市场,并且使它在劳动与资本的关系中处于强势地位;另一方面则迅速瓦解了与计划经济体制相配套的社会保障模式,把许多曾经衣食无忧的城市居民抛入市场经济的波涛中,让他们自己去求得生存。综观30年改革的历程,我国社会权利的道路可以勾勒为:市场化的推进,传统社会保障模式的瓦解,社会保障制度的缺位,新型社会保障制度的探索。② 社会权利经历了一个鞍状的发展过程。从公民身份学术研究的角度来看,社会权利的这一历史模式提出的一个至关重要的问题在于:在以民事权利为载体的机会平等和以社会权利为载体的地位平等之间,应该如何实现二者的平衡。自由资本主义实践的是把前者置于支配地位的策略,由此带来的问题自不待言,但是,这并不意味着采取相反的策略就没有问题,在接下来一节的论述中将表明这一点。

### 三、福利国家的兴起

19世纪末以前自由资本主义的发展使社会财富在短时间得到充分涌流。但是,由于这种纯粹自由竞争的底板没有用社会权利的油彩加以涂

---

① 19世纪的美国也表现出类似的情形,史珂拉在有关美国当时的选举权和收入权的演讲集中表现了这一点:只有拥有选举权和收入权的人才是公民,否则将沦落为与黑人、印第安人、奴隶、妇女等为非公民为伍,参阅 Judith N. Shklar, *American Citizenship: The Quest for Inclusion*, Harvard University Press, 1998。

② 董克用、郭开军:《中国社会保障制度改革30年》,载《中国国情国力》,2008年第12期。

抹,财富再分配(或者说社会不平等)问题从而变得越加严重。这一点从 1825—1933 年间资本主义经济危机的破坏力累进性提高这一事实中不断得到印证。社会不平等的加剧不仅危及资本主义本身的生存,而且不断催生极端平等倾向的社会主义运动,大有夷平整个资本主义大厦的趋势。在这种背景下,社会权利在与资本主义的较量中获得主动权,以社会平等和社会权利为核心的福利国家主导了政治舞台的话语。在 1945—1975 年的 30 年间,福利国家在西方资本主义世界几乎普遍得到建立。资本主义被看作是问题的渊薮,福利国家则被看作是解决问题的答案。除少数像哈耶克这样顽固坚持保守自由主义立场的知识分子外①,不论是发达福利国家(如英国、瑞典等)的政治精英还是尚待建立这一制度的国家(如美国)的政治精英,政治斗争的焦点都不是福利国家是否合乎需要和功能上必不可少的问题,而是建立福利国家的速度和方式问题。②

实际上,福利国家是众多因素作用下的产物,其中,以下几种因素尤其表现得突出:首先,资本主义本身的原因。资本主义不能没有福利国家——尽管福利国家反过来可能使资本主义受到损害。"发达资本主义国家既需要、但又承受不起国家在福利领域不断增长的干预。"③ 这里的分析将主要集中在"需要"的一面。显然,每一个社会成员都具有不同的市场参与能力,如果没有社会保障的屏障,自由竞争的市场终将走向其反面,形成垄断、阶级分化等反市场的倾向,并加剧政治上的阶级斗争。这从 1929—1933 年的世界经济大危机中已经得到了集中的反映。要使所有社会成员都能积极地参与市场竞争,首先必须保证他们的生存底线,社会权利从而成为资本主义的必要因素。其次,更加直接的原

---

① 参阅 F. A. 哈耶克:《通往奴役之路》,中国社会科学出版社,1998 年。
② Claus Offe, *Contradictions of the Welfare State*, London: Hutchinson, 1984, p. 147.
③ Ian Gough, *The Political Economy of the Welfare State*, London: The Macmillan Press Ltd., 1979, p. 14.

因，战争推动了二战后社会权利的发展。20世纪上半期是一个见证两次世界大战的时期，当青壮年男子都被征召参战之后，国家就必须负担起对他们妻子、子女、老人等的保障。同时，战争产生的大量退伍和伤残军人，也为社会权利的发展提供了理由。最后，尽管安东尼·吉登斯那双锐利的眼睛时刻在提示，不要把公民权利的发展看作是一种"自然演进的过程"，或者"不可逆转的趋势"[1]，但还是有必要指出，社会权利的兴起与其他公民权利之间存在着逻辑上的关联。当公民的政治权利真正得到满足之后，应用政治权利来实现社会权利的要求显然是一种合理的选择，这表现在生产领域中罢工、组建工会、工资谈判等工业公民身份（industrial citizenship）的发展上，这些权利对于社会权利的改善有着至关重要的意义。正是在这些强力因素的推动下，贝弗里奇、凯恩斯等政策制定者们塑造了福利国家的制度构架，而理查德·蒂特莫斯和T. H. 马歇尔等研究者们则开创了反思福利国家的学术研究。

不论对福利国家的支持者还是反对者来说，以简单的笔法勾画福利国家的具象都并非易事。艾斯平-安德森曾将"福利资本主义世界"描绘成"自由—市场类型"、"保守—大陆类型"和"社会—民主类型"三种图景[2]，但这幅图景对于每一个国家来说实际上都更加复杂。然而，不论福利国家的表象如何，后面始终沉淀着一些共同的追求和政治哲学。首先，福利国家旨在改善工人阶级的境遇，使他们摆脱贝弗里奇所说的"五大巨人"，即需要、无知、贫困、失业和疾病[3]，过上一种体面的生活。蒂特莫斯指出，"作为一种逻辑上的结论，'福利国家'最终将

---

[1] Anthony Giddens, *Profiles and Critiques in Social Theory*, Berkeley: University of California Press, 1982, pp. 165–171.

[2] 参阅 Gosta Esping-Andersen, *The Three Worlds of Welfare Capitalism*, Cambridge: Polity Press, 1990.

[3] 参阅 Maurice Roche, *Rethinking Citizenship: Welfare Ideology, and Change in Modern Society*, Cambridge: Polity Press, 1992.

转变成为一个'中产阶级国家'。"① 其次,"行政性再商品化"(administrative recommodification)。古典自由主义的原则尽管曾经使资本主义充满活力,但历史表明,它也使资本主义的存在越来越成为不可能。资本主义的存在以所有社会关系商品化作为前提,但资本主义的发展动力却使商品关系越来越趋于瘫痪。例如,自由竞争所导致的垄断阻碍了自由竞争本身,失业率的持续提高则使越来越大部分的劳动力持续撤出市场竞争。福利国家一方面希望通过全方位的社会保障政策把已经撤出商品关系的劳动者以人为的方式保护起来,使阶级斗争不至尖锐到危及资本主义的存在;另一方面则希望通过劳动培训、政策刺激、公共建设投资等方式修复已经非商品化了的市场,以此重建资本主义国家的存在基础。最后,倒转古典自由主义有关政府与市场的假设,把国家从与资本主义的"消极从属"关系中解放出来,积极干预资本主义经济,以此消除其固有的弊病。

在社会权利方面,福利国家政策体现在健康、就业、劳动、家庭、住房等广泛的领域,旨在为所有社会个体提供一张全面的、通过国家保障的安全网络。伴随着这样一种豪迈的宣言——"伟大的日子终于到来了。你想要国家为个体公民承担更大的责任,你想要得到社会保障。从今往后,你已经拥有它们了"②,社会权利以一种强有力的方式逆转了与社会阶级的关系。前文的论述表明,通过扭曲社会权利所负载的价值和伦理,社会权利在自由资本主义时期实际上发挥着服务于资本主义的功能。但是,现在,社会权利却把自身置于资本主义的对立面,开始以自身的方式改造资本主义。在福利国家的背景下,作为结果平等的财富再分配取代作为机会平等的自然权利而居于主导地位。与此同时,社会权利还产生出新的含义:在自由资本主义的背景下,社会权利的目的仅在

---

① Richard M. Titmuss, *The Philosophy of Welfare*, Allen & Unwin (Publishers) Ltd., 1987, p. 40.

② *Daily Mirror*, 5th July 1948.

于减少社会底层阶级所遭受的明显苦难,并没有触及社会的上层,整个社会依然维持着完整的资本主义结构。但是,福利国家的社会权利却开始改造整个资本主义的社会结构,使之从以不平等为表征的"摩天大楼"转变成以平等为表征的"平房"。社会权利"不再像从前一样只满足于提高作为社会大厦之根基的底层结构,而对上层结构原封不动;它开始重建整个大厦,哪怕这样做可能会以摩天大楼变成平房的结局告终也在所不惜"。①

福利国家堪称社会权利史上的特殊发展阶段,它以国家的力量把社会权利抬到历史的最高点。但是,与自由资本主义时期一样,这也不是没有问题的一种模式。到上世纪 70 年代末,福利国家在经历了短暂的荣光之后,便从"解决问题的答案"变成了"问题本身",而且这种旨在治愈资本主义疾病的方法反过来比疾病本身更加有害。②有关福利国家问题的解析构成了接下来一节的分析内容。

## 四、福利国家的危机

从 1973 年开始,政治光谱中的左右两翼同时对福利国家发起攻击。以新自由主义为代表的右派势力认为,福利国家既抑制了资本投资的动力,又抑制了工人工作的意愿。社会民主主义者则认为,福利国家对于解决工人阶级的问题来说是无效的,它不能从根本上消除工人阶级贫困的根源,同时,它还对工人阶级形成制度上的压制和意识形态上的欺骗。完全抹杀福利国家的成就显然是一种粗糙的做法,它不仅在实践上使社会底层的经济状况得到了巨大的改善,而且在理论上提出了有待进一步思考的问题:当把社会权利与社会阶级的关系从自由资本主义的实

---

① T. H. 马歇尔,《公民身份与社会阶级》,见郭忠华、刘训练主编:《公民身份与社会阶级》,江苏人民出版社,2007 年,第 24 页。

② Claus Offe, *Contradictions of the Welfare State*, London: Hutchinson, 1984, p. 126.

践中倒转过来的时候，社会权利的至上性到底能够走得有多远？从社会权利的角度来说，福利国家与自由资本主义所实践的实际上是同一个问题，只不过是为了彼此相反的目的而已。本节将以克劳斯·奥菲有关福利国家矛盾的分析作为基础，考察福利国家在20世纪七八十年代所遭遇的问题。

### （一）福利国家的危机管理

在奥菲看来，福利国家本质上是一种"危机管理"，福利国家的危机是一种"危机管理的危机"。因此，在具体展开对福利国家危机的分析之前，有必要对"危机"概念稍加说明。在奥菲那里，福利国家的危机管理与我们通常意义上的危机管理并非同义，后者是由自然等偶发原因所引起的，福利国家的危机则是由系统本身的原因所引起，是福利国家运作中的"过程性危机"（processual crisis）。这种危机体现在：系统运作本身"违反系统之'语法'的过程"，"是系统所面临的'抵消性'发展趋势"。① 也就是说，任何社会系统都是通过特定的结构原则组成的，作为一种"抵消性"趋势，过程危机体现在，社会系统的支配性原则（尤其是生产方式）的运作结果与其持续存在的前提条件之间出现冲突，使支配性原则的存在变得"不可能"，而这种不可能对支配性原则的存在来说又是"必要的"，这种情况表明系统已经处于过程危机之中。例如，在马克思有关资本主义"利润率下降趋势的规律"表明，在利润目标的驱动下，资本主义"必须"不断提高资本的有机构成，不断降低可变资本在总资本中的份额，而这又使资本主义的总体利润率不断趋于下降，最终"危及"资本主义本身的生存；其有关"消费不足的原理"则表明，为了不断扩大资本的积累规模，资本家"必须"不断提高对雇佣劳动者的剥削率，从而导致实际供给与有效需求之间出现巨大的鸿

---

① 克劳斯·奥菲：《福利国家的矛盾》，郭忠华等译，吉林人民出版社，2006年，第46页。

沟，使资本主义的剩余价值剥削得不到实现，最终引发资本主义经济危机。

在上述危机概念的基础上，奥菲把资本主义国家分成三个相互独立而又彼此依赖的子系统：经济子系统、政治子系统和社会子系统。一方面，三个子系统之间相互独立，具有各自不同的目标。经济子系统的目标在于不断扩大生产规模、不断提高资本积累和不断增加投资利润；政治子系统的目标在于保持政权稳定、提高政治合法性和促进社会发展；社会子系统的目标则在于满足社会需要、增加社会福利和提高生活质量。另一方面，三个子系统又彼此联系。经济子系统是整个资本主义国家的存在基础，它不仅为政治子系统提供运转所必需的财政资源，而且还是满足社会子系统需要的物质基础。政治子系统不仅对经济子系统进行调节和干预，它还制定满足社会子系统需要的社会政策。从社会子系统一面来看，它为经济子系统提供了运作的人力资源和工作伦理，同时，也为政治子系统提供了必要的合法性支持。①

在奥菲看来，资本主义社会是一种普遍商品化的社会，经济子系统在资本主义国家处于基础性地位。因此，从经济子系统与其他两个子系统之间的关系来看，后者应当从属于前者，并为其功能的发挥积极创造条件，这是三个子系统之间的初始决定关系。奥菲把这种初始关系称为"积极从属"（positive subordination）关系。积极从属体现在：经济子系统决定其他两个子系统的建构方式，后者积极调整自身的内容以适应经济子系统的要求，为交换原则的存在和普遍化积极创造条件。具体体现在：社会子系统的价值取向以积极参与市场竞争为主导，通过市场竞争来谋求个人生存，并以个人在市场中的成就来衡量其价值。政治子系统则通过强制手段把劳动力从前资本主义的土地上解放出来，使他们能为资本主义企业所吸收；政治子系统建立起统一的法律制度、海关制度、

---

① 安东尼·吉登斯：《社会的构成》，李康、李猛译，三联书店，1998年，第60页。

财政制度等,使之适应资本主义社会化生产的要求;同时,国家还积极进行对外扩张,为资本主义企业开拓市场,等等。积极从属的重要之处在于,政治和社会子系统的功能与经济子系统的要求高度契合,为经济子系统的发展创造良好的条件。

积极从属关系主要存在于资本主义的发展早期,随着资本主义经济的发展和资本主义矛盾的展露,子系统之间的积极从属关系也开始发生倒转。奥菲运用马克思对资本主义经济过程的分析来表明经济子系统存在的"自我瘫痪"趋势。马克思对资本主义经济过程的分析表明了它所存在的各种危机倾向。例如,资本积累的规律表明,通过不断提高资本的有机构成,对劳动的需求相应下降,形成资本主义的劳动后备军机制,同时,劳动后备军反过来又进一步成为资本主义积累的杠杆,从而使资本与劳动之间的张力不断拉大。[1] 而资本主义的劳动异化关系则表明,在资本主义社会里,活的劳动只是增殖已经积累起来的劳动的一种手段,在这种社会,"工人创造的商品越多,他就越变成廉价的商品"。[2] 在奥菲看来,马克思对资本主义经济的分析具有极其重要的意义,资本主义经济子系统的确存在着一种不断强化的"自我瘫痪"趋势。表现在,经济子系统的存在依赖于商品关系的普遍化,但普遍商品关系却不断生产和再生产出某些自身无法克服的、累进性的负面结果,如经济危机、垄断、贫富分化等,这些结果不但使经济子系统自身的存在日益成为不可能,而且还使整个资本主义社会的存在成为不可能。"资本的运作系统地、累进性地和不可逆转地生产这样一些社会现象和结构要素,它们与资本主义持续发展的功能不相关,对资本主义的持续发展没有价值。"[3] 以至于到"晚期资本主义社会,调节资本主义积累的交换过程既

---

[1] 《资本论》第 1 卷,人民出版社,2004 年,第 278 页。
[2] 《马克思恩格斯全集》第 42 卷,人民出版社,1979 年,第 90 页。
[3] 克劳斯·奥菲:《福利国家的矛盾》,郭忠华译,吉林人民出版社,2006 年,第 49 页。

占支配地位,又'不断隐退'"。① 经济子系统的"自我瘫痪"不仅危及资本主义经济子系统的存在,而且还危及整个资本主义国家的存在,它使资本与劳动之间的交换关系日益隐退,使整个国家的经济基础日益枯竭,使阶级之间的矛盾日趋尖锐等。总之,这种"自我瘫痪"趋势将导致整个资本主义国家的危机。

经济子系统的"自我瘫痪"趋势带来了日益严重的危机趋势,而这种瘫痪趋势又无法通过经济子系统自身得到克服。正是在这种情况下,福利国家才应运而生。福利国家的出现是三个子系统之间由积极从属向"消极从属"(negative subordination)转变的标志。消极从属突出体现在政治子系统对经济子系统的干预和调节上,政治子系统越来越代替经济子系统成为整个经济生活的组织者。在奥菲看来,政治子系统的管理本质上旨在克服资本主义生产方式的内在危机倾向,这种管理从修复和维持资本主义的交换关系入手,企图从根本上解决资本主义国家的危机根源。福利国家的危机管理政策主要体现在以下方面:一是广泛的再就业政策,即通过各种类型的继续教育、就业培训等政策来促进劳动力交流和改善劳动力的适应能力,使他们在劳动市场上的销售能力得到提高。二是各种类型的财政和政策刺激,如投资补贴、产品开发补贴、地区发展规划等,以促进资本投资,提高资本与劳动力的结合水平。三是各种类型的政策调节,如指导产品的价格、反对不正当竞争、反对行业垄断等,以避免不同资本之间的"破坏性竞争",使竞争各方都能遵循市场规则,保障市场竞争的有序性和公平性。四是名目繁多的公共建设投资,如兴建各类学校、交通设施、能源工厂,它们旨在提高劳动力的就业水平,同时改善资本的投资环境。五是全方位的社会保障政策,如失业救济、医疗保障、伤残保险等,它们旨在给那些无力参与市场竞争的劳动者(如失业人员、伤残人员、疾病患者、老年人等)提供生活保

---

① 克劳斯·奥菲:《福利国家的矛盾》,郭忠华译,吉林人民出版社,2006年,第56页。

障，使他们不致因为衣食无着而反抗整个国家和社会。六是各种形式的合作主义措施，如共同决策、共同管理、共同投资等。它们旨在建立一种劳资双方彼此能够接受的交换条件，使交易结果对双方来说都是能够预测的，从而把劳资冲突控制在一种可预测和可接受的范围之内。

福利国家的管理是一种危机管理，体现在，福利国家的所有政策都旨在干预和调节经济子系统日益严重的自我瘫痪趋势。这种趋势由经济子系统的结构性原则所导致，是资本主义国家危机的根源。奥菲对福利国家危机管理的分析体现了对马克思经济危机理论的继承，他也把经济基础对整个社会的决定作用作为分析前提，从资本主义生产方式的内在矛盾入手分析其危机趋势，把福利国家的政策看作是对资本主义危机趋势的管理。但是，马克思主义经典作家一般把资本主义国家看作是"资本家的国家"、"理想的总资本家"。[1] 但在奥菲看来，福利国家所维护的不仅仅是资产阶级的利益，"相反，在维护资本主义交换关系的基础上，它维护的是所有阶级的普遍利益"。[2] 更为重要的是，在奥菲看来，马克思所分析的仅仅是资本主义国家"第一层次的危机"，即经济危机，他认为，仅有第一层次危机的分析是不够的，在福利国家阶段，"第二次层次的危机"更重要，也与资本主义的当前发展阶段更相关。因此，在分析福利国家危机管理的基础上，奥菲进一步转入对福利国家管理危机的分析。

### （二）危机管理的危机

奥菲认为，在福利国家的条件下，政治子系统已成为整个经济生活和社会生活的组织者，政治子系统越来越取代经济子系统而处于支配地位。但是，福利国家并没有改变资本主义生产方式的性质，政治子系统和社会子系统的存在仍然依赖于经济子系统的资本积累和经济增长。正

---

[1] 《马克思恩格斯选集》第3卷，人民出版社，1995年，第629页。

[2] Claus Offe, *Contradictions of the Welfare State*, London: Hutchinson & Co. (Publishers) Ltd, 1984, p. 123.

是在这种条件下，产生了福利国家必然面临的如何保持子系统之间最佳平衡的问题，这包括三个方面的平衡：第一，政治子系统必须在经济子系统与社会子系统之间保持平衡，使之既能够促进经济子系统的交换关系，解决经济子系统产生的经济失调问题，又能够维持社会大众对福利国家的忠诚，解决由于交换关系隐退而带来的社会冲突，而且一方的解决不能影响到另一方。第二，从政治子系统对经济子系统干预的角度来看，前者必须在"必要的干预"与"危险的干预"之间保持平衡，使之既能给经济子系统以适度的干预以避免其危机倾向，又能避免由于过度干预给它造成功能紊乱的结果。第三，从政治子系统与社会子系统的关系上看，前者必须为后者提供必要的"福利供给"以避免由于失业而带来的社会动荡，但又能避免因为过度的福利供给而造成后者对前者的依赖。三种平衡关系形成了福利国家赖以管理的三种资源：来自经济子系统的财政资源，来自政治子系统自身的行政理性以及来自社会子系统的大众忠诚，或者说合法性资源。如果政治子系统能够同时实现上述三种平衡，福利国家的危机管理资源也就不至于出现匮乏，福利国家的危机管理从而得以维持。

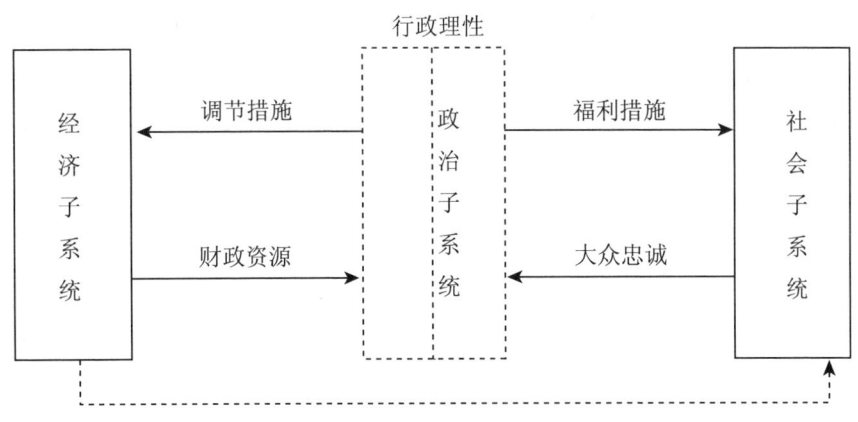

图10.1　福利国家子系统之间的关系与平衡①

---

① 本图引自克劳斯·奥菲：《福利国家的矛盾》，第60页。笔者引用时进行了细微调整。

首先，从财政资源的角度来看，福利国家的危机管理以从经济子系统中获得相应的财政资源为前提，政府通过税收、关税和举债等方式把国民生产总值中的很大部分（通常是不断增大的部分）转入政治子系统，以此作为政府管理的财政资源。在奥菲看来，福利国家尽管旨在维持和恢复交换关系，但福利国家的政府预算和财政政策本身却越来越呈现出危机倾向。随着政治子系统干预和调节措施日益增多，它的开支也相应增大，它从而把越来越大部分的财政资源转移出生产领域，这不仅妨碍了资本主义不断扩大资本积累的内在要求，而且还把日益繁重的税收强加在资本身上。另外，政治子系统外在于经济子系统，它的调节和干预措施也对经济子系统产生了多方面的负面后果。例如，国家基本建设投资很可能是从国际层面和长远角度考虑的，从而与经济增长的局部要求和短期要求不相协调；政府的普遍投资补贴政策不仅容易使补贴变得不可逆转，而且还容易使经济子系统的功能趋于紊乱。由此形成的结果是，政治子系统的干预不仅没有带来普遍商品化和普遍经济增长的结果，而且还形成了财政支出与财政收入之间的悖论。一方面，政治子系统的积极干预政策需要从经济子系统中获得更多的财政资源，另一方面，政治子系统的干预越是全面和深入，经济子系统的发展就越是低迷，政府财政就越是不足。奥菲把经济子系统的调节要求与政治子系统的干预措施看作是毒瘾与毒品的关系，他说道："毒瘾要求越来越大剂量的毒品，同时，减少剂量并最终停止服用毒品也变得越来越关键。"[1]

其次，从行政理性的角度来看，行政理性也是福利国家进行危机管理的必要资源，它体现在政治子系统的理性化行为上。在奥菲看来，政治子系统只有在具备如下五个条件的前提下才有理性可言：第一，要能够相对独立于它的存在环境；第二，必须有合理的内部分工；第三，不同部门之间必须得到有效协调；第四，必须获得充分的信息；第五，必

---

[1] 克劳斯·奥菲：《福利国家的矛盾》，郭忠华译，吉林人民出版社，2006年，第65页

须具有充分的预见能力。① 但是，他认为，随着福利国家政府职能的扩张，所有这些条件都被系统地破坏了。从独立性的角度看，政治子系统为了能够执行其干预政策，它必须得到强大利益集团的支持，一项政策即使是独立地制定的，到了政策实施阶段，这种独立性也就丧失殆尽。政府内部分工的要求则经常被执政党保持权力的策略等事实所破坏，执政党为了保持自身的权力以及在下一次选举中获胜，经常摇摆于选民与主要利益集团之间，根本无法在负责合法性的机构与负责调节的机构之间保持功能平衡。从协调的角度来看，在奥菲看来，随着政府活动范围的扩张，需要协调的问题已成倍地增加了，再加上政治子系统经常摇摆于垄断部门与社会大众之间，因此根本不可能始终以一种理性的方式协调好各个领域和各个部门的政策。最后，由于其他两个子系统存在着难以预料的抵制性策略，政治子系统的信息获取能力和信息可信度也被相应地降低。同时，这种抵制性策略还降低了政府的实际预见能力。作为总体结果，在奥菲看来，随着"行政管理行为的实质性、暂时性和社会性扩张，必然形成行政组织结构的内部非理性化"。②

最后，从合法性资源的角度来看，合法性是福利国家赢得社会认可和接受的能力，合法性资源的获得依赖于政治子系统的期望满足能力和对文化象征的动员能力。在奥菲看来，在福利国家阶段，政治子系统的合法性资源同样极大地降低了。一方面，政治子系统假定了自身具有改善大众生活和满足社会需要的责任。在通常情况下，社会子系统对于福利的期望呈刚性增长的态势，而政治子系统的实际满足能力却要不确定得多。当政治子系统的期望满足能力与社会子系统的福利期望值之间同步增长时，福利国家的合法性通常也就不会受到怀疑。但是，当前者保

---

① Claus Offe, *Contradictions of the Welfare State*, London: Hutchinson & Co. (Publishers) Ltd, 1984, pp. 58–59.
② 克劳斯·奥菲：《福利国家的矛盾》，郭忠华译，吉林人民出版社，2006年，第66页

持恒定或实际下降时,社会子系统的失望感就会被强化,福利国家的合法化水平从而下降。如果考虑到政治子系统对经济子系统的干预造成了资本累积率下降、税收加重以及系统功能紊乱等多方面后果,从而使政治子系统的财政收入变得日益严峻的话,那么,政治子系统的期望满足能力也就不太可能保持刚性增长的态势。另一方面,从规范和象征的角度看,奥菲认为,这方面的资源遭到来自两个方面的破坏:一是在发达资本主义社会,前工业社会的规范和象征已经被侵蚀了,政治子系统求助于它们来获得合法性的可能性已经极大地降低了;二是资本主义社会是一种普遍商品化的社会,规范和象征的效力只有在商品关系的标准面前才能得到衡量,这样不仅使它们的意义变得肤浅,而且还使它们经常为商品化过程所淘汰。因此,作为结果,福利国家进行危机管理的合法性资源也无法得到保障。

由于福利国家进行危机管理所需的财政资源、行政理性和合法性资源得不到保障,奥菲认为,福利国家的危机管理本身变得具有危机倾向了。"危机管理的危机"成为福利国家危机管理的基本特征。经济子系统的"自我瘫痪"造成了整个资本主义国家的危机趋势,这种趋势要求政治子系统从积极从属状态中解放出来,对前者进行积极干预和调节。但是,福利国家的积极干预政策并不是解决资本主义经济危机的"万应灵丹",福利国家自身成为危机的根源。这样,福利国家便处于"危机管理"与"危机管理的危机"的困境之中。奥菲把资本主义的"自我瘫痪"趋势比作"病症",把福利国家的干预政策比作"疗程"。他说道:"尽管福利国家的设计旨在'治愈'资本主义积累所产生的各种'病症',但疾病的性质也迫使病人不能再使用这种'疗程'。"①

---

① Claus Offe, *Contradictions of the Welfare State*, London: Hutchinson & Co. (Publishers) Ltd, 1984, p. 150.

## 五、社会权利的发展趋势

奥菲有关福利国家危机的分析表明了福利国家所面临的问题，但福利国家模式毕竟是二战后特定时代背景下的产物，反映当时社会权利的主导范式。具体地说，构成这一范式的因素主要有：以民族国家作为分析视野；以工业主义作为社会背景，机器大生产是工业主义的主要特征；以传统的家庭模式作为潜在假设（即男性作为养家糊口者，女性则作为家庭的照顾者）；在权利与义务的关系上，把权利置于考量的核心，忽视义务的重要性；主要关注由早期现代性所造成的问题，如贫困、失业、阶级冲突等。[①] 但是，从20世纪70年代开始，主导范式所依凭的这些要素发生了巨大的变化。首先，与民族国家联系在一起的是全球化的发展。全球化不断打破传统政治、经济、文化在同一民族国家内一定程度上齐步成长的格局，尤其在经济领域，民族国家越来越不构成全球经济网络的要点。其次，与工业主义联系在一起的则是后工业主义的发展。曾经作为现代化标志的机器大生产在新的时代背景下越来越显得过时和笨重，以知识和信息交换等作为载体的"无重经济"（weightless economy）越来越成为当代经济的特色。[②] 实际上，随着网络社会的发展，世界本身也越来越表现为"无重世界"，而不仅仅是经济。再次，与家庭联系在一起的则是社会结构的变化，妇女走出家庭而加入到就业市场，这在当今时代已成为普遍的现象。同时，与家庭结构变化联系在一起的还有核心家庭（nuclear family）、同性恋家庭等的兴起。所有这些在结构和伦理上都打破了传统社会权利赖以建立的家庭假设。最后，传统福利国家没有将女性运动、生态运动、和平运动等新社会运动所提出的

---

① Maurice Roche, *Exploring the Sociology of Europe*, London: Sage, 2009, pp. 161–166.
② Danny Quah, "The Weightless Economy in Economic Development", LSE working paper, 1999.

问题纳入政策的视野。但在当今社会背景下,性别问题、气候变化问题、移民问题等显然已成为国家所不可忽视的问题。所有这一切表明,福利国家模式已经不能适应时代变化的要求,变革福利国家已成为大势所趋。

在探索福利制度的改革方面,当代思想家安东尼·吉登斯做出了有益的尝试。上世纪90年代末,他所提出的"第三条道路"理论不仅对英国,而且对整个西方国家的政治发展都产生了举足轻重的影响,福利改革是第三条道路理论的重要组成部分。2007年,他又出版专著《全球时代的欧洲》,专门就欧洲福利制度的绩效展开比较,为福利制度改革提供对策。除此之外,他还出版《新平等主义》等著作。吉登斯有关新平等主义的理念和积极福利的思想,反映了全球化、后民族国家和后工业主义背景下福利制度变革的趋势。

新平等主义以当今社会背景作为出发点,以对"旧平等主义"的反思作为基础,有针对性地提出适应时代变化要求的平等主义主张,这些主要体现在以下五个方面:第一,在公平与效率问题上,旧平等主义主要关注前者,即经济上的保障和再分配;新平等主义则充分重视后者的重要性,认为对于政府来说,生产效率的提高对于收入和财富分配具有持续的影响。第二,在地位平等与机会平等问题上,旧平等主义关注的主要是前者,主张通过消除阶级差别来实现所有社会成员的地位平等;新平等主义则更加关注机会平等,包括代际之间的机会平等。第三,在视野上,旧平等主义主要追求在民族国家的范围内实现社会正义的目标;新平等主义则充分考虑当今全球化的影响,充分重视全球化背景下文化、种族多样性的问题。第四,在权利与责任问题上,旧平等主义倾向于把权利看作是无条件的,忽视责任的重要性;新平等主义则充分重视责任这一端,把权利和责任同时引入福利制度改革中。第五,旧平等主义主要集中在收入再分配或者协议性工资政策上,即二次分配;新平等主义同时还关注财富和生产资料（productive endowment）的初级分配。① 从这种比较可以看出，新平等主义的理念一方面看到了旧平等主义存在的问题，另一方面也充分意识到了当今全球化等社会背景。尽管这种理念在实践中很可能使福利政策变得模棱两可，但其初衷无疑具有非常强的针对性。

秉承新平等主义理念的福利政策是一种"积极福利"的政策，它涵盖了一系列广泛的领域。首先，从"事后补救"的福利转变成"事前预防"的福利。"积极福利的态度应该是干预主义的或抢先的（pre-emptive），而不仅仅是补救性的（remedial）。干预主义指的是在任何可能的情况下，把问题处理在源头上，而不是遵循经典福利国家的方式——弥补风险和事后收拾残局。"② 其次，从对外在风险的应对转变为对人为风险的应对，并充分利用风险的积极面。传统福利针对的主要是外在风险，具有明显的事后性。积极福利政策充分重视人为风险（manufactured risks）在当今社会所具有的影响；同时，积极福利政策不仅着眼于缩小或者保护人们免受风险的影响，而且还鼓励和帮助人们利用风险中所具有的积极而富有活力的一面，主动承担风险。③ 再次，改革公民与国家之间的责任分担机制，实行"无责任即无权利"的原则。也就是说，政府承认自己对于公民的责任，包括对弱者的保护，但同时也强调公民必须承担起相应的责任。最后，将福利政策的重点转移到对教育和培训的投资上来，不仅关注经济方面的利益，同时还重视心理利益的培育，在可能的情况下，尽量投资人力资本领域，而不是直接提供经济资助，建立在积极福利基础上的国家是"社会投资型国家"。另外，

---

① Patrick Diamond and Anthony Giddens, "The New Egalitarianism: Economic Inequality in the UK", in Anthony Giddens & Patrick Diamond, *The New Egalitarianism*, Cambridge: Polity Press, 2005, pp. 106 – 107.

② Anthony Giddens, *Europe in the Global Age*, Cambridge: Polity Press, 2007, p. 100.

③ 安东尼·吉登斯：《第三条道路》，郑戈译，北京大学出版社，2000年，第121页。

积极福利政策还充分重视后现代主义的问题。例如，必须关注后工业社会出现的"后匮乏"（post-scarcity）问题，包括肥胖问题以及由此带来的心脏病、糖尿病等发病率增高的问题，培养人们健康的生活方式。同时，还必须把气候变化问题纳入公共政策的议程，使气候变化政策与其他公共政策融合在一起，形成"政治融合"等。①

新平等主义的理念和积极福利的政策并不是仅停留在纸面上的东西，作为英国新工党的高级智囊和前首相托尼·布莱尔的"精神导师"，吉登斯的许多政策主张都对英国和其他发达国家产生着非常实际的影响。具体到社会权利上来，与自由资本主义和福利国家时期相比较，新平等主义、积极福利等主张表现出明显的融合趋势：一方面，希望保持自由资本主义时期的经济增长活力，使社会权利具有其可靠的物质基础；另一方面，又希望保持福利国家时期的社会正义，使所有社会个体都过上体面而有尊严的生活；同时，还充分重视当代社会变迁所带来的新问题，如全球气候变暖，肥胖症、糖尿病增多等。总体而言，积极福利主张具有明显折中性和前沿色彩。对当今西方福利国家的改革来说，积极主张的确提出了许多有益的见解，如从对权利的强调转向对权利与义务的并重，将福利的重点转移到智力投资等领域上来等。当然，在实践中，这种带有明显折中色彩的政策主张也不可避免地形成模糊不清、让人抓不住重点的感觉。左派人士认为，它声称"中左立场"，实际上是新自由主义，是左派光芒掩盖下"一位不提手提袋的撒切尔夫人"。②右派人士则认为，它实际上是传统社会民主主义政策的继续，没有什么新鲜可言。更有人认为，要想搞清第三条道路的政治哲学，就像"跟一个充气的玩具人摔跤一样，你一把抓住了一角，所有的热气又冲向另一

---

① Anthony Giddens, *The Politics of Climate Change*, Cambridge: Polity Press, 2009, pp. 69-70.
② Alan Ryan, "Britain: Recycling the Third Way", *Dissent* Vol. 46, no. 2 (Spring 1999): 787-80.

角。"① 然而，无论如何，积极福利思想都反映了时代变化背景下社会权利发展的方向。现实已经表明，全球化、后民族国家、后工业主义等浪潮已经冲破了社会权利的传统模式，探讨新的社会权利模式已势在必行。

## 本章小结

本章分析了公民权利中的社会权利部分。相较于民事权利和政治权利，社会权利总体上是公民权利的晚近发展阶段，它对于维持个人稳定而体面的生活具有重要的意义。本章依次分析了社会权利的四个历史发展阶段：威权主义的社会权利、自由资本主义的社会权利、福利国家的社会权利和新平等主义的社会权利。威权主义的社会权利以德国俾斯麦时期体现得最为明显，具有明显的"统治阶级策略"特征。为了消解无产阶级的反抗，同时也为了提高威权政权的合法性，俾斯麦政府曾有意识地抑制民事权利和政治权利而大力发展社会权利，使这一阶段成为社会权利的第一个大发展阶段。在自由资本主义时期，社会权利经历巨大的转型，它不仅不再被看作是公民应得的权利，而且被看作是其丧失公民资格，成为与乞丐、流浪者为伍的标志。为了迎合自由资本主义的发展要求，以英国为代表的自由资本主义政府曾大力削减和改革社会权利，加强民事权利的重要性，形成了以斯品汉兰德制度为标准的社会权利制度。第二次世界大战后，社会权利经历了第三次重要发展，即福利国家的建立。福利国家首先以英国作为发源地，随后扩展到大部分工业化国家。福利国家旨在使人们摆脱贝弗里奇所说的"五大巨人"，即需要、无知、贫困、失业和疾病，使所有社会个体都过上体面而有尊严的生活，这一时期在健康、教育、失业、住房等各个领域全方位提升人们

---

① "Goldilocks Politics", *The Economist*, December 19, 1998. p. 47.

的福利待遇，因而成为社会权利获得巨大发展的一个阶段。但1973年之后，由于福利国家面临的严重财政危机以及社会生产出现的下降趋势，福利国家同时遭遇到来自左与右的攻击。左派攻击福利国家的虚假性，认为它欺骗了工人阶级的意识；右派则认为它降低了资本主义的生产效率、破坏了资本主义的劳动伦理和颠倒了经济与政治的关系等。本章以奥菲关于福利国家危机的论述为中心，反思福利国家所出现的问题。在他看来，福利国家的政府管理本质上是一种危机管理。但是，福利国家的危机管理政策并没有取得理想的效果，由于财政资源、行政理性和合法性资源等的匮乏，福利国家本身越来越表现出危机的倾向。本章最后一节对社会权利的发展趋势进行了展望。福利国家模式的社会权利是二战后特定历史背景下的产物，从20世纪70年代开始，这种模式所依凭的背景已发生巨大的变化，全球化、后民族国家、后工业主义、家庭结构变化、新社会运动等的出现导致变革福利国家势在必行。在这一方面，本章以吉登斯提出"第三条道路"和"新平等主义"为基础，对社会权利从"消极福利"转变为"积极福利"的改革进行了勾画。

# 第十一章　公民身份与中国国家建构

　　前两章分别介绍了公民身份与国家认同和民族主义之间的关系，本章将把视角转向中国，思考公民身份与中国现代国家建构的关联。显然，"公民身份与中国民族国家"是一个庞大的主题，无法在一章的篇幅内分析完毕。与其对这一主题作大而化之的讨论，本章选取公民身份进入中国的方式及其与中国民族国家想象之间的关联作为主题。西方公民、公民身份概念于20世纪初进入中国，当时正值中国国祚处于历史的最低谷时期，公民、公民身份被当时知识分子看作是拯救国家命运和建立现代民族国家的灵丹妙药。通过将citizen、citizenship概念翻译为具有不同含义的"国民"概念，知识分子想象了不同版本的民族国家。中国公民身份的创生方式不仅使其与西方对应概念大异其趣，而且背后还传递出深刻的"翻译现代性"含义。本章共分四节：第一节阐明作为研究方法的"翻译现代性"涵义，以便为接下来的两节奠定方法论基础；第二、三节分别探讨清末和民初知识分子对公民身份概念的翻译方式以及潜含的民族国家想象；第四节则是本章的总结，探讨由国民语义变化所传递出来的不同民族国家版本，同时提练"翻译现代性"的核心思想。

## 一、翻译的现代性

现代性以个人、公民、民族、国家等概念的兴起作为标志。改革开放以来，伴随着中国现代性进程的加速以及由此带来的巨大社会变迁，起源于西方社会的 citizenship 概念再次进入中国学者的视野，成为学术界的重要研究主题。[1] 但迄今为止，围绕这一术语所形成的译名却显得异常复杂，同一个 citizenship 概念被翻译成"公民资格"、"公民身份"、"公民地位"、"公民"、"公民权"、"公民权责"、"公民性"和"公民精神"等术语。面对这种复杂和混乱的情况，有些学者发出警告，认为基本术语是学术研究和理论建构的出发点，如果出发点错了，就很难指望研究的大方向是正确的，不仅如此，甚至还会玷污和破坏本民族的语言。[2] 有些学者探寻译名多元化的原因，并且一直把这种原因追溯到 citizen 概念在近代中国的最初引入。[3] 当然，除此之外，也出现试图解决此类现象的诸种努力，或者主张将其译为"公民权利和义务"[4]，或者主张将其译成"公民资格"[5]，或者采取折中的态度，主张根据不同的语境分别译为"公民资格"、"公民身份"、"公民权利"或者"国籍"等。[6]

---

[1] 之所以说是重新进入中国学术界，主要是在清末民初的"国民"想象中，已经有思想家大量使用了对应于西方 citizenship 概念的若干译法，如"国民"、"公民"、"公民资格"、"国民资格"等概念。台湾学者沈松侨指出："20 世纪初期中国知识阶层……所理解的'国民'，其实兼具着西方政治思想传统中的 citizen（公民）与 citizenship（公民权、公民资格）的意涵"（参阅沈松侨：《国权与民权：晚清的"国民"论述，1895—1911》，台湾中央研究院《历史语言研究所集刊》，第七十三本，第四分册，2002 年）。

[2] 辜正坤：《外来术语翻译与中国学术问题》，载《北京大学学报》，1998 年第 5 期。

[3] 万齐洲：《公民观念的输入及其在近代中国的传播：从 citizen 的汉语对译词谈起》，《湖北大学学报》，2011 年第 6 期。

[4] 车瑜：《对 citizenship 汉译的思考》，载《阿坝师范高等专科学校学报》，2009 年第 2 期。

[5] 宋建丽：《公民资格与正义》，人民出版社，2011 年。

[6] 郭台辉：《citizenship 的内涵检视及其汉语界的表述语境》，载《学海》，2009 年第 3 期。

当然，大部分学者主要还是凭主观意念来使用某种译名，对背后的原因未多加说明。

显然，隐含在 citizenship 翻译后面的，并不仅仅是技术意义上哪种译名最符合该词原意和符合中国读者习惯的问题，而是更普遍问题的反映，即概念在东西方之间进行跨文化诠释和语言文字的跨文化交往究竟如何可能的问题。对于这一问题，已形成各种富有启发的理论。例如，文化普遍主义从各种语言具有相通性的立场出发，认为"所有语言都是由对等的同义词构成的"[1]，其中最典型的是时下盛行的双语词典，它假定，A 语言中的一个词汇一定对等于 B 语言中的一个词汇或者词组，否则，其中某一语言就是有缺陷的。文化相对主义持相反的立场，认为在不同语言之间建立起对等关系，令本来不对等的词对等，仅仅是语言的一种隐喻功能或者幻觉，这种隐喻功能或者幻觉帮助在互不相关的词语之间建立起同一性，从本质上说，这种对等关系是不存在的。[2] 文化旅行理论把概念翻译看作是从某一文化向另一文化创造性借用、挪用以及在国际环境中从此处向彼处运动的过程。[3] 后结构主义和后殖民理论则强调不能把概念的旅行史简化为文本旅行的历史，而是必须强调文本翻译过程中被某种政治或者意识形态有意识地操纵的事实。[4] 跨语际实践理论则强调客方语言中的概念在主方语言的本土环境中被发明和创造出

---

[1] Orge Luis Borges, *Twenty-four Conversations with Borges*, *Including a Selection of Poems: Interviews by Roberto Alifano, 1981-1983*, Housatonic, Mass.: Lascaux Publishers, 1984, p. 51.

[2] Fredrich Nietzsche, *The Complete Works of Friedrich Nietzsche* (Vol. 2), New York: Macmillan, 1911, p. 180; Gayatri Chakravorty Spivak, "Preface", in Jacques Derrida, *Of Grammatology*, Baltimore: Johns Hopkins University Press, 1976, p. xxii.

[3] Edward W. Said, *The Word, the Text, and the Critic*, Cambridge, Mass.: Harvard University Press, 1983, p. 227.

[4] Tejaswini Niranjana, *Siting Translation: History, Post-Structuralism, and the Colonial Context*, Berkeley: University of California Press, 1992, p. 35.

来的方式。①

上述理论尽管为思考 citizenship 翻译的可能性、方式和意涵提供了有益的启示,但本文无意在技术层面探讨汉语语境下应当如何翻译 citizenship 概念的问题,也无意探讨 citizenship 从客方语言传入汉语界的方式,而是从"翻译现代性"的角度思考汉语语境下该概念翻译与中国现代性转型的关系,即认为中国对源自西方的 citizenship 术语的翻译和接受是一个创造性发明的过程,其中隐含着丰富的权力、政治和思想意涵,据此我们可以窥见知识分子对于中国的现代性想象。上述译名中,除开那些随意选择术语来对译 citizenship 的情况外,研究者对于 citizenship 译名的不同选择根源于他们对中国政治发展的不同想象或者预期,这些想象或预期一方面决定了他们对 citizenship 要素的取舍,另一方面还决定了他们对新要素的创造和译名的最终选择。这些取舍和创造过程帮助建立起了某些影响中国现代性发展的话语,或隐或显地参与了中国现代性转型的进程。

从纯粹理论的角度来看,"翻译现代性"以下列假设作为基础:第一,不同语言之间尽管难以建立起完美的对等关系,但出于某种"实际目的",翻译总是可能的。言下之意,任何翻译都不是无目的的活动,翻译哪一术语、选择何种文本、希望达到何种目标等都是有目的的。对于这一点,埃德蒙·里奇指出:"所有的翻译都是困难重重的,而完美的翻译更是天方夜谭。然而,我们也知道,出于**实际的目的**,某种差强人意的翻译总是可能的。不管'原文'多么佶屈聱牙,毕竟不是绝对不可翻译的"。② 利奇的话尽管表明了文化的力量和特殊性,但通过"实际的目的"一语,无意间表明了文本何以可以被翻译的关键:术语之所以被翻译,关键在于译者的实际目的和需要。第二,术语被翻译的关键在

---

① 刘禾:《跨语际实践:文学、民族文化和被译介的现代性》,三联书店,2008年,第36页。
② Edmund R. Leach, "Ourselves and Others", *Times Literary Supplement*, July 6, 1973, p.142.

于揭示某些重要而共同的东西，忽略某些对主方语言而言不同、不适或者相对不重要的东西，同时添加某些对主方语言而言至关重要的东西，以此达到使术语服务于"实际目的"的需要。斯坦纳认为："从事翻译就是要穿透两种语言表面的分歧，把它们之间相似的东西、归根结底是共同的存在根源揭示并发挥出来"。① 斯坦纳尽管没有看到术语翻译后面所隐含的实际目的和创造性一面，但却刻画了翻译过程中主客方语言共通性的一面。第三，新术语的引入为过去与未来架起了桥梁，为对历史做出新的阐释和对政治进行新的想象提供了可能。如果把现代性看作是扭转历史发展的传统路径而创造新的历史发展方向的话（或者说"运用历史来创造历史"）②，那么，这种同时承载了主客方语言某些含义的新术语正是达到这一目标的工具。

从现象学的角度来看，"翻译现代性"既可以体现在"同时"向度上，同一个术语对应着多元译名，不同的译名反映了使用者不同的现代性想象（如前文展示的 citizenship 的各种译名），也可以体现在"历时"向度上，同一种译名对应着术语在客方语言中的不同含义，译名的涵义变化反映了使用者对于本土现代性想象的变化。

接下来，本章将从后一种情况出发，以清末民初"国民"概念的翻译和创造作为分析对象，分析1899—1919年间中国知识分子赋予该概念的不同涵义以及由此折射出来的民族国家想象。之所以选择"国民"而不是直接分析 citizenship 在当前的汉译问题，主要因为：第一，如前所述，citizenship 概念早在清末就已传入中国，当时一如现在的情形，也表现得纷繁复杂。从某种程度上说，当前对于 citizenship 的翻译本身是当时情形的继续。第二，"国民"本身就是 citizen、citizenship 的对译语之一，透过"国民"一词，可以直接理解知识分子对该词的翻译方式以

---

① George Steiner, *After Babel: Aspects of Language and Translation*, London: Oxford University Press, 1973, p.73.

② Anthony Giddens, *The Consequences of Modernity*, Cambridge: Polity Press, 1990, p.50.

及由此折射出来的翻译现代性现象。① 此外，当前 citizenship 翻译所折射出来的翻译现代性现象尚处于展开和发展当中，大部分学者对于其译名的选择显得非常随意，后面所隐含的新的现代性追求还没有充分表现出来，进行完整分析尚需时日。

---

① 之所以说"国民"是 citizen 和 citizenship 的对译语，主要基于以下理由：一是从背景的角度来看，戊戌变法开始，尤其是梁启超逃亡日本之后，中国形成了一股强大的"翻译救国"思想，出现了梁启超、严复、鲁迅、林纾等大批翻译家。在谈到翻译的重要性时，梁启超指出："处今日之天下，必以译书为强国第一义"，"国家欲自强，以多译西书为本"，并认为，日本之所以能短时间成为强国，关键在于"凡西人致用之籍，靡有译本。故其变法灼见本原，一发即中，遂成雄国"（参阅梁启超：《论译书》，《梁启超全集》第1卷，北京出版社，1999年，第45页）。二是从原始文本的角度来看，当时不乏用"国民"来对译西方 citizen 的情形。如"盖聚中材之众以成国民，以言其小己，往往其人虽不足举，而以举则有余；以论其全体，虽不足以当官，而以察治事之官则甚裕"（孟德斯鸠：《孟德斯鸠法意》（上册），严复译，商务印书馆，1981年，第14页）。"故用阛之制，于人无心，若虚舟之运物，而国民人人怀事国之意"（孟德斯鸠：《孟德斯鸠法意》（上册），严复译，商务印书馆，1981年，第15页）。核之原文，"国民"所对译的都是英语 citizen 一词。三是从内容的角度来看，梁启超在1902年前后阐述其"国民"思想时，主要以盎格鲁-萨克逊民族作为参照物，希望造就"可以为一国国民之资格"，并且明确论及从古希腊到近代之"权利"、"公民"、"民主"等理论，从这一角度而言，他不可能是自己"创造"国民概念而不受西方 citizen、citizenship 概念的影响。四是从学术史的角度来看，把梁启超等人阐述的"国民"概念看作是 citizen、citizenship 的对译语，学术界已有广泛的共识，见沈松侨：《国权与民权：晚清的"国民"论述，1895—1911》，台湾中央研究院《历史语言研究所集刊》，第七十三本，第四分册，2002年；刘禾：《跨语际实践：文学、民族文化和被译介的现代性》，三联书店，2008年；周宁：《世界之中国：域外中国形象研究》，南京大学出版社，2007年；Peter Harris, "The Origins of Modern Citizenship in China", *Asia Pacific Viewpoint* 43 (2), 2002；郭台辉：《中日的'国民'语义与国家构建》，《社会学研究》，2011年第4期，等等。当然，梁启超不是直接从英语 citizen 和 citizenship 中进行对译，而是经由日本的中介，属于刘禾所说的"回归书写形式的借贷词"，即国民一词最早源自中国，在历史上被输出到日本，被日本明治学者用来对译西方 citizen 和 citizenship 概念，嗣后又被梁启超等人重新引入中国，并实现国民语义从传统向现代的转换，类似的政治概念还有"自由"、"权利"、"政治"、"革命"、"身份"等（刘禾：《跨语际实践：文学、民族文化和被译介的现代性》，三联书店，2008年，第395—421页）。

在时间上,之所以选择1899年,主要因为,伴随着戊戌变法失败、梁启超流亡日本以及《新民丛报》创立等,中国正式开始了一段揭橥"国民"来挽救国家的历史,而1919年则标志着新文化运动的结束,此后,随着马克思主义的传入、中国共产党的建立以及国民党的改组并实行联俄、联共、扶助农工三大政策,中国开始进入另一个以政党、阶级和主义为主导的国家想象阶段。当然,这20年又大致可分为两个阶段:一是1899—1914年"国家主义"国民的引入和创造阶段,其目标旨在建立具有主权的现代民族国家;二是1914—1919年新文化运动时期"个人主义"国民的引入和创造阶段,其目标旨在建立以功利主义为基础的现代自由主义国家。当然,历史很少给自身以截然的阶段划分,而是充斥着连贯和绵延,因此上述两个阶段的划分也是大致的和相对的,它们只是表明某一阶段的主要特征,并不具有绝对性。对于这两个阶段的分析构成了接下来两节的内容。

## 二、清末的国民语义与民族国家

19世纪末20世纪初的迭迭变故给中国知识分子造成严重的心理冲击。先是甲午战争中中国的惨败和《马关条约》的签署,再是八国联军入侵和《辛丑条约》的签署,再加上期间戊戌变法的失败,使知识分子对于雪耻国恨、维新国家的心理日益从稍显自信的"自强"和"自立"滑向颇显无奈的"自存"底线。当时《东方杂志》编者于盱衡在总结从甲午(1894年)至癸卯(1903年)知识分子的心理变化时指出:"甲午以后,欲雪割地赔款之耻,于时人人言自强;庚子(1900年)以后,欲弭赔款失权之憾,于时人人言自立",及至癸卯,鉴于国权日失、国运日颓的局面,"于时忧时之士,人人言自存"。[①] 词语的细微变化表明

---

① 光绪三十一年,《自存篇》,《东方杂志》第2卷5期,第100页。

了当时知识分子日益强化的焦虑心理和忧患意识。

当时，正值启蒙巨子梁启超由于戊戌政变而被迫流亡日本。一是国内苦心经营的维新力量被摧毁殆尽，救国运动，需另作良图①；二是目染"同文同种"的日本通过"脱亚入欧"和"明治维新"而实现国家更始；三是借助日本所翻译的西方近代政治学著作而习得大量的西学知识，梁启超的思想发生明显的转变，通过迻译西方和近邻日本的"国民"概念来建立中国之"新国家"，一时成为其挽中国之狂澜的基本想法。② 通过其主持的《清议报》《新民丛报》等报刊阐释其理想的国民主张，梁启超的国民思想对清末中国知识界产生了无与伦比的影响。"国民"一词在1903年和1905年的使用达到顶峰，分别达4000次和3500次左右③，以"国民"命名的报纸、期刊、学会、新式学校激剧增多④，以至于1903年章士钊在《苏报》上发文指出："近世有叫号于志士，磅礴于国中之一绝大名词，曰：'国民'"（章士钊，光绪二十九年五月八日）。国民概念的流行还成为当时统治集团所担忧的问题。1907

---

① 张朋园：《梁启超与清季革命》，吉林出版社集团有限责任公司，2007年，第53页。
② 这尤其体现在1902年梁启超流亡日本之后创办《清议报》和《新民丛报》而大力倡行的"国民"（新民）概念上。这种思想陡变正如他自述的那样："自东居以来，广接日本书而读之，若行山阴道上，应接不暇。脑质为之改易，思想言论，与前者若出两人"（梁启超："新大陆游记（节录）"，《饮冰室合集·专集之二十二》，中华书局，1936年，转引自宋志明：《编序》，见梁启超：《新民说》宋志选注，辽宁人民出版社，1994年，第6页）。
③ 金观涛、刘青峰，《观念史研究》，法律出版社，2009年，第84、619页。
④ 根据张玉法等人的统计，清末各种立宪与革命团体中，以国民或公民命名的至少各在9个以上，参阅张玉法：《清末的立宪团体》，中央研究院近代史研究所，1971年，第90—144页；张玉法：《清末的革命团体》，中央研究院近代史研究所，1975年，第657—691页。1900—1918年，明确以"国民"作为创刊宗旨或发刊词的期刊则至少在18种以上，参阅沈松侨：《国权与民权：晚清的"国民"论述，1895—1911》，台湾中央研究院《历史语言研究所集刊》，第七十三本，第四分册，2002年；丁守和：《辛亥革命时期期刊介绍》第1集，人民出版社，1982年，第1页。而1895—1925年间中国新媒体、学校、学会增长情况的统计则可参阅张灏：《中国近代思想史的转型时代》，见《幽暗意识与民主传统》，新星出版社，2006年。

年，清廷宪政考察大臣于式牧在奏章中直言："横议者自谓国民，聚众者辄云团体，数年之中，内政、外交、用人、行政，皆有干预之想"。①"国民"词汇在当时的影响之大可见一斑。

实际上，在梁启超等人迻译和创造性使用"国民"概念之前，"国民"一词早已存在于中国的古汉语词库中。《左传》最早将其连缀成词，而此后的典籍中更是屡见不鲜②，那时的国民涵义主要有两种：一是指外国人，如"国民经营希利，算悉锱铢，亦多情普济之意。崇奉世主耶稣之教，舍身捐财，以招教师，颁文劝世"③；二是分指"国"和"民"，如"而小钱禁令既严，制钱短少更甚，实于国民生计大有关系"。④ 戊戌变法期间，康有为开始用"国民"来指称中国的百姓，他在多封奏折中写道："其鼓荡国民，振厉维新，精神至大，岂止区区科举一事已哉？"⑤；"中国不亡，国民不奴，惟皇上是恃"等。⑥ 但显然，那时的"国民"，不论是指中国人还是外国人，都不具有后来的"公民"（citizen）和"公民身份"（citizenship）⑦意涵，正是在梁启超、严复、

---

① 史和等编：《中国近代报刊名录》，福建人民出版社，1991年，第216—219页。
② 《左传》记载，昭公十三年，叔向对韩宣子问道："……苟慝不作，盗贼伏隐，私欲不违，民无怨心。先神命之，国民信之"。除《清史稿》之外，历朝正史自《史记》至《明史》，将国民联系成词的共有14处。尤其在魏晋南北朝以前，国民一词经常出现，唐宋以后，仅见于《辽史》、《元史》，而且都用来指外夷藩属，而不指中土民人，参阅沈松侨：《国权与民权：晚清的"国民"论述，1895—1911》，载台湾中央研究院：《历史语言研究所集刊》，第七十三本，第四分册，2002年。在19世纪30年代出现的《东西洋考每月编记传》和魏源的《海国图志》中，"国民"一词也屡屡出现，参阅金观涛、刘青峰：《观念史研究》，法律出版社，2009年，第85页。
③ 魏源：《海国图志》第16卷，1843年，第1667页。
④ 吕佺孙：《请改铸钱钱疏》，见《皇清道咸同光奏议》第38卷，1854年，第2050页。
⑤ 康有为：《请开学校折》，见《戊戌变法》第2册，神州国光出版社，1953年，第217页。
⑥ 康有为：《进呈突厥肖弱记序》，见《戊戌变法》第3册，神州国光出版社，1953年，第7页。
⑦ 本文第一部分已经指出，citizenship概念在当前中国的翻译殊为混乱，形成多达十余种译名，但出于后文论述的便利，这里始且暂时将其译为"公民身份"。

邹容、孙中山、章太炎等大批启蒙思想家或者革命者的推动下，"国民"一词才开始获得其现代性含义。

但是，梁启超等人在使"国民"激进化和现代化的过程中，并没有直接对译西方的 citizen 或者 citizenship 概念，而是采取"淬厉其所本有而新之……采补其所本无而新之"① 的办法来鼎新其义。这种方式决定了在他们那里，术语引介和翻译本身就是一个在实用目的指导下的创造过程。具体地说，当时对于国民的引介和创造主要集中在三个方面：一是把国民与国家联系在一起，塑造国民的目的在于建构新的国家。二是把国民与公民身份的诸领域联系在一起，以盎格鲁、日本等国的公民和民族镜像来塑造国民。三是把国民与奴隶联系在一起，通过奴隶的反面镜像来塑造国民。国民的语义尽管与西方现代公民和公民身份的涵义存在关联，但更多是出于当时中国特殊语境下的创造。

首先，"国民"新语义的引入和创造旨在改造中国的传统国民，建立中国的民族国家。大部分论者认为，梁启超的观念在 1903 年左右发生了明显转折，即刚流寓日本时，一度倾心于卢梭的民主学说，崇尚激进和革命；1903 年访美之后，醉心于伯伦知理学说，倾向保守。② 但从把国民培育看作是中国现代国家建立的基础这一点来看，不论是在访美之前还是之后，它们实际上都是相通的，即都把国民看作是中国向现代民族国家转型的关键。也就是说，国民本身不是目的，而是建立新国家的手段。在《新民说》中，梁启超揭示了中国百姓的问题，即他们是"知有天下而不知有国家"、"知有一己而不知有国家"的"部民"。部民内部存在着不同的品流，"其下焉者，惟一身一家之荣瘁是问；其上

---

① 梁启超：《新民说》，辽宁人民出版社，1994 年，第 7 页。
② 高力克：《梁启超的公民民族主义及其困境》，载《政治思想史》，2011 年第 3 期；颜德如：《梁启超对卢梭思想的理解》，载《政治思想史》，2011 年第 3 期；沈松侨：《国权与民权：晚清的"国民"论述，1895—1911》，载台湾中央研究院：《历史语言研究所集刊》，第七十三本，第四分册，2002 年。

焉者,则高谈哲理也乖实用也。其不肖者,且以他族为虎,而自为其伥;其贤者亦仅以尧跖为主,而自其狗也"①。但总体来说,部民"视国事若于己无与焉,虽经国耻历国难,漠然不动其心"②,他们内不能"自布政治",外不能"群策群力,捍城御侮",即使灭国为奴,也只会淡然视之,而不会起而救之。在弱肉强食和优胜劣汰的民族国家时代,"部民"根本无法使中国立足于世界民族国家之林。在梁启超看来,改变这种局面的关键在于化部民而为国民,增强他们的国家观念。国家与国民的关系是,"有国家即有国民,无国家亦无国民,二者实同物异名也"③;"其民强者谓之强国,其民弱者谓之弱国;其民富者谓之富国,其民贫者谓之贫国;其民之有权者谓之有权国,其民无耻者谓之无耻国"。④ 要成为强国、富国、有权国,关键在于培育人们的国家观念,使他们把国家置于至高无上的地位,做到"对于一身而知有国家"、"对于朝廷而知有国家"、"对于外族而知有国家"、"对于世界而知有国家"。只有这样,民才可以足恃,中国才能强大,才能成为富国、成为有权国。

在国运日衰、救亡图存成为根本任务的晚清时期,梁启超那种国家主义的国民观不仅是其个人想法的写照,更是整个社会心理的表达,这种思想自然容易激起当时各家思想的共鸣。1900 年,《清议报》发表署名"伤心人"的文章,指出"国民者与国家本为一物",并进一步指出,国家是由国民的公共意志所组成的:"盖国家者,成于国民之公同心"⑤。1906 年,《云南杂志》的创刊号指出:"夫国民者,富于国家观念,与国家为一体之民也。执是以例中国之民,恐悬千分之一以求,而犹恐不

---

① 梁启超:《新民说》,辽宁人民出版社,1994 年,第 25—26 页。
② 梁启超:《戊戌政变记》,广西师范大学出版社,2010 年,第 179 页。
③ 梁启超,中国之新民(梁启超):《政治学大家伯伦知理之学说》,载《新民丛报》38、39 号合刊(八月十四日),光绪二十九年,第 26—27 页。
④ 梁启超:《新民说》,辽宁人民出版社,1994 年,第 53 页。
⑤ 伤心人:《论中国国民创生于今日》,载《清议报》第 67 册(12 月 22 日),1900 年,第 2 页。

及格也"。① 1905 年出版的《国民必读》教科书更是完全从国家的角度定义国民:"须知国民二字,原是说民人与国家,不能分成两个。国家的名誉,就是民人的名誉;国家的荣辱,就是民人的荣辱;国家的利害,就是民人的利害;国家的存亡,就是民人的存亡",并在此基础上进一步将国家与国民的关系比喻成鱼水和枝干关系:"国家譬若一池,民人就是水中的鱼。水若干了,鱼如何能够独活?国家又譬若一棵树,民人就是树上的枝干。树若枯了枝干如何能够久存?"② 同时,批判的武器也开始演变为武器的批判。1903—1907 年,尽管存在分歧,不论是革命派还是立宪派,"国民"都成为它们张目自身政治主张的工具:革命派把"国民"看作是反对清朝统治和建立现代民主共和国的工具;立宪派则把国民作为建立现代君主立宪国家的政治、精神和道德基础。③

显然,梁启超等近代知识分子在把国民置于国家之下,把国民作为建立现代国家之手段的做法,与西方近代公民或者公民身份概念存在诸多实质性区别。在西方,公民身份指个体在民族国家中的主动或者被动的成员身份,在特定平等水平上享有的普遍性权利和义务。④ 公民是作为国家的对立面出现的,国家负有保障和促进公民权利的义务。但在中国,梁启超等人在进行国民想象的时候,不仅民族国家还无从谈起,而且平等、权利、义务等公民身份要素也不是他们的重点,国家更不是作为国民的对立面出现的。毋宁说,在他们那里,国民的想象仅仅是出于以日本、欧洲民族国家等为蓝本的中国民族国家建构的需要,当然,想

---

① 墨之魂:《地方自治之精神论》,载《云南》第 1 期(八月二十六日),光绪三十二年,第 13 页。
② 陈宝泉、高步瀛编:《国民读本》,南洋官书局,1905 年,第 1—2 页。
③ 巴斯蒂:《中国近代国家观念溯源——关于伯伦知理〈国家论〉的翻译》,载《近代史研究》,1997 年第 4 期。
④ Thomas Janoski, *Citizenship and Civil Society: A Framework of Rights & Obligations in Liberal, Traditional, and Social Democratic Regimes*, Cambridge: Cambridge University Press, 1998, p. 8.

象中的民族国家乌托邦反过来又成为促进国民想象的动力。在西方,公民或者公民身份突出的是个人的权利以及公民与国家的分野,而在梁启超等人那里,个人权利尽管也至关重要,但这种权利更重在把个体从家庭、家族或者天下等共同体中解放出来,使之成为建构中国现代民族国家的手段,使个体成为民族国家的新国民,国民与国家具有高度的同一性,国权高于民权。就像沟口雄三所指出的那样:"集体式的国民、国家的成立,依旧没能够在内部培育以个人的自由平等为原理的、作为制度的民主主义。相反,中国的国民权反而朝向了压制民主主义的方向"。①

其次,在确立"国家主义"国民观的前提下,通过吸纳西方公民、公民身份的含义来改造"国民"的传统含义,实现国民涵义的演化和更新。在《新民说》一书中,梁启超把"新民"的品质阐述为"公德"、"国家思想"、"进取冒险"、"权利思想"、"自由"、"自治"、"进步"、"自尊"、"合群"、"生利分利"、"毅力"、"义务思想"、"尚武"、"私德"、"民气"、"政治能力"等16个方面。尽管其中时时显露出宋明理学的倾向,即援引宋明理学中有关人的内心世界的区分来进行国民的心理塑造②,但其中的大部分要素无疑是在参考西方公民身份要素的基础上形成的,体现了现代公民身份的核心涵义。当时,师法英美以创造新国民的情况不仅局限于梁启超那里,由他所唤起的国民思想对当时的革命派也产生广泛的共鸣。革命派笔下的"国民"外淬西方公民、公民身份之含义,内应明末清初顾炎武、王夫之等人的反满立场。例如,1903年邹容所著的《革命军》,旨在以革命的手段推翻清朝统治,建立"中华共和国",国民教育成为达到这一目标的基本手段。在谈到国民教育时,他把它概括为以下三个方面:一是"当知中国者,中国人之中国

---

① 沟品雄三:《中国的公与私·公私》,郑静译,三联书店,2011年,第189页。
② 王汎森:《从新民到新人:近代思想中的'自我'与"政治"》,见王汎森等:《中国近代思想史的转型时代:张灏院士七秩祝寿论文集》,联经出版事业公司,2007年

也";二是"当知自由平等之大义";三是"当有政治法律之观念"。第三个方面又包括"养成上天下地,惟我独尊,独立不羁之精神","养成冒险进取,赴汤蹈火,乐死不辟之气概","养成相亲相爱,爱群敬己,尽瘁义务之公德","养成个人自治,团体自治,以进人格之人群"四种观念。① 同年出版的陈天华所著的《猛回头》也站在同样的立场上,把"除党见,同心同德","讲公德,有条有纲","重武备,能战能守","务实业,可富可强","兴学堂,教育普及","立演说,思想遍扬","兴女学,培植根本","禁缠足,敝俗矫匡","把洋烟,一点不吃","凡社会,概为改良"等十个方面作为实现与英美并驾齐驱的"妙计"。② 与梁启超、邹容等人相比,陈天华的"兴民权"思想尽管稍逊一筹,但其在"开民智"和"促民力"方面并无二致。较之于前文,中国的国民建构尽管没有采补西方公民身份传统中的公民与国家关系,但却挪用和占有了其权利、平等、自由、自治等核心意涵,实现了传统国民语义的近代新生。

最后,为达到新民之目的,刻画"奴隶"的镜像来反衬国民形象的现代性及其与国家的关联。流亡日本之后,在反思戊戌变法前后中国所经历的种种变故,梁启超得出的结论是:"吾国之大患,由国家视其民为奴隶,积之既久,民之自视,亦如奴隶焉"。③ 中国之所以落后,在于国家视民为奴隶,久而久之,民亦视自己为奴隶,这样就造成奴隶不敢起来干预主人的家事,主人不准奴隶干预自己家事的局面,由此导致的结果是:即使国难再深重,民众对于国事也是消极被动、漠不关心,甚至是麻木不仁。如果说"国民"是中国的强国之本的话,那么,"奴隶"就是中国的积弱之源。"西人以国为君与民共有之国,如父兄子弟,通力合作,以治家事,有一民即有一爱国之人焉。中国则不然,有国者,

---

① 邹容:《革命军》,华夏出版社,2002 年,第 35—40 页。
② 陈天华:《猛回头》,辽宁人民出版社,1994 年,第 22—28 页。
③ 梁启超:《戊戌政变记》,广西师范大学出版社,2010 年,第 179 页。

祗一家之人，其余皆为奴隶也。是故国中虽有数万万人，而实不过此数人也。夫以数人之国与数万万人之国相遇，则安所往而不败也"。① 奴隶的麻木和冷漠甚至被刻画为"不知廉耻为何事，报复为何义，无所不忍，无所不受，刺之不知，激之不动，如小说家所谓铜皮铁骨之人，非中其咽喉，绝不知痛"的"植物人"。② 与具有国家、权利、自治、独立等观念的"国民"相比，"奴隶"从而构成了鲜明的对立面。"何谓国民？曰：天使吾为民而吾能尽其为民者也。何为奴隶？曰：天使吾为民而卒不成其为民者也。故奴隶无权利，而国民有权利；奴隶无责任，而国民有责任；奴隶甘压制，而国民喜自由；奴隶尚尊卑，而国民言平等；奴隶好依傍，而国民尚独立。此奴隶与国民之别也"。③ "奴隶者，与国民相对待，而不耻于人类之贱称。国民者，有自治之才力，有独立之性质，有参政之公权，有自由之幸福，无论所执何业，而皆得完全无缺之人"。④ 民族国家建构的第一要务从而变成了去除民众的奴隶根性，唤醒其国民精神。

在西方，以自由主义传统为核心的现代公民身份是在古典共和主义传统的基础上，由于资本主义的发展，通过公民自下而上争取（如法国）或者国家自上而下（如德国）授予的结果。⑤ 公民身份所针对的一是经济领域的资本主义，二是政治领域的民族国家。企图通过公民身份的平等原则来拉平和弥合以不平等为基础的资本主义"摩天大楼"，企图通过民族国家的国家机构（如法院、议会、教育医疗机构等）来保证

---

① 哀时客：《爱国论》，《清议报》第 7 册（一月二十一日），光绪二十五年，第 1b 页。
② 太平洋客（欧渠甲）：《新广东》，见张枬、王忍之主编：《辛亥革命前十年间时论选集》第一卷，上册，三联书店，1962 年，第 276 页。
③ 张枬、王忍之：《辛亥革命前十年间时论选集》第 2 卷（上册），三联书店，1977 年，第 73 页。
④ 邹容：《革命军》，华夏出版社，2002 年，第 47 页。
⑤ 德里克·希特，:《何谓公民身份》，郭忠华译，吉林出版集团有限责任公司，2007 年，第 1—9 页。

公民权利得到落实。① 因此，个人自由、平等、权利等被置于公民身份的核心地位，政治国家则成为保障和落实公民权利的手段。但在晚清中国，不仅自由竞争的资本主义经济还处于孕育之中，而且民族国家也只是隐藏在当时知识分子心中的美妙图景，而民众的奴隶根性则使之根本无法担当起自下而上争取现代公民地位的主体，公民身份从而变成了知识分子所想象的通往现代民族国家的手段，而不是类似于西方的公民与国家之间的契约关系。出于本国情境的需要，晚清知识分子在进行国民想象的过程中，并没有直接对译西方的公民或者公民身份概念，而是针对当时中国的国情和国民性，翻译和挪用隐含在西方公民身份概念中的某些含义来服务于自己的目的。在跨语际实践的过程中，晚清国家存亡的历史语境涵化了 citizen 和 citizenship 术语在客方语言中的语义。这一涵化过程不仅是一个语义转换和重新滤合的过程，而且是一个新权力关系和意识形态创生的过程，它折射了近代知识分子的现代国家想象。

## 三、民初的国民语义与国家想象

与"国民"一样，"个人主义"也是标示现代性兴起的核心概念，同时也是 20 世纪初进入汉语语境的重要术语之一。通过与"个人主义"关联在一起，"国民"的语义反映了民初知识分子进行现代性想象的另一幅图景。

1900 年前后，"个人"概念开始为中国社会所接受，并且与国民、权利、社会等组成概念网络。在梁启超看来，国民与个人的关系是：

---

① T. H. 马歇尔：《公民身份与社会阶级》，见郭忠华、刘训练编：《公民身份与社会阶级》，江苏人民出版社，2007 年，第 24 页。

"个人之么匿如是，积个人以为国民"①；"个人强个人弱，则国民必随而强弱；个人善良个人腐败，则国民必随而善良腐败也。此个人为因国民为果之说也"②。言下之意，个人是国民的基础，个人的素质决定了国民的素质。据部分学者统计，"个人"在1904年和1906年曾经达到过两个使用高潮。③但在当时，"个人"所表达的意涵尽管相对中性甚至是积极的，但由其引申出来的"个人主义"的价值色彩却相当负面，普遍认为，"不相任睦，各竞其私；公利众事，无人过问。此所谓个人主义，最足以败害大局"④；"个人主义发达之至极，而国家亦随以亡"⑤；"个人主义者，不知有民生主义"⑥；"故幼稚之国民，舍个人主义外更无他物也"⑦等。由此可见，直到民国初年，个人主义所表示的几乎都是自私自利、离散国民、败坏大局、不知民生的意思。国民尽管必须以个人作为基础，但个人主义却是国民培养和国家建构过程中必须坚决避免的一副毒药。这种情况一直持续到1915年新文化运动出现前后，并且形成了个人主义观念与国家主义观念之间的明显矛盾，即一方面，国民建立在个人观念发展的基础上，但另一方面，国民又以国家主义观念作为归宿，国民从而成为个人观念和国家观念的矛盾复合体。

这种情况在1914年开始发生改变。是年，近代翻译家和启蒙思想家杜亚泉接任当时最具影响的刊物《东方杂志》的主编之职，开始对杂

---

① 饮冰室主人（梁启超）：《新大陆游记》，载《新民丛报》临时增刊（2月14日），1904年，第192页。
② 梁启超：《国民心理学与教育之关系》，载《新民丛报》第25号（2月11日），1903年，第2页。
③ 金观涛、刘青峰：《观念史研究》，法律出版社，2009年，第619页。
④ 佩弦生：《论中国救亡当自增内力》，载《清议报》第41册（4月10日），1900年。
⑤ 与之：《论中国现在之党派与将来之政党》，载《新民丛报》第4年第20号（原第92号）（11月30日），1906年。
⑥ 社员：《孟子》，载《云南》第3号（1月12日），1907年。
⑦ 梁启超：《说幼稚》，载《庸言》第1卷第8号（3月16日），1913年，第3页。

志的栏目、内容等进行重大调整，自我、性别、心理等成为重要的讨论主题。同年，杜亚泉还在《东方杂志》上发表《个人之改革》一文，提出以前的改革只是关注社会、政治、教育等宏观制度，没有对自我发展、个性改造等微观层面投以足够的注意力，呼吁新生的共和国注意个人改造问题，由此开启了重新讨论个人主义的序幕。此后，《新青年》取代《东方杂志》成为宣传现代个人主义的大本营。通过胡适、陈独秀、李亦民、鲁迅等新文化运动领袖的宣传，个人主义不仅被正名为一种中性或者积极的价值，而且对于个人主义的认识也进一步深化，形成了复杂的理论支流。①

　　1914 年，胡适提出："西人之个人主义以个人为单位，吾国之个人主义则以家庭为单位……西方个人主义，犹养成一种独立之人格，自助之能力，若吾国'家庭的个人主义'，则私利于外，依赖于内，吾未见其善于彼也。"② 在他看来，个人主义无所谓好坏，只是由于中国是"家庭个人主义"，才造成个人对家庭的过分依赖和独立人格的缺失。1915 年，陈独秀写道："西洋民族，自古迄今，彻头彻尾个人主义之民族也。……举一切伦理道德政治法律，社会之所向往，国家之祈求，拥护个人之自由权利与幸福而已。思想言论之自由，谋个性之发展也。法律之前，个人平等也。个人之自由权利，载诸宪章，国法不得而剥夺之，

---

① 许纪霖认为，当时对于个人主义的讨论，形成了以胡适为代表的"理智型个人主义"、以周作人为代表的"情感型个人主义"和以鲁迅为代表的"意志型个人主义"三大流派（参阅许纪霖：《大我的消解：现代中国个人主义思潮的变迁》，见《现代中国思想的核心观念》，上海人民出版社，2011 年）。对于当时个人主义的发展情况，其他有趣的讨论还可见之于王汎森：《从新民到新人：近代思想中的'自我'与'政治'》，见王汎森：《中国近代思想史的转型时代：张灏院士七秩祝寿论文集》，联经出版事业公司，2007 年；周昌龙：《五四时期知识分子对个人主义的诠释》，见《新思潮与传统：五四思想家史论集》，百花洲文艺出版社，2004 年等。

② 胡适：《我们走那条路》，见《胡适作品集》第 18 册，远流出版事业公司，1986 年，第 225—227 页；金观涛、刘青峰：《观念史研究》，法律出版社，2009 年，第 169 页。

所谓人权是也。人权者,成人以往,自非奴隶,悉享此权,无有差别。此纯粹个人主义之大精神也"。① 言下之意,西方社会所有有关个人权利、自由、平等、法律、人权等,都是纯粹个人主义精神的写照,个人主义从而负载了明显的正面价值。李亦民提出,"曷若顺人性之自然,堂堂正正,以个人主义为前提,以社会之义为利益个人之手段,必明群己之关系可言合群;必明公私之权限,然后可言公益也"。② 他的说法表明了个人主义对于明确群己关系和公私权限的重要性。1916年《东方杂志》发表《个位主义》一文。在文中,家义明确提倡西方启蒙式的个人观,把个人主义看作是解决中国问题的特效药。在他看来,中国积弱的根源在于中国传统文化的笼统性,但现代世界从根本上说是不容许笼统的,现代世界的根本法则是"分"。"今日之世界,何谓文明?曰科学之分科,曰社会之分业,曰个性之解放,曰人格之独立。重界线,重分化,重独立自尊"。③ 个人主义被看作是适应现代社会发展而兴起的一种原则和精神。

与前文所采取的策略一样,这里将不关注这种以"个人主义"为基础的国民观在多大程度上符合西方 citizen 或者 citizenship 的本来含义的问题,实际上,国民、个人主义等术语自进入中土以来,它们的含义从来就没有稳定过。只有将这些概念与中国特定的历史情境联系在一起,我们才有希望定位其内涵,并且发现其与中国民族国家大叙事之间存在的若即若离关系。因此,接下来,我们将结合当时中国的语境,分析民初知识分子是如何操纵"个人主义"这一"西方"话语来建构他们关于中国民族国家的理论的,考察他们所给定的个人主义含义后面所隐含的权力关系、意识形态和国家建构主张。

显然,民初知识分子对于个人主义的语义重构和价值转换并不是无

---

① 陈独秀:《东西民族根本思想之差异》,载《新青年》1915年第1卷第4号(12月15日)。
② 李亦民:《人生唯一之目的》,载《新青年》1915年第1卷第2号(10月15日)。
③ 家义:《个位主义》,载《东方杂志》1916年第2期,第7页。

的放矢的一时冲动，而是扎根于其当时的社会背景。首先，晚清帝国的瓦解和共和政权的建立及其失败，使民初知识分子更加关注国民与国家的关系，并把关注的焦点真正放在前者，企图通过发展个人主义的国民观来实现国家新生。在晚清的国民创造中，梁启超等人的《新民说》产生了广泛的影响。前文业已表明，当时的知识分子普遍把国家置于国民的优先地位。在救亡成为根本任务的清末，这种国民观自然容易为社会所认同和接受，但它同时也造成了国民与国家之间的对立，使国民的个人自由屈从于民族解放的目的。随着民初议会制实践的失败和国家建设的挫折，知识分子对于喧嚣一时的国家主义思潮普遍产生怀疑，他们开始反思国家主义对于个人自由的压制，重新挖掘独立、自由、平等等个人价值，以真正达到救国的目的。正是在这种背景下，个人主义的语义和价值被重新建构，并成为当时知识分子用来对抗国家主义和实现个人发展的工具。家义在把"分"作为现代世界的原则和个人主义的基础的时候，从中引申出来的含义是：国民与国家不再像清末知识分子所认为的那样是一种彼此融合的关系，而是把国民想象成国家的对立面，理想的国家必须为国民的成长创造条件，而不是国民无条件地服从国家的需要。[1] 类似的想法还可以见之于杜亚泉的文章中。1917 年，杜亚泉在《东方杂志》上发表《个人与国家之界说》一文，专门讨论个人与国家的关系。在文中，他尽管承认个人是国家的分子，但在国家与个人之间小心地进行了界分，指出，"个人虽为国家分子，其个人地位依然存在，未尝消感"[2]，并且对个人屈从于国家的观点进行批评。1918 年，梁启超与丁文江、张君劢等 7 人考察欧洲诸国，并于 1920 年出版记录其在欧洲所见所闻的《欧游心影录》。在上篇《大战前后之欧洲》中，梁启超提出，自由放任的个人主义是欧洲破除封建制度以来的基本精神，它使

---

[1] 刘禾：《跨语际实践：文学、民族文化和被译介的现代性》，三联书店，2008 年。
[2] 杜亚泉：《个人与国家之界说》，载《东方杂志》，1917 年第 3 期。

个体的个性得到充分的发挥，并由此促进了政治革新和产业发展。以这一立场作为出发点，在下篇《中国人之自觉》中，梁启超认为，中国若要对世界文明有所贡献，关键是必须在政治上放弃少数人的运动，替之以国民运动，扫除一切束缚个性的事物，使个人的天赋良能得到充分发挥。"国民树立的根本，在发展个性。中庸里头有句话说得最好：'唯天下至诚唯能尽其性'。我们就借来起一个名叫做'尽性主义'。这尽性主义，是要把各人的天赋良能，发挥到十分圆满"。①

但要注意的是，民初知识分子在把"个人主义"改造成正面的价值和强调国家与国民的"分途"的时候，并不意味着他们与清末知识分子从此就分道扬镳了。毋宁说，个人主义的语义重构恰恰是对清末国家建设思想的反思和在新形势下的进一步深化。当时，新生的共和国尽管已经在形式上取代了传统的帝制国家，但国家的本质并没有发生根本性改变，原有的官僚体系和官僚阶层摇身一变成为了新政权的基础，同时，曾经锐意进取的改革者也逐渐被同化进这支打着共和旗号的旧官僚队伍中。这一切都表明，清末知识分子取道"国家主义"的国家建构方略并没有取得成功。究其原因，在当时的许多知识分子看来，在于个人没有获得真正的发展，从而没有培育出真正的国民。例如，陈独秀认为，"真国家者，牺牲个人一部分之权利，以保全体国民之权利。伪国家者，牺牲全体国民之权利，以奉一人也"。②言下之意，必须在国家与国民之间进行重新定位，建立以后者为重心的真国家。杜亚泉则更直言过去数十年的改革与个人发展无多大影响。"……回顾吾侪之自身，则所持之以改革社会者，亦仅此茫无世纪之希望与志愿也。吾侪之身体，则孱弱而不能自强也。吾侪之精神，则委顿而勿能自振也。吾侪之思想，则剽窃而浮泛，吾侪之经验，则凌乱而暧昧"。③正是在这种背景下，促进个

---

① 梁启超：《欧游心影录》，见《梁启超全集》第5册，北京出版社，1999年。
② 陈独秀：《今日之教育方针》，载《新青年》，1915年第1卷第2号（10月15日）。
③ 杜亚泉：《个人与国家之界说》，载《东方杂志》，1917年第3期。

人发展、倡导个人主义成为民初知识分子回应中国现代国家建构问题的另一种策略，即希望通过"个人创造"工程而培育出真正的国民，以此推动中国向现代国家转型。由此观之，民初知识分子与清末知识分子分享着大致相同的政治目标，只不过他们把侧重点放在"个人主义"而非"国家主义"而已。

那么，民初知识分子又是如何创造"个人主义"来服务于其国家建构目标的呢？在这一方面，民初知识分子普遍将个人主义与个性主义和功利主义联系在一起，把个体的人格发展和自利意识的觉醒看作是个人主义的基础。从前一方面来看，前文业已指出，梁启超把"尽性主义"看作是把个体的天赋良能发挥到十分圆满的关键，希望通过充分发展个体的个性来形成新国民。鲁迅心目中的个人主义以尊重"个人特殊之性"和"惟以主观为准则，用律诸物"作为基本点，把"……忿世嫉俗，发为巨震，与对蹠之徒争衡。盖人既独尊，自无礼让，自无调和，意力所如，非达不已"作为个人主义的基本特征①，把"幸福的度日，合理的做人"作为国民的"一件极伟大的要紧的事"②。其弟周作人把个人从道德原罪中解放出来、形成真实的"自我"作为个人主义的本义，认为"人的一切生活本能，都是美的善的，应得完全满足。凡有违反人性不自然的习惯制度，都应该排斥改正"。③ 贴近自然的"生活艺术"则是他满足个人生活本能的途径。在他那里，个人的培育变成了情操的陶冶，个人主义的形成变成了审美人格的形成。胡适认为："东方的文明的最大特色是知足。西洋的近代文明的最大特色是不知足。知足的东方人自安于简陋的生活，故不求物质享受的提高；自安于愚昧，自安于'不识不知'，故不注意真理的发现与技艺器械的发明；自安于现

---

① 鲁迅：《鲁迅全集》第1卷，人民文学出版社，2005年，第81页。
② 鲁迅：《鲁迅全集》第1卷，人民文学出版社，2005年，第145页。
③ 周作人：《人的文学，艺术与生活》，见《周作人全集》第3册，蓝灯文化出版公司，1982年，第565—566页。

成的环境与命运，故不想征服自然，只求乐天安命，不想改革制度，只图安分守己，不想革命，只做顺民。"① 在这种认识的基础上，他把养成心智成熟、追求真理、锐意改革、自强不息的个人作为发展个人主义的目标。总之，审读民初知识分子所勾勒的各种个人主义理论，一幅幅个性鲜明的国民肖像跃然于我们的眼前。

功利主义是民初知识分子发展个人主义的又一大凭借。功利主义尽管在辛亥之前就已传入中国并产生广泛的影响②，但它作为一种人生观为知识分子所普遍接受却大致是1915—1922年之间的事情。③ 除功利主义的名号外，民初知识分子还将其称作"尽性主义"、"快乐主义"、"乐利主义"甚至是"利己主义"等。李亦民认为："人人心中，各怀一最小限度之个人主义。……人类既无为人、为物之天职，舍我而外，更有谁哉……'为我'两字，既为天经地义，无可为讳"。④ 1916年，高一涵在《新青年》上发表文章《乐利主义与人生》，提出乐利主义的两大原则：一是去苦求乐的快乐主义；二是最大多数人最大幸福的功利主义。⑤ 1918年，陈独秀在《新青年》上发表《人生之真义》，认为"执行意志，满足欲望（自食色以至道德的名誉，都是欲望），是个人生存的根本理由，始终是不变的"。⑥ 同一时期，正在湘江之畔研读德国哲学家泡尔生的《伦理学原理》的毛泽东也对个人主义表现出强烈的兴

---

① 胡适：《我们对于西洋近代文明的态度》，见《胡适文存》第3卷，黄山书社，1996年，第10页。
② 例如，1905年，梁启超指出："夫功利主义，在今且蔚成大国，昌之为一学说，学者非惟不羞称，且以为名高矣"（参阅梁启超：《新民说》，辽宁人民出版社，1994年，第187页），反映了功利主义在当时所具有的影响。
③ 余音时：《群己之间：中国现代思想史上的两个循环》,《现代儒学论》，上海人民出版社，1998年；刘禾：《跨语际实践：文学、民族文化和被译介的现代性》，三联书店，2008年，第129页。
④ 李亦民：《人生唯一之目的》，载《新青年》，1915年第1卷第2号（10月15日）。
⑤ 高一涵：《乐利主义与人生》，载《新青年》，1916年第2卷第1号（9月1日）。
⑥ 陈独秀：《人生真义》，载《新青年》，1918年第4卷第2号（2月15日）。

趣。在对该书的长篇批注中，他写道："吾于伦理学有二主张：一曰个人主义，一切之生活活动所以成全个人，一切之道德所以成全个人，表同情于他人，为他人谋幸福，非以为人，乃以为己。……故个人、社会、国家皆个人也，宇宙亦一个人也。故谓世无团体，只有个人，亦无不可"。① 通过在本土情境下发酵和涵化发轫于西方的功利主义，民初知识分子将在中国压抑了数千年的"个人利益"和"个人快乐"原则从传统家庭的、宗法的枷锁中解放了出来，使自我追求和个人幸福得到正名。

不论在西方还是中国，个人主义观念的萌芽都意味着现代性的黎明，但中西方个人主义的意涵却存在着明显的差异。在西方，个人主义所针对的主要是中世纪时期与宗教结合在一起的等级制社会，宗教改革、思想启蒙起着摧毁传统社会结构和转变人们思想的作用，以权利为核心的社会契约观念在西方个人主义形成过程中发挥了至关重要的作用。通过人民主权论、社会契约论和分权制衡论等近代政治理论，社会和国家都被想象为个体同意的产物，社会结合和国家建立的目标在于促进个人发展。这一点在近代许多重要政治文献中都有明确的宣示。例如，《人权宣言》规定："任何政治结合的目的都在于保护人的自然的和不可动摇的权利"②；《美国宪法》把"树立正义，奠定国内治安，筹设公共国防，增进全民之福利，并谋今后使我国人民及后世永享自由生活"作为建国宗旨等。在中国，个人主义的发轫和发展是一个翻译与创造相结合的过程。③ 通过翻译斯宾塞的《社会学》、密尔

---

① 毛泽东：《毛泽东早期文稿》，湖南出版社，1990年，第203，153页；许纪霖：《大我的消解：现代中国个人主义思潮的变迁》，《现代中国思想的核心观念》，上海人民出版社，2011年。

② 苏珊·邓恩：《姊妹革命：美国革命与法国革命启示录》，上海文艺出版社，2003年，第254页。

③ 汉密尔顿、杰伊、麦迪逊：《联邦党人文集》，程逢如等译，商务印书馆，1997年，第452页。

的《论自由》《功利主义》以及卢梭的《社会契约论》等著作,近代知识分子迅速习得西方个人主义精神,但通过与本土文化和民初社会政治现实相结合,西方个人主义的精神又被创造性重构。通过民初知识分子的翻译和创造性重构,隐含在西方个人主义观念中的权利观念、契约观念和分权制衡观念等被大大削弱,中国传统文化的诸多要素渗透进个人主义术语中。例如,许多知识分子关于个人主义的讨论变成了"小我"与"大我"的讨论,并且依循《大学》的"内圣外王"模式来讨论个人发展的途径。① 在以个人主义来充实国民语义的时候,个人主义与传统文化之间形成彼此耗竭式的互动:一方面,通过将个人主义纳入传统文化的深层结构,个人主义敲开了传统文化的坚硬外壳,使个人、权利、利益、享乐等进入私人领域,为社会个体所接受;另一方面,中国文化传统反过来又制约了民初知识分子对西方个人主义的吸收和重构,使他们只能在本土与西方的中间地带进行着跨语际实践。

那么,通过改造和重构个人主义的语义,民初知识分子所心仪的又是一种什么样的国家呢?前文已经指出,晚清国民概念的迻译和创造与国家主义联系在一起,建构国民的原动力来源于民族国家这一群体性目标,个人自由屈从于团体自由。就像当时陈天华所说的那样,"吾侪求总体之自由也,非求个人之自由者也"。② 类似言论在当时可

---

① 如易白沙从"小我"与"大我"的角度来讨论个体与世界的关系,认为"有牺牲个体小我之精神,斯有造化世界大我之气力。……个体之小我亡,而世界之大我存"。陈独秀等人在讨论个人的人生归宿时,则表现出明显的传统"内圣外王"思想[参阅易白沙:《我》,载《新青年》,1916 年第 1 卷第 5 号(1 月 15 日)]。陈独秀指出,"内图个性之发展,外图贡献于群";胡适在谈到个人的伦理时也指出,个人既要有自由的意志,又要"担干系,负责任"(参阅胡适:《胡适文集》第 2 卷,北京大学出版社,1998 年,第 487 页。)。

② 陈天华:《猛回头》,辽宁人民出版社,1994 年,第 48 页。

谓俯拾皆是。① 国家主义方略的失败使民初知识分子转向更加彻底的个人主义，希望通过落实个人自由来建构现代国家。通过倡导个性主义和功利主义，新知识分子总体上更加彻底地切断了与儒家伦理存在的千丝万缕的联系而转向现代自由主义。首先，倒转晚清知识分子关于国家与国民关系的理解，把国家看作是保障国民权利和幸福的工具，而不是把国民看作是"国家的子民"。陈独秀写道，"国家者，保障人民之权利，谋人民之幸福者也。不此之务，其国也存之无所荣，亡之无所惜"。② 其次，尽管新文化运动时期个人主义和功利主义的泛滥的确一定程度上导致了"唯我主义"（egoism）甚至是无政府主义的发展，但许多知识分子还是主张国家和社会的价值正当性，避免陷入无序的"霍布斯状态"。这种心态反映在易白沙等人的言论中，"以先后论，我为先，世界次之，国家为后"，但另一方面，又反复强调，"以轻重言，世界为重，国家次之，我为轻"。③ 最后，在确立个人和国家双重正当性的基础上，把功利主义甚至是利己主义作为实现公共利益的手段或者途径。这一点可以通过知识分子对利己主义与人道主义的关系理解得到说明。"利己心者何？谓一切幸福之取得，以有利于己身为目的者也。自字面观之，似与人道相反。其实不然，人必能利己，而后能利人之道，必以利己主义为其基础。……发达利己之心，实为完成人道主义之根本。人道主义其鹄的，利己主义其经程也"。④ 通过这种方式，民初知识分子给我们呈现了一幅与近代西方自由主义国家大致类似的图景。

---

① 例如，1903 年，《苏报》直陈，"诸君亦知真自由与伪自由之分乎？真自由者，非言语自由，乃实际自由……非个人自由，乃团体自由也"（转引自沈松侨：《国权与民权：晚清的"国民"论述，1895—1911》，载台湾中央研究院：《历史语言研究所集刊》，第七十三本，第四分册，2002 年）。

② 陈独秀：《爱国心与自觉心》，载《甲寅杂志》，1914 年第 1 卷第 4 号（11 月 10 日）。

③ 易白沙：《我》，载《新青年》，1916 年第 1 卷第 5 号（1 月 15 日）。

④ 吴康：《论吾国今日道德之根本问题》，载《新潮》，1919 年第 1 卷第 2 期（2 月 1 日）。

## 四、翻译的现代性与民族国家想象

不论对哪个民族来说，国民、国家主义、个人主义等观念的兴起都意味着现代性的开端，只不过与西方早发民族国家不同的是，中国是在后者要遏制中国人民形成这些观念和变中国为其殖民地的过程中，在参照自己对手的基础上通过翻译和创造而形成的，具有明显的外源性特征。中国的特点形成了清末民初知识分子的双重任务：一是对外如何摆脱西方民族国家的压迫和奴役，建构中国自己的民族国家；二是对内如何改造中国的传统文化，实现中国传统文化和国民性的现代性转型。为实现这双重目标，清末民初的知识分子普遍选择了从自己对手那里寻找灵感和启发，采取师法西方与本土创造相结合的策略。外来术语的引入是贯彻这一策略的重要体现，它们扮演着对抗外来控制和摆脱本土历史羁绊的武器。正如萨义德的文化旅行理论所表明的那样，观念和理论从一种文化向另一种文化转移和翻译的过程特别值得重视，在19世纪早期东方观念被输入欧洲社会或者同一时期欧洲观念被输入东方社会的过程中，都涉及一个不同于源点的改造和体制化过程。① 投照到"国民"概念上，"国民"概念既是翻译现代性展开和发展的表现，也是一个创造关于自身历史新知识的过程。

先从后者说起，其一，"国民"语义的变迁表明了近代中国知识分子对于自身民族国家的想象，体现在他们设想的两种国家建构方略上。第一种是晚清部分知识分子所设想的"国家主义"方略。在思想史上，国家主义是一个含义复杂的概念，存在霍布斯式的国家主义、巴枯宁式的国家主义、俾斯麦式的国家主义等诸多类型，这里仅把其看作"国家

---

① 爱德华·萨义德：《世界·文本·批评家》，李自修译，三联书店，2000年，第400—401页。

至上性"和"以国家为终极依归"的理论导向。对于当时的知识分子来说,晚清政府的懦弱无能、西方列强的弱肉强食和近邻日本通过"脱亚入欧"所取得的斐然成就,这些有着强烈对比的现象同时撞击着他们的心灵,现代国家建构成为他们思考中国现代性问题的核心,西方民族国家则成为他们解决中国现代性问题的标准答案。"国民"概念使知识分子在中西方民族国家的想象和借鉴问题上架起了桥梁,它的引入标志着他们开始决裂传统国家和师法西方民族国家。通过在国民与国家之间建立强固的关联,把国民看作是建构民族国家的工具;通过部分引入西方 citizen、citizenship 概念的含义,并将想象的国民置于"奴隶"的对立面来摆脱个体的奴隶特性,晚清知识分子选择了一条通过培育人们的现代国家观念来建立中国民族国家的道路。民族国家而非个人是"国民"翻译和创造的目的,"国民"概念的翻译带有明显的"救国主义"特征,或者说是应"救国主义"的迫切要求产生的。[①] 辛亥革命推翻了清王朝的统治,建立了中华民国,但民国初年议会制失败、袁世凯篡权、军阀混战等乱象的出现,意味着中国现代国家建构并不成功,现代国家建构需要另觅他途。在这种情况下,在反思"国家主义"方略的基础上,民初知识分子设想了一条新的、以"个人主义"为基础的国家建设道路。个人主义方略立足于个体的个性发展和个人幸福,强调个人与国家的分途,把后者看作是促进个人发展的工具,主张通过功利主义甚至是利己主义的途径来实现公共利益。

从比较的角度来看,如果说清末知识分子所追求的是"国家至上"的现代主权国家的话,民初知识分子所追求的则更是"个人至上"的现代自由主义国家。前者受伯伦知理等人学说的影响,后者则深受密尔、

---

[①] 狭间直树主编:《梁启超·明治日本·西方:日本京都大学人文科学研究所共同研究报告》,社会科学文献出版社,2001年,第154页。

边沁等人学说的影响。① 从公私领域划分的角度来看,清末"国民"概念给私人领域(家族内部或原有的社会关系)带来的冲击相对有限,国民概念重在解决公共领域中现代国家建构的问题。个人主义的正当化则给传统私人领域造成更加严重的破坏,个人、权利、幸福、个性等观念进入传统为儒家伦理所把持的家族和私人领域,宗法观念、家族本位观念等受到检视和批判,甚至出现"欲转善因,是在以个人本位主义,易家族本位主义"的结论。② 当然,两条国家建设道路看似差异迥然,其实,两者的连贯性也同样明显。那就是,它们都是围绕中国现代国家建构这一总体目标展开的,只不过侧重点不同而已。同时,只有当国家主义方略遭遇挫折的时候,个人主义方略才会出现。个人主义表达了民初知识分子真正诉诸"国民"来建设现代国家的愿望,因此在某种程度上可以被看作是清末国家建构方略的深化和彻底化。只不过,真实的历史并未按民初知识分子所设定的路径前行,十月革命的炮声改变了他们的设想。1920 年之后,随着马克思主义的传入,"集体主义"思维开始明显抬头,个人主义不仅在使用频率上明显减少,而且重新负载负面的价值。③ 此后,以集体主义为基础的意识形态化的国民观逐渐取代民初知

---

① 许纪霖:《大我的消解:现代中国个人主义思潮的变迁》,见《现代中国思想的核心观念》,上海人民出版社,2011 年。
② 陈独秀:《东西民族根本思想之差异》,载《新青年》第 1 卷第 4 号(12 月 15 日),1915 年。
③ 这种价值转换明显体现在陈独秀身上。即使到 1920 年,他都还为个人主义积极辩护,提出"我以为戕贼中国人公共心的不是个人主义,中国人底个人权利和社会公益,都做了家庭底牺牲品"(参阅陈独秀:《新文化运动是什么》,《新青年》第 7 卷第 5 号(4 月 1 日),1920 年)。一年之后,其态度发生完全转变,认为"中国人简直是一盘散沙,一堆废物,人人怀着狭隘的个人主义,完全没有公共心,坏的更是贪贿卖国,盗公肥私"(参阅陈独秀:[《卑之无甚高论》,载《新青年》,1921 年第 9 卷第 3 号(7 月 1 日)]。这种价值转换表明知识分子群体从对自由主义的推崇开始转向对集体主义的信奉。

识分子建构的以个人主义为基础的国民观。①

其二,"国民"概念翻译和创造过程中折射出来的"翻译现代性"现象。尽管从严复开始,"信、雅、达"就被看作是翻译的基本标准,但这主要是对"文本"翻译而言。"概念"作为进行抽象思维和语言交流的工具,翻译的"自由裁量空间"相对要大得多。不论是清末还是民初的知识分子,都没有直接对译西方 citizen 或 citizenship 概念,而是根据自身语境的需要,有针对性地选择它们的某些含义来对译它们,由此形成的"国民"概念内应中国传统文化和现实国情的需要,外接西方公民文化和国家建构的经验。"国民"概念的形成表明,当时的知识分子并不是在两个对等词之间进行翻译,而是处于主方语言和客方语言的中间地带,创造着对等关系的喻说。②它所折射出来的翻译方式使我们能够走出文化普遍主义或者文化相对主义的对立视角,以一种新的视角来审视术语的翻译方式。

更为重要的是,"国民"概念的翻译和创造过程还是一个政治性的过程,它参与了中国现代民族国家理论的构造。"国民"概念后面所折射的现代民族国家想象不仅重构了中国传统的国家与社会之间的权力分配模式,而且改造了后者的传统心理认知模式,使之从对家庭、家族和地方的认同转移到对作为政治制度的国家认同层面上来,有助于解决民族国家建构中的认同危机。同时,"国民"的跨语际实践还表明,它可以随着历史语境的变迁而不断创造新的政治喻说。在"国将不国"的晚清,"国家主义"成为"国民"语义的核心,主权国家成为"国民"的归宿。当晚清成为历史陈迹,新生的共和国跬步难行之时,"个人主义"成为国民语义的核心,自由主义国家成为"国民"的寄托。同样的"国民"概念,在不同的历史语境下,表达了当时知识分子对于中国民族国

---

① Harris, Peter, "The Origins of Modern Citizenship in China", *Asia Pacific Viewpoint* 43 (2), 2002.
② 刘禾:《跨语际实践:文学、民族文化和被译介的现代性》,三联书店,2008 年。

家的不同想象。由此可见，概念翻译是政治话语建构的一种手段，"国民"概念的翻译帮助建立起一种新的政治话语。这种话语不仅描述或者改造旧的社会实体和社会关系，而且还构成新的社会实体和社会关系，使国家与社会关系在这种话语中嬗变。"国民"概念所折射出来的翻译现代性使我们可以突破改革、抗争、革命、战争等国家建构的宏观视角，从微观概念史的视角来理解一个国家的现代性转型。

清末民初"国民"概念的翻译和讨论尽管早已成为历史的陈迹，但通过翻译西方 citizen 和 citizenship 概念来构建中国现代国家的努力却并未就此结束。时下，在经历了"文革"期间高亢的"人民"专政之声后，citizenship 的语义重又进入知识分子的视野，并且根据各自所处的情境、立场和关怀把它翻译成"公民身份"、"公民权"、"公民精神"等含义迥异的术语。透过前文有关"国民"概念的翻译和创造的分析，或许可以使我们明白，术语翻译绝不是只在两个对等词之间进行相互转译的简单现象，而是一个具有丰富政治意涵的想象和创造过程，其中折射着知识分子对于中国现代国家建构的理解。从这一角度而言，断言 citizenship 在汉语界的翻译参与和见证了中国现代国家建构的百年历程，或许并不为过。

## 本章小结

本章从公民身份的角度分析了近代中国知识分子对于民族国家的想像问题。随着中国在鸦片战争之后一步步地沦为西方列强的殖民地、半殖民地，"救亡"和"启蒙"成为萦绕在当时知识分子心中挥之难去的两大主题。戊戌变法之后，随着器物救国和制度救国尝试的先后失败，以梁启超为代表的知识分子开始思考引进西方公民、公民概念来改造中国的国民性，通过国民性改造来达到建立现代国家的目的。本章首先建立起"翻译现代性"的分析视角，认为知识分子对于源自西方概念的翻译并不是一个从文本到文本的翻译过程，而是一个"创造性"的过程：选择何种术语、赋予其何种涵义、希望通过新术语来达到何种目标等，后面都隐含着翻译者深刻的政治考量。翻译的现代性意味着：术语翻译后面隐含着深刻的现代性考虑。以此为基础，本文分别考察了清末和民初知识分子翻译citizen、citizenship的方式，分析作为其对译术语之"国民"的不同语义以及这些语义所呈现的民族国家想像。第二节和第三节的分析表明，以梁启超为代表清末知识分子从"国家主义"的角度翻译了citizen、citizenship概念，术语翻译后面的直接目标在于建立中国的现代民族国家，或者说国权高于民权。但作为结果，国家主义的翻译策略并没有能改变当时中国社会的现状和殖民地、半殖民地国家的现实。作为反思清末翻译策略的结果，民初知识分子从"个人主义"的角度改造了"国民"的语义，把个性发展看作是国民的首要语义，希望通过社会个体的充分发展来建立中国的现代民族国家，民权高于国权。本章的分析表明，citizen、citizenship在其最初进入中国时，便承载了两种不同的国民语义，表征了两种不同版本的民族国家想象，反映出明显的"翻译现代性"现象。

# 四
# 公民身份的发展展望

# 第十二章  当代公民身份的走向

马歇尔的公民身份理论尽管仍然是捍卫民族国家公民身份的理论凭借,但 20 世纪中后期以来,随着全球化的发展和新社会运动的兴起,公民身份的组成要素和层级结构已发生明显的改变。一方面,通过对高度现代性社会的反思和反叛,以女性主义运动、生态运动、多元文化运动等作为表现形式的新社会运动为公民身份的概念家族增添了新的成员,其中尤其以性公民身份、环境公民身份、文化公民身份、商业公民身份、科技公民身份等作为代表。另一方面,全球化的发展则很大程度上改变了民族国家的传统政治空间,导致公民身份在层级结构上发生相应的变化。作为本书的结束,本章的目的在于阐明过去几十年当代公民身份所发生的变化和表现出来的变化趋势。本章共分为三节,第一节说明公民身份的涵义变化;第二节阐明公民身份的层级变化;第三节在前两节的基础上说明当代多元公民身份的发展走向。

## 一、公民身份的涵义变化

第二章把公民身份看作是个体在政治共同体中拥有的正式成员资格,以及与这一资格联系在一起的权利、义务、认同、参与等。以民族国家作为公民身份的暗指对象,把公民身份在民事、政治、社会和劳动领域拥有的权利作为主要内容,这是马歇尔范式的基本特征。马歇尔有关公民身份的表述代表了传统公民身份的基本范式。但马歇尔的表述毕竟发生在上世纪中期（具体地说是1949年），表明的毕竟是对18世纪以来国家公民身份的概括。在过去半个多世纪的时间里，伴随着全球经济、社会、技术等的日新月异，公民身份的内涵也出现根本性变革，以前从未纳入到公民身份言说范围的主题，现在堂而皇之地成为公民身份的表述内容，并因此形成形形色色的公民身份概念。有鉴于斯，本节将就各种涵义各异的公民身份概念进行归类，将其划分为性别或性、环境、文化和科技等四大主题，探讨公民身份在当代发生的涵义变化。

性公民身份、亲密关系公民身份、女性公民身份和同性恋者公民身份等是20世纪晚期公民身份概念体系的新成员，它们是一些范围不等、追求也不完全一致的公民身份取向，但总体代表了以性为基础的公民身份要求。实际上，直到最近以前，诸如此类的概念一直被当作是一个矛盾的措词而很难跻身于公民身份的话语舞台，因为就一般理解而言，身体、性、亲密关系、同性恋行为等完全是属于"私人领域"的事情，与作为"公共领域"话语体现的公民身份格格不入。在公民身份的历史实践中，妇女出于很少拥有履行公民身份所要求的合法不动产的法律障碍，或者出于被看作本质是感性的，缺乏公民身份所要求的深思熟虑的能力的心理假设，或者出于女性与男性的身体差异等原因，她们长期被排斥在公民身份的范围之外。同性恋者则比妇女更加边缘化，在世界的大部分时候和大多数地方，同性恋者没有基本的法律权利，甚至会被定罪，更毋谈拥有性取向方面的平等公民身份。[1]

20世纪中晚期兴起的女性主义运动、同性恋者运动构成了新社会运动的重要组成部分，同时也对马歇尔意义上的公民身份带来了挑战或者补充。尽管女性公民身份、同性恋者公民身份的产生时间不一，追求取向也不完全一致，但作为一种公民身份追求，两者都建立在性的基础之

---

[1] Engin F. Isin and Patricia Wood, *Citizenship and Identity*, London: Sage, 1999.

上。妇女公民身份运动大致经历了两大明显的发展阶段：一是20世纪60年代以前的旨在取得与男性平等的公民权利和政治权利的阶段；二是把目光转向与女性本身相关的议题，旨在取得更大社会和经济权利的阶段。与之相适应，女性公民身份也存在着两种不同的观点：一是对抗传统公共领域与私人领域的划分，坚持女性与男性在各个领域的平等，男性也应当分担家务，女性应当与男性一样自由地从事公共生活；二是承认女性在心理和生理方面的差异，调整公民身份的内容使之包容女性的特质。① 总体来说，性公民身份理论建立在"性权利"的基础之上，这种权利体现在有关性的身份认同、行为实践和公共关系等领域，主张无论是男性还是女性、同性恋者还是异性恋者，都可以平等地要求这种权利。②

20世纪中后期日益严重的环境危机，如全球气候变暖、水资源缺乏、核泄漏等问题，不仅对政府治理提出了挑战，而且还催生了声势浩大的生态运动，并在此基础上提出了生态公民身份（ecological citizenship）或者说环境公民身份的主张。在当今西方国家，环境公民身份已成为重要的政策目标和研究主题。其中，尤其以多布森（Andrew Dobson）的《公民身份与环境》（*Citizenship and the Environment*）表现得典型。环境公民身份以对第三章所阐述的公民自由主义传统和公民共和主义传统的检视作为理论基础。自由主义传统关注公民个体对于环境所拥有的权利，共和主义传统则注重公民对可持续发展所拥有的责任。环境公民身份主张，对于一个旨在永续发展的社会来说，公民个体的环境责任和义务比权利更加重要，环境公民身份不单纯是要使公民享受对环境的权利，更多是要使公民懂得如何抑制自己的生理性欲求以保持生态环

---

① Ruth Lister, "Citizenship: Towards a Feminist Synthesis", *Feminist Review*, (1997) 57: 28 – 48.

② Ruth Lister, "Sexual Citizenship", in Engin F. Isin & Bryan Turner, *Handbook of Citizenship Studies*, London: Sage, 2002.

境的可持续性发展。共和主义传统和自由主义传统都强调公共领域与私人领域的划分，认为公民身份涉及的仅仅是公共领域的活动，但在多布森和贝尔看来，环境公民身份必须打破这种对立，因为不论是公共领域还是私人领域的活动都可以对环境产生重要的影响，私人领域也是培育绿色美德（green virtue）和绿色公民身份（green citizenship）的重要场域。① 环境公民身份强调立足于公民个体所处的地方社区，从对地方环境的关注中培育普世性环境伦理，同时重视教育在促进环境公民身份中的重要性，培养学习者在不同环境中的理性决策能力。20 世纪 90 年代以来，部分女性主义者在吸纳环境公民身份主张的基础上，进一步调整自身的公民身份主张，提出了"生态女性主义公民身份"（eco-feminist citizenship）的主张。根据这一主张，公民身份理论必须在民主政治的架构下，既重视性别平等，又重视环境的可持续发展。②

同时，马歇尔虽然确认了与司法体系、议会和福利国家相对应的公民身份三维体，但是，他忽视了公民身份的文化维度，这也招来了众多批判者的声音。③ 以自由主义传统作为主导范式的现代公民身份假定，公民身份是民族国家赋予公民个体在政治共同体中的法定成员资格，通过这种资格，个体拥有相应的权利和义务。这是一种普遍主义的假设，但忽视了两方面的问题：一是公民文化认同的需要，它有时甚至比政治权利、经济权利或者社会权利更加重要。二是教育不平等问题，公民个

---

① Andrew Dobson & Derek Bell, *Environmental Citizenship*, Cambridge, MA: MIT Press, 2006, pp. 6 - 7.
② Katherine Pettus, "Ecofeminist Citizenship", *Hypatia*, Vol. 12, No. 4, pp. 132 - 155; Sherylim MacGregor, "From Care to Citizenship: Calling Eco-feminist Back to Politics", *Ethics and the Environment*, 9/1: 56 - 84, 1997.
③ Bryan Turner, "Outline of a General Theory of Cultural Citizenship", In Nick Stevenson (ed.), *Culture and Citizenship*, London: Sage, 2001, pp. 11 - 32; Maurice Roche, "Citizenship, Popular and Europe", in Nick Stevenson (ed.), *Culture and Citizenship*, London: Sage, 2001, pp. 74 - 98.

体要能够真正履行公民身份的权利和义务,那就必须具有相应的文化水平和行动能力,这些能力是教育的结果,但在民族国家内部,公民所受到的教育实际上是不平等的。同样,民族国家大多以多民族或者多族群为基础,在这种条件下,"自由主义民族国家关于权利和成员身份的普遍主义观点,与族群多样性和多身份认同之间存在着各种各样的紧张关系。"[1] 最后,20 世纪中后期国际移民浪潮所引发的文化认同问题。跨国移民浪潮使各国政府越来越被置于移民团体对于维护自身文化认同的压力之下;对于经受文化多样性冲击的移民来说,自我定位、文化认同等问题也越来越成为自我建构的核心问题。[2] 正是在这样的背景下,20世纪80年代晚期,文化公民身份应运而生,并且成为公民身份的主流话语之一。[3]

文化公民身份最早产生于美国,以对那些权利没有受到国家保障或者文化受到主流文化歧视的社会群体的研究作为开端。雷纳托·罗萨尔多(Renato Rosaldo)对美国拉丁裔族群争取文化公民权运动的研究通常被看作是文化公民身份的开端。当时,文化公民身份的内容主要体现在一系列社会诉求、实践和计划上,以帮助拉丁裔族群在美国获得独立的社会和政治空间,建立起拉丁裔族群的共识,从而实现经济和社会发展。[4] 相对于性公民身份、环境公民身份等新兴范畴,文化公民身份更加强调公民"文化"权利的扩张,认为这才是公民身份的"质"的发展。文化公民身份的理念集中体现在:作为共同体的成员,公民在享有民主和参与等公民身份权利的同时,还必须享有维持差异的权利(the

---

[1] Christian Joppke, "Multicultural Citizenship", in Engin F. Isin & Bryan Turner (ed.), *Handbook of Citizenship Studies*, London: Sage, 2002, p. 245.

[2] Samuel Huntington, *Who Are We?* London: Free Press, 2005.

[3] Rina Benmayor, *Narrating Cultural Citizenship: Oral Histories of the First Generation College Students of Mexican Origin*, Working Paper, 2003.

[4] William Flores & Rina Benmayo, *Latino Cultural Citizenship: Claiming Identity, Space, and Rights*, Boston, Massachusetts: Beacon Press, 1997, pp. 1 – 23

right to be different），这种权利的落实与文化领域高度相关。文化公民身份者坚信，文化是促进公民身份权利的重要场域，文化充权（cultural empower）将能使公民更富有创造性和效率，也使之更能够成功地融入国家文化的范畴。① 上世纪 90 年代末，文化公民身份的研究出现不同的取向。与早期对弱势群体的偏重相比，黄爱华（Aihwa Ong）直接转向了公民与国家在文化场域中的互动，探讨两者如何在互动中既定位了文化公民身份，又形成了公民的文化自我和国家的文化特色。② 威尔·金里卡（Will Kymlicka）则在多元文化团体（特别是种族和族群）的角度提出了文化公民身份的问题，将公民身份与种族、族群等概念联系在一起，希望在民主政体的前提下有效地处理文化多样性的问题，实现"多元文化公民身份"（multi-cultural citizenship）。从此以后，文化公民身份的研究开始走向广延和深化。③

20 世纪晚期，公民身份要素的扩展还体现在商业、科技等领域，形成"企业公民身份"（corporate business）、商业公民身份（business citizenship）和科技公民身份（technological citizenship）等较有影响的概念。在伍德和罗格斯敦（Wood & Logsdon）看来，企业公民身份主要局限于地方共同体，指企业在地方共同体中承担的功能和角色，尤其是志愿和慈善功能，企业组织的身份反映了共同体的文化特色。④ 与此相对，商

---

① Bryan Turner, "Outline of a General Theory of *Cultural Citizenship*", in Nick Stevenson (ed.), *Culture and Citizenship*, London: Sage, 2001, p. 112.

② Aiwha Ong, "Cultural Citizenship as Subject Making: Immigrants Negotiate Racial and Cultural Boundaries in the United States", in Rodolfo D. Torres, Louis F. Miron & Jonathan Xavier Inda (ed.), *Race, Identity and Citizenship: A Reader*, Oxford: Blackwell, 1999, p. 264.

③ Will Kymlicka, "Introduction: Citizenship in Cultural Diverse Society: Issues, Contexts and Concept", in Will Kymlicka, Wayne Newman (ed.), *Citizenship in Diverse Societies*. Oxford: Oxford University Press, 2000.

④ Jeanne Logsdon & Donna Wood, "Business Citizenship: From Domestic to Global Level of Analysis", *Business Ethics Quarterly*, Vol. 12 (2002), No. 2: 155 – 187.

业公民身份的主体则不仅仅局限于地方共同体中，而且还是全球商业领域的行动者，它强调商业组织在国家/文化边界的内部或者外部对个人和社会所拥有的权利和承担的义务。科技公民身份主要集中于科技领域，它强调公民在科技共同体中享有的权利和义务，旨在使一般公民更好地参与到科技政策的决策中，增加公民在这个日益复杂的科技共同体中的自主性和责任意识。① 可以想见，随着社会复杂性进一步增加，公民身份也将进一步超越马歇尔范式而延伸至新的领域，为公民身份的概念家族增添新的成员。

## 二、公民身份的层级变化

20世纪晚期，全球化这一引人注目的发展潮流改变了马歇尔所想象的公民身份与民族国家齐步成长的格局，全球化在挑战民族国家主权的同时，还提升了地方自治的诉求，促进了超国家组织的发展。全球化把民族国家的单一空间模式转化成为地方化、民族国家和全球组织同步发展的"三维空间模式"②。反映在公民身份的层级结构上，它使传统以民族国家作为政治边界的公民身份演化成为以民族国家公民身份为核心，亚国家和超国家公民身份同步发展的格局。20世纪晚期以来，"多元公民身份"（multi-citizenship）的论述尽管已成为公民身份领域的重要研究主题，但遗憾的是，大部分学者都将分析的眼光放在了前一节所论述过的公民身份的要素变化上③，希特真正将目光转向层级结构变化的分析

---

① Philip Frankenfeld, "Technological Citizenship: A Normative Framework for Risk Studies", *Science, Technology, & Human Values*, Vol. 17, No. 4: 459 – 484, 1992.

② 安东尼·吉登斯：《全球时代的民族国家》，载《中山大学学报》，郭忠华、何莉君译，2008年第1期。

③ Will Kymlicka, *Multicultural Citizenship*, Oxford: Oxford University Press, 1995; Keith Faulks, *Citizensip*, London: Routledge, 2000.

方面，曾进行过"个人—州—国家—欧盟"的划分①。这种划分尽管具有启示意义，但实际上只是一种粗线条的勾画，很少有普遍性可言。本节在希特的基础上进一步普遍化和细化，把公民身份划分为亚国家、国家和超国家三大层级。其中，亚国家层级再细化为城市（自治市）公民身份（municipal citizenship）和联邦单位公民身份（state citizenship）②，超国家层级则进一步细化为地区公民身份（regional citizenship）和世界公民身份（world citizenship）。它们反映了全球化所带来的政治空间结构变化。

实际上，在全球化唤醒地方自治的要求进而产生城市公民身份的诉求以前，在古希腊城邦国家、中世纪德国和意大利的城市国家，以及中世纪英德两国的特许城市和自由城市，城市公民身份已经具有长久的历史和广泛的实践。从语源学的角度考察，公民与市民之间存在着千丝万缕的联系，英语中的 citizen、法语中的 citoyen、意大利语中的 cittadino，以及德语中的 bürger，都同时兼有"公民"和"市民"的涵义。③ 在中世纪，威尼斯、热那亚、米兰等城市具有自己的法律和法庭，城市的运作依赖于公民的参与。在 19 世纪，城市甚至被看作是公民身份的摇篮。托克维尔在论述新英格兰的城镇（township）时说道，正是在这种地方，公民"学会了如何治理社会……并最终积累起清晰的、实用的有关其职责性质和权利范围的知识"④。密尔在其《代议制政府》一书的第 15 章"论地方代议组织"中也表明了类似的见解。在维多利亚时代的英国，工业化城市的发展和地方政府改革为城市公民身份的发展提供了良好的

---

① Derek Heater, *What is Citizenship*? London: Polity Press, 1999.
② 按照惯例，一般用小写的 state citizenship 表示联邦成员单位的公民身份，汉语界有时译为"州公民身份"，用大写的 State Citizenship 表示国家公民身份。
③ Derek Heater, *What is Citizenship*? London: Polity Press, 1999, p. 133.
④ Alexis D. Tocqueville (ed. J. P. Mayer and M. Lerner), *Democracy in America*, London: Collins, 1968.

契机。1868 年，英国制定了《城市公民权法案》(the Municipal Franchise Act)。伯明翰、利兹等城市为城市公民身份的发展提供了典型的范例。在那一时期，城市公民身份的特质主要体现在对城市公共事务的奉献、对城市认同的发展和城市自豪感的兴盛上。

现代社会的发展一度使公民与城市之间的关系变得异化。城市的都市化发展弱化了公民在其中所体验到的归属感，城市政治越来越远离了公民触手可及的范围，城市人口流动的加速则破坏了公民与城市政治之间的关系。[1] 但是，随着全球时代的来临以及由此导致的地方自治的发展，城市公民身份观念再度得到复兴，并且越来越成为公民身份的发展方向之一。在罗伯特·达格（Robert Dagger）看来，城市是公民美德的孵化器，只有在改革和调整当今城市的基础上，才能产生地方自治所要求的公民美德。他认为，要达到这一目标，一是要重新调整城市的人口分布，使之形成规模更小、更加独立的城市单元，从而减少城市人口的流动性，形成较为稳定的公民共同体；二是调整城市的区域分布，做到城市政治下移，使之更加接近公民的日常生活。达格的观点尽管具有某种理想主义的色彩，但却反映了地方自治对于城市公民身份的要求。安德烈·卡恩斯（an Kearns）论述了积极公民身份（active citizenship）与城市治理之间的关系。[2] 在他看来，民族国家已无力对瞬息万变的全球化力量做出有效的反应，地方自治已经势在必行，城市在地方自治中扮演着关键的角色，但要形成真正有效的城市治理，关键取决于以参与、责任、认同等为基础的积极公民身份的发展。总之，各种迹象表明，在经历了短暂衰落之后，城市公民身份重又兴起，并且越来越成为多元公民身份体系中的新的层级。

---

[1] Robert Dagger, "Metropolis, Memory, and Citizenship", *American Journal of Political Science*, Vol. 25 (1981), No. 4: 715 – 738.

[2] Ade Kearns, "Active Citizenship and Urban Governance", *Transactions of the Institute of British Geographers* (New Series), Vol. 17 (1991), No. 1: 20 – 34.

在当代，亚国家层次公民身份的更成熟实践体现在联邦成员单位的公民身份上。联邦制国家通常由州（如美国）、邦（如印度）、省（加拿大）、加盟共和国（如苏联）等成员单位所组成，生活在这些国家的公民通常拥有双重公民身份：一是联邦公民身份，二是成员单位的公民身份。与城市公民身份的历史相比，联邦成员单位的公民身份相对晚近。第一个创造这种公民身份的国家是美国。① 对于联邦成员单位公民身份所能带来的好处，麦迪逊认为，在联邦体制中，人们能够更自然地归属于他们的州政府，更能够清楚而详细地了解州政府的事务，更会与州政府成员建立起个人相识和友谊的联系。② 托克维尔指出："每一个州的中央政府都与被统治者非常接近，并持续被告知后者的需要，第一年都有新的计划出台……并且被刊登在报纸上，在公民中激起普遍的兴趣和渴望。"③ 此间传达出来的信息表明，与更高层级的联邦公民身份相比，公民的认同感、政治知识、参与能力和政治美德等，可以主要在这一层级上得到培养。在不同的联邦制国家，成员单位的公民身份来源各有差异。在美国，联邦公民身份和成员单位公民身份或多或少是随着法定居住地而自动获得的。美国宪法第十四条修正案规定："凡出生或归化于合众国并受合众国司法管辖之人，即为合众国及其所居住州之公民。"瑞士的情况或多或少相反，在那里，联邦公民身份来源于公民所拥有的州（conton）身份，而后者的获得又以公民的居住条件作为前提。④ 但在加拿大和印度，两国的宪法都没有专门对省或者邦公民身

---

① Derek Heater, *What is Citizenship*? London: Polity Press, 1999, p. 123.
② 汉密尔顿、杰伊、麦迪逊：《联邦党人文集》，程逢如、在汉、舒逊译，商务印书馆，1997年，第241页。
③ Alexis D. Tocqueville (ed. J. P. Mayer and M. Lerner), *Democracy in America*, London: Collins, 1968.
④ Christopher Hughes, "Cantonalism: Federation and Confederacy in the Golden Epoch of Switzerland", in Michael Burgess & Alain Gagnon (ed.), *Comparative Federalism and Federation: Competing Traditions and Future Directions*, Toronto: University of Toronto Press, 1993, p. 160.

份的获得做出专门的规定。在双重公民身份的关系问题上，一般认为，前者的目标主要在于维护国家的统一和外交上的便利，后者的目标则相对复杂，或者出于保护成员单位独特的历史或者文化的需要，或者出于促进社会和文化多元性的需要，或者出于界定联邦与成员单位之间权力划分的需要，或者出于使公民更加有效地行使公民权利和培养公民德性的目的等。① 在当今时代，联邦成员单位公民身份不仅是民族国家公民身份的重要补充，而且也构成了多元公民身份体系中的重要层级。

国家层级的公民身份是指以民族国家作为潜在对话主体的公民身份。在这一层次上，公民身份通常表现为国籍。在以民族国家作为主流政治范式的今天，国家公民身份是多元公民身份体系中的最重要层级。但这一发展结果只有到 18 世纪，随着自由主义传统越来越占据了公民身份叙事的话语权之后才逐渐形成。本已开始的数章已一再表明，国家公民身份的内涵体现在：公民身份是个体在国家中所拥有的成员资格，以及与这一资格相携出场的权利与义务关系。② 从国家成员资格的角度来看，公民身份具有双重特征：一方面，它以民族、文化或者居住条件等作为原则，对同一民族、文化或者地域共同体的成员保持开放；另一方面，它又对进入共同体的外人（比如移民）保持封闭，公民身份实际上是"保持社会封闭的有力工具"③。从权利与义务的角度来看，公民身份实质上是个人与国家之间的互惠关系。也就是说，在民族国家内部，一方面，个人享有受到国家保护的各种权利，如民事权利、政治权利、社会权利等，实际上，不论是启蒙运动以来的公民权利还是新社会运动

---

① Peter Schuck, "Citizenship in Federal Systems", *The American Journal of Comparative Law*, Vol. 48 (2000), No. 2: 195 – 226.
② 拉尔夫·达仁多夫：《现代社会冲突》，林荣远译，中国社会科学出版社，2004 年，第 46 页。
③ Rogers Brubaker, *Citizenship and Nationhood in France and Germany*, Cambridge: Cambridge University Press, 1992, p. 23.

所提出的各种新型权利诉求,都以民族国家的政治架构作为出发点。另一方面,个体又必须承担起各种对于国家的义务,如忠诚、纳税、服兵役等。国家公民身份的最典型刻画或许可以《大不列颠百科全书》的描述作为代表,它指出:"公民身份指个人同国家之间的关系,这种关系是,个人应对国家保持忠诚,并因而享有受国家保护的权利。公民身份意味着伴随有责任的自由身份。一国公民所具有的某些权利、义务和责任是不赋予或只部分赋予居住在该国境内的外国人和其他非公民的。一般来说,完全的政治权利,包括选举权和担任公职权,是根据公民身份获得的。公民身份通常应负的责任有忠诚、纳税和服兵役。"①

地区公民身份(regional citizenship)是适应全球化所带来的地区性组织的发展而出现的一种公民身份。全球化带来了民族国家的联合和地区性组织的发展。其中,欧盟是所有地区性组织中发展得最为完善的一个,欧洲公民身份也为地区公民身份的发展树立了榜样。欧盟创立的初衷在于建立一个"使欧洲公民能够参与到创建一个生气勃勃的共同体,使技术专家治理下的欧洲转变成为人民治理下的欧洲"②。1979年,欧洲议会开始由公民从国家划分的欧洲选区(European constituencies)中直接选出。为了提升个体的欧洲认同感,欧盟还发行了自己的护照、设计了自己的盟旗、采纳了自己的盟歌,并实施了统一的欧洲公民身份。与民族国家的公民身份一样,欧洲公民身份也被赋予了某些重要的权利。例如,欧盟公民享有在成员国领土内自由迁徙和居住的权利;居住在成员国的非该国公民,可以与该国公民一样享有同等的选举权和被选举权;欧盟公民拥有向欧洲议会请愿以及向欧洲监察使提出申请的权利等。欧盟公民身份为成员国公民提供了更大的认同空

---

① 《不列颠百科全书》第4卷,中国大百科全书出版社,1999年,第236页。
② Robins, B. & Robins, L. (ed.), *Two Decades of British Politics*, Manchester: Manchester University Press, 1992, p. 297.

间，它尽管目前还存在着各种各样的问题，但却使公民身份超越了把民族国家作为唯一参照系的传统做法，从而对公民身份与民族国家之间的固定关联形成了挑战。① 在由于民族国家的合作和融合而导致地区性组织蓬勃发展的今天，欧洲公民身份为其他地区性组织的发展指明了方向。

尽管当今世界仍然是一个由民族国家所主导的世界，世界政府还很难看到它的曙光，但无论如何，世界公民身份的观念和实践还是足以使之成为一个层级的公民身份。与其他层级的公民身份相比，这一层级更加具有道德和伦理的色彩。在实践中，世界公民身份尽管不像国家公民身份那样普遍、清晰和有力，但它的历史却与公民身份的历史同样久远。早在公元前4世纪，世界公民身份的观念就已经出现，犬儒主义哲学家第欧根尼（Diogenes）以"世界公民"自居。古罗马皇帝马可·奥勒留（Aurelinus, M.）在鞍马劳顿之余，仍不忘从世界公民的角度思考德性的生活。世界公民身份在其产生之初，主要用来批判城邦中公民美德的衰退，而其现代的形式则既用来批判民族国家所带来的各种问题，也用来指一种普遍的人类共同体理想。在当代，世界公民身份的倡导者力图复活古代斯多葛主义的理念，认为个人应该将自己理解为同时从属于两个共同体：一是特定的国家，二是整个人类。作为一名良好的世界公民，他必须"把国际社会的福祉放在对自身国家利益的无尽追求的优先地位……把秩序的持存放在满足最低限度的国家利益的优先地位"②。世界公民身份的目的在于：在一个分化为各个独立的主权国家（这些国家强烈地倾向于将自身的利益置于人类整体的福利之上）的世界上，保

---

① Catherine W. Wenden, "Post-Amsterdam Migration Policy and European Citizenship", *European Journal of Migration and Law*, Vol. 1 (1999), no. 1: 89 – 101.

② Nicholas Wheeler & Tim Dunne, "Good International Citizenship: a Third Way for British Foreign Policy", *International Affairs*, Vol. 74 (1998), no. 4: 847 – 870.

留一种普遍的道德意识和普世的认同情感。① 第二次世界大战不分青红皂白地屠杀普通平民的行为激活了世界公民身份的第一种关怀：主权国家对非国民应该抱有更加同情的态度，必须按照公共性的原则处理其对外关系，国家应该受到平等地适用于所有人的道德原则的约束，强化人类普世共同体的意识。全球生态危机则催生了世界公民身份的第二种关怀：全球环境公民身份，即必须培育公民对其他社会、对这个作为整体的星球的高度责任感。全球贫困者的苦难以及对于人权受害者的冷漠也成为激活公民身份的重要因素：人权是一种普世性的权利，必须得到国际共同体的保护，个人对普遍道德法则的遵从优先于对国家服从的义务。② 从某种程度来说，在这个民族国家为了民族和国家的利益而不惜牺牲他者利益的世界里，世界公民身份成为一种制衡民族国家的重要道德力量。

### 三、多元公民身份的发展趋势

通过前面两节的论述可以看出，公民身份的涵义延展和结构拉伸已远远超越了马歇尔所设定的涵义和界限，当代公民身份呈现出明显复杂化的趋势。的确，面对不再简单明了的公民身份，不少研究者开始感到疑惑和无所适从，以至于有学者断言，全球化已经使公民身份概念在某些方面显得多余和过时，公民身份概念正处于变化和发展的过程中，我们还没有形成能够表达全球成员资格观念的概念工具③；也有学者指出，公民身份压根就是一个"谜"，我们不可能对它做出

---

① Andrew Linklater, "World Citizenship", in Engin F. Isin & Bryan Turner (ed.), *Handbook of Citizenship Studies*, London: Sage, 2002.
② Derek Heater, *What is Citizenship*? London: Polity Press, 1999.
③ Bryan Turner, "Outline of a Theory of Citizenship", *Sociology*, 24 (2): 189 – 214, 1990.

清晰的归纳。① 在本书看来，当代公民身份无疑已变得复杂和难解，但是，自古希腊以来，公民身份也历经变迁，最终才发展成为今天的形态，相对于古典公民身份而言，民族国家公民身份也异常复杂，它只是在马歇尔的有力综合之下才变得清晰和简洁的。因此，今天的情况或许更意味着一种新的转型的开始，它要求我们建立新的分析框架以涵容公民身份的当代变化。正如希特所言，公民身份的当代复杂性"要求我们不能忽视这一主题，而是去理解它所存在的复杂性和张力，并积极寻找解决之道"。② 从某种意义上说，当前批判者就其困境和危机所做的评判，或许更应被看作是检视公民身份所具有的非凡弹性是否已经走到了它的极限，被看作是寻求解决公民身份困境的一部分。基于这种立场，本节所要探讨的问题是：我们应该如何来理论化公民身份的当代变化？

如果说第二章有关公民身份概念涵义的阐述和第四章对曼、特纳等人相关观点的综述表明的是国家公民身份的情形的话，现在提出的问题是，面对女性、环境、性、文化等如此多样化的公民身份概念，我们如何才能再把它们纳入统一的分析的框架。对这一问题的探究实际上也就是在多元公民身份的背景下重新归纳公民身份本质的尝试。第二章在阐述公民身份概念涵义的时候，我已把公民身份的基本涵义归纳为地位（国籍）、权利、义务、美德、行动等五个方面，而把20世纪中后期以来出现的诸多新公民身份概念看作是新社会运动在性别、性、环境、文化、科技、家庭等领域对公民身份概念涵义的拓展。这里仍将秉承这一观点，只是在这一基础上做进一步提升。准此，我把公民身份的涵义划分为三个基本方面：地位、情感和行动。其中"地位"既涉及由于个体在国家中的正式成员资格而形成的"基本"的权

---

① Ronald Beiner (ed.), *Theorizing Citizenship*, Albany, NY: State University of New York Press, 1995.

② Derek Heater, *What is Citizenship*? London: Polity Press, 1999, p. 159.

利和义务，我把它们概括为马歇尔意义上的权利和义务，又涉及由于新社会运动而带来的"扩展性"权利和义务，如性别、环境、文化等领域的权利和义务。"情感"也涉及两个层次：一是对国家和多元群体的认同，也就是说，当代政治认同不仅体现在对国家的认同上，而且还体现在对其他政治共同体和不同属性社会议题（如性别、环境、文化等）的认同上；二是作为更高层次的公民美德，如诚信、互助、公正、无私等，这种美德不论对何种类型的政治共同体都同样适用。行动表明的则是公民身份的再生产或者创新层次，它既体现在对参与知识的习得上，也体现在参与行为的实施等方面。其中，公民行动的实施又可以进一步划分为制度性的公民参与（如参加投票、服兵役、纳税等）和非制度性的公民抗命行为（如示威、公民不服从等）上。制度性的公民参与是既有公民身份制度再生产的核心环节，而非制度性的公民参与则是公民身份制度创新的核心环节。总体而言，公民身份行动是使公民身份得到实现的必要步骤。①

回到第三章所阐述的公民身份理论传统上来，把当代公民身份的核心涵义概括为地位、情感和行动等三个方面，既容纳了公民自由主义的要素（如地位、权利、义务等），又容纳了公民共和主义的追求（主要体现在公民情感、尤其是公民美德的追求上），同时还针对了20世纪中后期以来新公民身份的现实追求（体现在对扩展性权利和义务、对多元化政治共同体的认同以及对公民行动的强调等方面）。事实证明，当代纷繁的公民身份概念并没有终结公民身份的历史使命，公民身份仍然具有其核心所指。但当前复杂的公民身份概念也迫使我们对公民身份的传统分析框架做出调整，使之既能够接纳新兴的概念成员而又不失去其概念的本质。基于上述分析，我可以把当代公民身份的分析框架勾划为下图模式。

---

① Rajesh Tandon, "Participation, Citizenship and Democracy: reflections on 25 year's of PRIA", *Community Development Journal*, Vol. 43 (2008), No. 3: 284 - 296.

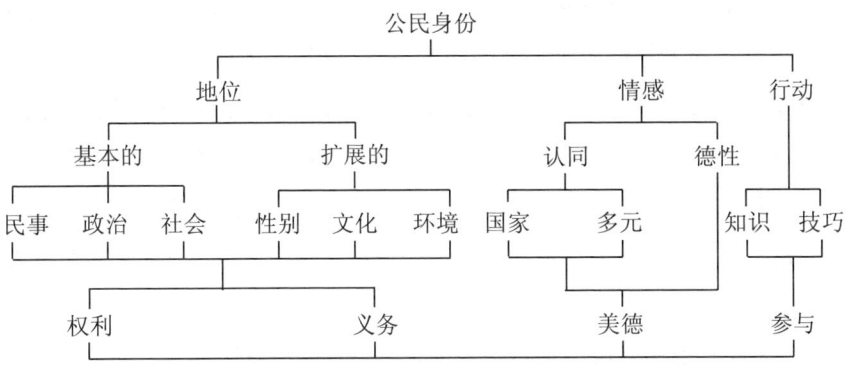

图 12.1　多元公民身份的涵义框架

如果说图 12.1 表明的仅仅是公民身份涵义的当代变化，或者说仅仅着眼于从涵义变化的角度来重建公民身份分析框架的话，必须注意到的是，当代公民身份的变化不仅仅体现在涵义上，而且还体现在第二节所说的层级上。由于全球化和地方化的发展，除民族国家公民身份之外，亚国家和超国家公民身份也成为当今公民身份概念家族的重要成员。那么，面对公民身份概念在层级上的杂多趋势，我们又当如何来将它们纳入统一的分析框架以便对当代公民身份形成实质性理解？针对这一问题，我想要提出的是，当代公民身份分析必须超越民族国家这个单一的视界，只有秉持多元公民身份的立场才能对其形成实质性理解。英国社会学家莫里斯·罗奇（Maurice Roche）也说过，"在当今世界，全球化，特别是全球资本主义经济体系的确立已成为如此强大的一种长期动态趋势，因此，再仅仅以民族国家和从民族国家层次来分析公民身份，已经远远不够了。"① 当今学术界尽管不乏终结的话语，民族国家终结是其中的重要成分，但当今世界显然是一个比以往任何时候都更加纯粹的民族国家时代，断言民族国家已经终结为时尚早。如果是这样的

---

① Maurice Roche, "Studies Social Citizenship: Grounds of Social Change", in Engin F. Isin & Bryan Turner, Handbook of Citizenship Studies, London: Sage, 2002, p. 74.

话，民族国家公民身份就仍然是我们这个时代最重要的层级。但肯定这一点并不就意味着对其他层级的视而不见。20世纪中后期以来与民族国家同时发展的还有另外两个空间向度，那就是全球化和地方化的发展，与这两个空间相携出场的是次国家和超国家层级的公民身份。因此，从总体来看，当历史前进到20世纪末叶，公民身份已形成由亚国家、国家、超国家三个层级所构成的公民身份体系，其中亚国家还可以进一步划分为城市公民身份和联邦国家组成单位的公民身份，而超国家公民身份则可以进一步划分为地区公民身份和世界公民身份。总体而言，每一层级的公民身份各有侧重，它们结合在一起构成了当代公民身份的层级结构。

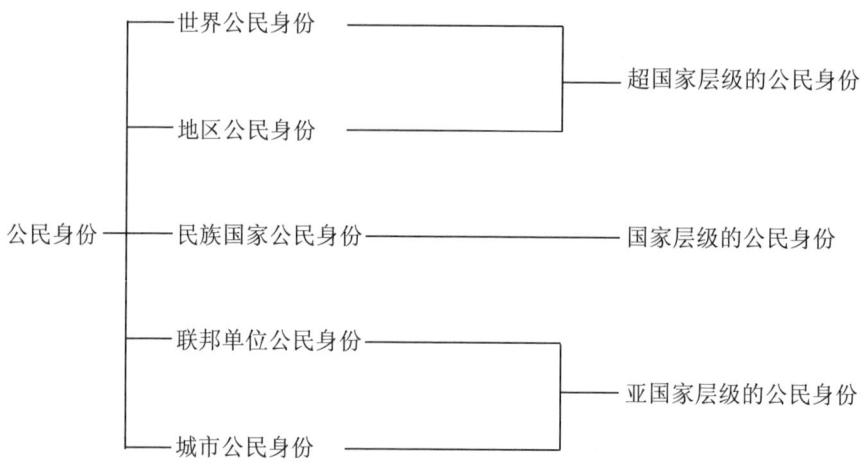

图12.2 多元公民身份的层级示意图

接下来所要讨论的问题是，是否存在这样的分析范式，它将公民身份的涵义变化与层级变化整合在一起，从而完整地反映公民身份的当代变化。我想要提出的是，这种范式是必需的，同时也是可能的，因为公民身份的涵义变化体现在每一个层级上，而不仅仅局限于民族国家的层次。如果我们建立公民身份坐标系，并且以纵轴来表示公民身份的层级结构和以横轴来表示公民身份的内涵延展的话，那么，我们就可以很清楚地看出公民身份的当代变迁趋势（如下图所示）。

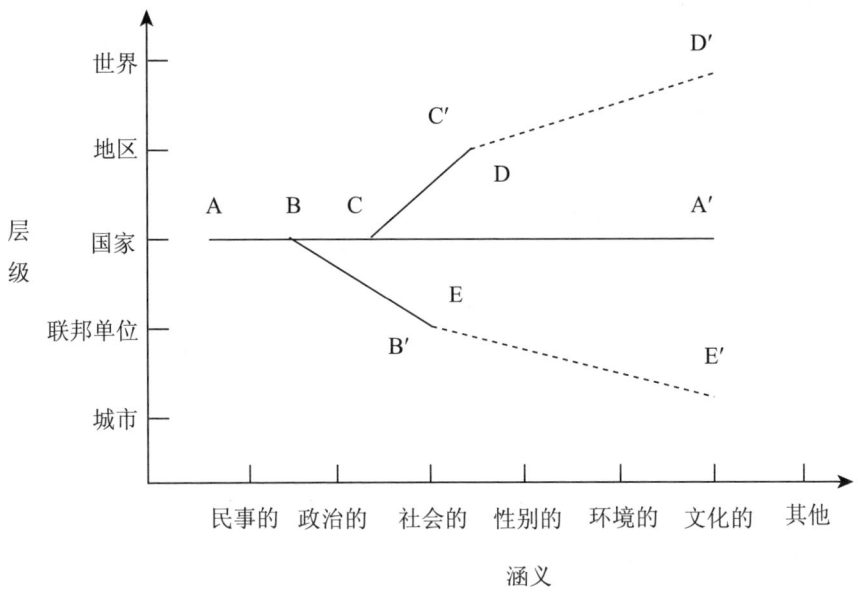

**图 12.3 公民身份的当代变化趋势**

上图代表了公民身份的当代发展趋势。纵轴表示层级结构上的复杂化趋势,横轴则表示公民身份涵义的复杂化趋势。这里,有必要对横轴的自变量做额外的说明。尽管在马歇尔看来,民事权利、政治权利、社会权利是一种依次演进的关系,但这种关系或许只存在于英国,在德国、中国以及其他一些国家,这种演进关系是不存在的。① 同样的说明还适用于性别的、环境的、文化的、科技的、商业的公民身份,作为对高度现代性社会反思的结果,这些公民身份几乎是同时出现的,之间并不存在着明显的演进关系,尽管从总体上,公民身份的扩展性权利的确以其基本权利作为基础。因此,从总体上说,横轴只是表明了公民身份涵义的复杂化趋势。从图中可以看出,现代公民身份以民

---

① T. H. Marshall, *Class, Citizenship and Social Development*, Garden City, New York: Doubleday, 1964, p. 74.

族国家的公民身份作为起点,以民事权利、政治权利和社会权利作为其最初的内涵。但随着时间的演化,公民身份越来越呈现了多元变化的趋势,这种变化体现在:第一,层级结构上,民族国家的公民身份依然构成了分析的主轴,但联邦单位的公民身份(BB′)和地区公民身份(CC′)已实际上构成了对国家公民身份的重要补充,同时,公民身份还越来越朝着城市公民身份(EE′)和世界公民身份(DD′)的方向发展。如果要具体定位 BB′和 CC′的起点,我们大致可以分别把 1789 年美国联邦制国家的建立和 1993 年《马斯特里赫特条约》生效和欧盟的新生作为标志。第二,在内容方面,随着时间的发展,公民身份的内容变得愈加复杂,在传统公民身份类型的基础上,不断生长出新的公民身份类型。

在勾勒了当代公民身份体系的基本轮廓之后,本节还希望对这一轮廓的文化底色进行简要的说明。没有适当的文化背景,不同层级或者不同种类的公民身份之间将难以逾越彼此间的张力。在这一方面,本书提出,多元文化主义(multiculturalism)存在着启示性意义。在政治思想史上,多元文化主义的历史甚至与政治的历史同样久远。但是,近半个世纪以来,在反思自由主义公民身份传统的基础上,这一古老的思想潮流在西方社会重新焕发出生机。哈贝马斯的宪政民主思想[①]、泰勒和霍耐特等人的"政治承认"理论[②],以及后现代主义的解构主义思想,为当代多元文化主义的复兴提供了理论基础。多元文化主义建立在"承认"和"平等"两种核心理念之上,主张不同的民族和文化,无论大小还是强弱,都应当相互承认、平等交流,建立一个和谐共处的自由民主社会。在依然存在着文化和民族冲突的今天,多元文化主义尽管带有某

---

① 尤根·哈贝马斯:《民主法治国家的承认斗争》,见汪晖、陈燕谷主编:《文化与公共性》,三联书店,1998 年。
② 查尔斯·泰勒:《承认的政治》,见汪晖、陈燕谷主编:《文化与公共性》,三联书店,1998 年。

种乌托邦的味道,但它至少在解决不同层级和不同种类的公民身份之间张力方面提供了思路。①

## 本章小结

本章是全书的结尾章,它讨论了公民身份的最新变化趋势,并试图将各种形形色色的公民身份纳入统一的分析范畴。本章所持的基本观点是,与历史上公民身份的单一发展模式相反,公民身份自20世纪70年代以来出现明显的复杂化趋势,以互联网为基础的全球化和以反思传统社会问题为基础的新社会运动是催生新型公民身份的主要动力。两大动力不仅促使公民身份在涵义结构上发生变化,而且使公民身份在层级结构上发生转型。涵义结构的变化打破了马歇尔意义上的公民身份意义结构,将性、性别、亲密关系、环境问题、科技问题、文化问题等传统被排斥在公民身份分析范围之外的主题纳入公民身份的分析视野。层级结构的变化则打破了民族国家的国界限制,使公民身份向下拓展到城市、国家组成单位(如省、州、加盟共和国等)和向上延伸到区域和世界范围。公民身份的涵义变化和层级变化构成了一幅色彩斑斓的公民身份图景。在这幅斑驳复杂的图景基础上,本章最后一节试图对当代公民身份进行概念化,即从杂多的公民身份概念中抽离出公民身份的本质。在"多元公民身份"这一总体概念下,本章把当代公民身份的概念涵义概括为地位、情感和行动等三个方面,其中地位既涵盖了马歇尔意义上的传统公民身份涵义,又涵盖了当代新兴的公民身份涵义。情感也涵盖了对传统政治共同体的认同和美德,又涵盖了对新兴群体或者主题的认同和美德。行动则是使公民身份得以再生产和创新的途径。同时,本章还

---

① 安东尼·吉登斯:《全球时代的民族国家》,载《中山大学学报》,郭忠华、何莉君译,2008年第1期。

对当代公民身份的层级结构进行了归纳,将它们统一纳入亚国家、国家和超国家三个层级的分析范畴。在这种涵义和层级归纳的基础上,本章最后将两者置于同一个分析框架中,考察公民身份涵义变化和层级变化之间的关系。

# 参考文献

Adan Ferguson, *An Essay on the History of Civil Society*, Cambridge: Cambridge University Press, 1996.

Ade Kearns, "Active Citizenship and Urban Governance", *Transactions of the Institute of British Geographers* (New Series), Vol. 17 (1991), no. 1: 20 – 34.

Adolf Reichwein, *China and Europe*, London: Routledge & Kegan Paul Ltd, 1925.

Adriana Petryna, "Biological Citizenship: The Science and Politics of Chernobyl-Exposed Populations", *Osiris*, 2nd Series (2004), no. 19: 250 – 265.

Aeschylus, *The Persians*, translated by Anthony J. Podleck, Englewood Cliffs, N. J.: Prentice-Hall, 1970.

Aiwha Ong, "Cultural Citizenship as Subject Making: Immigrants Negotiate Racial and Cultural Boundaries in the United States", in Rodolfo D. Torres, Louis F. Miron & Jonathan Xavier Inda (ed.), *Race, Identity and Citizenship: A Reader*, Oxford: Blackwell, 1999.

Alan Ryan, "Britain: Recycling the Third Way", *Dissent*, Vol. 46 (1999), no. 2.

Alexis D. Tocqueville (ed. J. P. Mayer and M. Lerner), *Democracy in America*. London: Collins, 1968.

Anatol Lieven, *America Right or Wrong: An Anatomy of American Nationalism*, Oxford: Oxford University Press, 2004.

Andrew Dobson, *Citizenship and the Environment*, Oxford: Oxford University Press, 2004.

Andrew Dobson & Derek Bell, *Environmental Citizenship*, Cambridge, MA: MIT Press, 2006.

Andrew Linklater, "World Citizenship", in Engin F. Isin & Bryan Turner (ed.), *Handbook of Citizenship Studies*, London: Sage, 2002.

Andrew Vincent, "Particularism, human rights and the transnational challenge", in Wayne Hudson and Steven Slaughter (ed.), *Globalisation and Citizenship: the Transnational Challenge*, London and New York: Routledge, 2007, pp. 113 – 114.

Andrian Oldfield, *Citizenship and Community: Civic Republicanism and the Modern World*, London: Routledge, 1990.

Anthony Giddens, *Capitalism and Modern Social Theory*, Cambridge: Cambridge University Press, 1971.

——*Politics and Sociology in the Thought of Max Weber*, London: MacMillan Publisher Ltd, 1972.

——*Studies in Social and Political Theory*, London: Hutchinson & Co. (Publishers) Ltd, 1977.

——*Central Problems in Social Theory*, London: Palgrave, 1979.

——*Profiles and Critiques in Social Theory*, California: University of California Press, 1982.

——*The Constitution of Society*, Cambridge: Polity Press, 1984.

——*Nation-State and Violence*, Cambridge: Polity Press, 1985.

——*Sociology: a Brief but Critical Introduction*, London: Macmillan, 1986.

——*Social Theory and Modern Sociology*, Cambridge: Polity Press, 1987.

——*The Consequences of Modernity*, Cambridge: Polity Press, 1990.

——*A Contemporary Critique of Historical Materialism*, Cambridge: Polity Press, 1995.

——*Politics, Sociology and Social Theory*, Cambridge: Polity Press, 1995.

——*Europe in the Global Age*, Cambridge: Polity Press, 2007.

——*The Politics of Climate Change*, Cambridge: Polity Press, 2009.

Anthony Giddens & Christopher Pierson, *Making Sense of Modernity: Conversations with Anthony Giddens*, Cambridge: Polity Press, 1998.

Anthony J. Cascardi, *The Subject of Modernity*, Cambridge: Cambridge University Press, 1992.

Anthony M. Messina, *The Logics and Politics of Post-WW II Migration to Western Europe*, Cambridge: Cambridge University Press, 2007.

Aristotle, *Politics*, Translated by Ernest Barker, New York: Oxford University Press, 1995.

Bob Jessop, *The Future of the Capitalist State*, London: Polity Press, 2003.

Bryan Turner, *Citizenship and Capitalism*, Allen & Unwin (Publishers) Ltd, 1986.

—— "Outline of a Theory of Citizenship", *Sociology*, Vol. 24 (1990), no. 2: 189-214.

—— "Outline of a General Theory of Cultural Citizenship", in Nick Stevenson (ed.), *Culture and Citizenship*. London: Sage, 2001.

Carole Pateman, *The Sexual Contract*, Cambridge: Polity Press, 1988.

Catherine W. Wenden, "Post-Amsterdam Migration Policy and European

Citizenship", *European Journal of Migration and Law*, Vol. 1 (1999), no. 1: 89 – 101.

Charles Tilly, *The Formation of National States in Western Europe*, Princeton, N. J. , Princeton University Press, 1975.

—— (ed. ), *Citizenship, Identity and Social History*, Cambridge University Press, 1996.

Cicero (trans. C. W. Keyes), *De Re Publica* (I), London: Heinemann and Cambridge, MA: Harvard University Press, 1959.

Claus Offe, *Contradictions of the Welfare State*, London: Hutchinson, 1984.

Christopher Hughes, "Cantonalism: Federation and Confederacy in the Golden Epoch of Switzerland", in Michael Burgess & Alain Gagnon (ed. ), *Comparative Federalism and Federation: Competing Traditions and Future Directions*, Toronto: University of Toronto Press, 1993.

Christian Joppke, "Multicultural Citizenship", in Engin F. Isin & Bryan Turner (ed. ), *Handbook of Citizenship Studies*, London: Sage, 2002.

Danny Quah, "The Weightless Economy in Economic Development", LSE working paper, 1999.

David S. Owen and Tracy B. Strong, "Introduction: Max Weber's Calling to Knowledge and Action", in Weber, Max, *The Vocation Lectures*, Hackett Publishing Company Inc, 2004.

Derek Heater, *What is Citizenship?* London: Polity Press, 1999.

——*A Brief History of Citizenship*, New York: New York University Press, 2004.

Edmund R. Leach, "Ourselves and Others", *Times Literary Supplement*, July 6, 1973, p. 142.

Edward W. Said, *The Word, the Text, and the Critic*, Cambridge,

Mass.: Harvard University Press, 1983.

Edmund S. Morgan, *American Slavery, American Freedom*, New York: Norton, 1975.

Emile Durkheim, *Suicide*, Glencoe: Free Press, 1951.

——*Moral Education*, New York: Free Press, 1961.

——*Socialism*, New York: Collier, 1962.

——*The Elementary Forms of the Religious Life*, New York: Free Press, 1965.

Engin F. Isin, "Citizenship after Orientalism", in Engin F. Isin and Bryan Turner (ed.), Turner, Bryan, *For Weber: Essays on the Sociology of Fate*, 2nd edition, London: Sage, 1996.

—— "Citizenship after Orientalism", in Engin F. Isin and Bryan S. Turner (ed.), *Handbook of Citizenship Studies*, Sage Publication Ltd, 2002.

—— "Citizenship in Flux: The Figure of the Activist Citizen", *Subjectivity*, Issue 29, 2009.

—— "Citizenship after Orientalism: Genealogical Investigations", in Michael Freedem and Andrew Vincent (ed.), *Comparative Political Thought: Theorizing Practice*, London: Routledge, 2013.

——*Citizens without Frontiers*, London & New York: Bloomsbury, 2013.

Engin F. Isin & Peter Nyers (ed.), *Routledge Handbook of Global Citizenship Studies*, London & New York: Routledge, 2014.

Engin F. Isin & Greg M. Nielsen, "Theorizing Acts of Citizenship", in Engin F. Isin, Greg M. Nielsen, *Acts of Citizenship*, Zed Books Ltd, 2008.

Engin F. Isin and Patricia Wood, *Citizenship and Identity*, London: Sage, 1999.

Fredrich Nietzsche, *The Complete Works of Friedrich Nietzsche* (Vol. 2),

New York: Macmillan, 1911.

Freidrich Tenbruck, "The Problem of Thematic Unity in the Works of Max Weber", in Keith Tribe (ed.), *Reading Weber*, London: Routledge, 1989.

Gayatri ChakravortySpivak, "Preface", in Derrida, Jacques, *Of Grammatology*, Baltimore: Johns Hopkins University Press, 1976.

George Rudé, *Robespierre*, London: Collins, 1975.

George Steiner, *After Babel: Aspects of Language and Translation*, London: Oxford University Press, 1973.

Gerard Delanty, *Citizenship in a Global Age*, London: Open University Press, 2000.

Gosta Esping-Andersen, *The Three Worlds of Welfare Capitalism*, Cambridge: Polity Press, 1990.

Hannah Arendt, *The Human Condition*, Chicago & London: The University of Chicago Press, 1958.

Henry Sumner Maine, *Ancient Law*, London: John Murray, Albemarle Street, 1870.

Ian Gough, *The Political Economy of the Welfare State*, London: The Macmillan Press Ltd., 1979.

Iris Young, *Justice and the Politics of Difference*, Princeton, NJ: Princeton University Press, 1990.

Jack Barbalet, "Citizenship in Max Weber", *Journal of Classical Sociology*, Vol. 10 (2010), no. 3: 201 – 216.

James M. Blaut, *The Colonizer's Model of the World*, London: Routledge, 1993.

Jeanne Logsdon & Donna Wood, "Business Citizenship: From Domestic to Global Level of Analysis", *Business Ethics Quarterly*, Vol. 12 (2002), no. 2: 155 – 187.

John Clarke, *Oriental Enlightenment: The Encounter Between Asian and Western Thought*, London: Routledge, 1997.

John Hobson, *The Eastern Origins of Western Civilisation*, Cambridge: Cambridge University Press, 2004.

—— "The De-humanisation of Anomie and Alienation", *British Journal of Sociology*, Vol. 15 (1964), pp. 283. 300.

John Toypey, *The Invention of the Passport: Surveillance, Citizenship and the State*, Cambridge: Cambridge University Press, 2000.

Judith N. Shklar, *American Citizenship: The Quest for Inclusion*, Harvard University Press, 1998.

Karl A. Wittfogel, *Oriental Despotism: a Comparative Study of Total Power*, Yale University Press, 1957.

Karl Loewith, *Max Weber and Karl Marx*, London: George Allen and Unwin, 1982.

KatherinePettus, "Ecofeminist Citizenship", *Hypatia*, Vol. 12, no. 4: 132 – 155.

Keith Faulks, *Citizenship*, London and New York: Taylor & Francis Group, 2000.

Ken Morrison, *Marx, Durkheim, Weber: Formation of Modern Social Thought*, London: Sage Publication Ltd, 1995.

Ken Plummer, *Intimate Citizenship: Private Decisions and Public Dialogues*, University of Washington Press, 2003.

Kenichi Ohmae, *The End of the Nation State: The Rise of Regional Economics*, New York: Free Press, 1996.

Kevin J. O'Brien, "Villagers, Elections, and Citizenship", in Merle Goldman and Elizabeth J. Perry (ed.), *Changing Meanings of Citizenship in*

*Modern China*, Havard University Press, 2002.

Larry E. Jones, "In the Twilight of the Liberal Era: Max Weber and the Crisis of German Liberalism 1914 - 20", *Central European History*, Vol. 1 (1989), pp. 110, 170.

Martin Bulmer, Anthony M. Rees. *Citizenship Today: The Contemporary Relevance of T. H. Marshall*. Lonond: UCL Press, 1996.

Maurice Roche, *Exploring the Sociology of Europe*, London: Sage, 2009.

——*Rethinking Citizenship: Welfare Ideology, and Change in Modern Society*, Cambridge: Polity Press, 1992.

——"Citizenship, Popular and Europe", in Nick Stevenson (ed.), *Culture and Citizenship*, London: Sage, 2001.

Max Weber, *The Protestant Ethic and the Spirit of Capitalism*, Beijing: China Social Sciences Publishing House, 1999.

Michel Foucault, "What is Enlightenment?" in *Ethics: Subjectivity and Truth*, the New Press, 1997.

Michael Mann, "Ruling Class Strategies and Citizenship", *Sociology*, Vol. 21 (1987) pp. 339 - 354.

—— "Ruling Class Strategies and Citizenship", In Martin Bulmer, Anthony M. Rees. *Citizenship Today: The Contemporary Relevance of T. H. Marshall*. Lonond: UCL Press, 1996.

—— "The Autonomous Power of the State: Its Origins, Mechanisms and Results", *European Journal of Sociology*, Vol. 25 (1985), pp. 185 - 213, 1985.

Michael Schudson, *The Good Citizen: A History of American Civic Life*, Cambridge, MA: Harvard University Press, 1998.

Miklos Haraszti, *A Worker in a Worker's State*, Translated by Wright

Micheal, New York: University Books, 1978.

Nick Stevenson (ed.) *Culture and Citizenship*, London: Sage, 2001.

Nicholas Wheeler & Tim Dunne, "Good International Citizenship: a Third Way for British Foreign Policy", *International Affairs*, Vol. 74 (1998), no. 4: 847 –870.

Orge Luis Borges, *Twenty-four Conversations with Borges, Including a Selection of Poems: Interviews by Roberto Alifano, 1981 – 1983*, Housatonic, Mass.: Lascaux Publishers, 1984.

Patrick Diamond and Anthony Giddens, "The New Egalitarianism: Economic Inequality in the UK", in Anthony Giddens & Patrick Diamond, *The New Egalitarianism*, Cambridge: Polity Press, 2005.

Paul B. Clarke, *Citizenship*, London: Pluto Press, 1994.

Peter Harris, "The Origins of Modern Citizenship in China", *Asia Pacific Viewpoint*, Vol. 43 (2002), no. 2.

Peter Riesenberg, *Citizenship in the Western Tradition: Plato to Rousseau*, Chapel Hill and London: the University of North Carolina Press, 1992.

Peter Schuck, "Citizenship in Federal Systems", *The American Journal of Comparative Law*, Vol. 48 (2000), no. 2: 195 –226.

Philip Frankenfeld, "Technological Citizenship: A Normative Framework for Risk Studies", *Science, Technology, & Human Values*. Vol. 17 (1992), no. 4: 459 –484.

Philip Martin, "Bordering on Control: Combating Irregular Migration in North America and Europe", Geneva: International Organization for Migration, 2003.

Rajesh Tandon, "Participation, Citizenship and Democracy: reflections on 25 year's of PRIA", *Community Development Journal*, Vol. 43 (2008), no. 3: 284 -296.

Randall Collins, *Weberian Sociological Theory*, Cambridge: Cambridge University Press, 1986.

Richard Bellamy, *Citizenship: a Very Short Introduction*, Oxford: Oxford University Press, 2008.

Richard Dagger, *Civic Virtue: Rights, Citizenship and Republican Liberalism*, Oxford: Oxford University Press, 1997.

—— "Metropolis, Memory and Citizenship", *American Journal of Political Science*, Vol. 25 (1981), no. 4.

Richard M. Titmuss, *The Philosophy of Welfare*, Allen & Unwin (Publishers) Ltd., 1987.

Rina Benmayor, *Narrating Cultural Citizenship: Oral Histories of the First Generation College Students of Mexican Origin*, Working Paper, 2003.

Ronald Beiner (ed.), *Theorizing Citizenship*, Albany, NY: State University of New York Press, 1995.

Rogers Brubaker, "Immigration, Citizenship, and Nation-State in France and Germany: A Comparative Historical Analysis", *International Sociology*, Vol. 5 (1990), no. 4: 379 -407.

——*Citizenship and Nationhood in France and Germany*, Cambridge, Mass.: Harvard University Press, 1992.

Ronald Dworkin, *A Matter of Principle*, London: Harvard University Press, 1985.

Ruth Lister, "Citizenship: Towards a Feminist Synthesis", *Feminist Review*, Vol. 57 (1997): 28 -48.

——*Citizenship: Feminist Perspective*, London: Routledge, 2003.

—— "Sexual Citizenship", in Engin F. Isin & Bryan Turner, *Handbook of Citizenship Studies*, London: Sage, 2002.

Samuel Huntington, *Who Are We?* London: Free Press, 2005.

Sherylim MacGregor, "From Care to Citizenship: Calling Eco-feminist Back to Politics", *Ethics and the Environment*, Vol. 9 (1997), no. 1: 56 –84.

Sidney Pollard, *The Genesis of Modern Management*, London: Arnold, 1965.

Steven Lukes, "Alienation and anomie", in Peter Laslett and James Fishkin (ed.), *Philosophy, Politics and Society*, Yale University Press, 1967.

Tejaswini Niranjana, *Siting Translation: History, Post-Structuralism, and the Colonial Context*, Berkeley: University of California Press, 1992.

Thomas Alexander Aleinikoff, David A. Martin, Hiroshi Motomura, Maryellen Fullerton, *Immigration and Citizenship: Process and Policy* (six edition), Western Publishing Co., 2008.

Thomas Janoski, *Citizenship and Civil Society: A Framework of Rights & Obligations in Liberal, Traditional, and Social Democratic Regimes*, Cambridge: Cambridge University Press, 1998.

T. H. Marshall, *Citizenship and Social Class*, Cambridge: Cambridge University Press, 1950.

——*Sociology at the Crossroads and Other Essays*, London: Heinemann, 1963.

——*Class, Citizenship and Social Development*, Garden City, New York: Doubleday, 1964.

——*The Right to Welfare and Other Essays*, London: Heinemann Educational Books, 1981.

T. H. Marshall, and Tom Bottonmore, 1992, *Citizenship and Social Class*. London and Concord, MA: Pluto Press.

T. K. Oommen, *Citizenship, Nationality and Ethnicity*, Cambridge: Polity

Press, 1997.

William Flores & Rina Benmayo, *Latino Cultural Citizenship: Claiming Identity, Space, and Rights*, Boston, Massachusetts: Beacon Press, 1997.

Wilhelm Halbfass, *India and Europe: An Essay in Understanding*, Albany, New York: State University of New York Press, 1988.

Will Kymlicka, *Multicultural Citizenship*. Oxford: Oxford University Press, 1995.

Keith Faulks, Citizensip. London: Routledge, 2000.

Will Kymlicka, "Introduction: Citizenship in Cultural Diverse Society: Issues, Contexts and Concept", in Will Kymlicka, Wayne Newman (ed.). *Citizenship in Diverse Societies*. Oxford: Oxford University Press, 2000.

William A. Barbieri, *Ethics of Citizenship: Immigration and Group Rights in Germany*, Duke University Press, 1998.

Wolfgang J. Mommsen, *The Political and Social Theory of Max Weber*, Cambridge: Polity Press, 1989.

Yasemin Soysal, "Postnational Citizenship: Reconfiguring the Familiar Terrain", in E. Amenta, K. Nash, and A. Scott (eds.), *The Blackwell Companion to Political Sociology* (2nd edition), Wiley-Blackwell, 2008.

——*Limits of Citizenship*, Chicago: University of Chicago Press, 1994.

Yuval-Davis, N., "Women, Citizenship and Difference", *Feminist Review*, (1997) No.57: 4 - 27.

Zygmunt Bauman, "Freedom From, in and Through the State: T. H. Marshall's Trinity of Rights Revisited", *Theoria*, December 2005.

哀时客:《爱国论》,载《清议报》第 7 册(一月二十一日),光绪二十五年。

埃米尔·涂尔干:《社会学方法的准则》,狄玉明译,北京:商务印书馆,1999 年。

——《自杀论》，冯韵文译，北京：商务印书馆，1996 年。

——《社会分工论》，渠东译，北京：三联书店，2000 年。

——《职业伦理与公民道德》，渠东、付德根译，上海：上海人民出版社，2001 年

——《道德教育》，陈光金等译，上海：上海人民出版社，2006 年。

爱德华·赛义德：《赛义德自选集》，谢少波、韩刚等译，北京：中国社会科学出版社，1999 年。

安东尼·吉登斯：《民族国家与暴力》，胡宗泽、赵力涛译，北京：三联书店，1998 年。

——《批判的社会学导论》，郭忠华译，上海：上海译文出版社，2007 年。

——《社会的构成》，北京：三联书店，1998 年。

——《第三条道路》，郑戈译，北京：北京大学出版社，2000 年。

——《现代性的后果》，田禾译，南京：译林出版社，2000 年。

——《失控的世界》，周红云译，南昌：江西人民出版社，2001 年。

——《资本主义与现代社会理论：对马克思、涂尔干、韦伯著作的分析》，郭忠华、潘华凌译，上海：上海译文出版社，2007 年。

——《全球时代的民族国家》，载《中山大学学报》，郭忠华、何莉君译，2008 年第 1 期。

奥尔格·耶里内克：《〈人权与公民权利宣言〉：现代宪法史论》，李锦辉译，北京：商务印书馆，2012 年。

巴斯蒂：《中国近代国家观念溯源——关于伯伦知理〈国家论〉的翻译》，《近代史研究》，1997 年第 4 期。

北京大学外国哲学史教研室：《十八世纪法国哲学》，北京：商务印书馆，1963 年。

彼得·雷森伯格：《西方公民身份传统：从柏拉图到卢梭》，郭台辉译，北京：吉林出版集团有限责任公司，2009。

布赖恩·特纳主编：《公民身份与社会理论》，郭忠华等译，北京：吉林出版集团有限责任公司，2007年。

《不列颠百科全书》（第四卷），北京：中国大百科全书出版社，1999年版。

查尔斯·泰勒：《承认的政治》，见汪晖、陈燕谷主编：《文化与公共性》，北京：三联书店，1998年。

陈宝泉、高步瀛编：《国民读本》，上海：南洋官书局，1905年。

陈独秀：《爱国心与自觉心》，载《甲寅杂志》，1919年第1卷第4号（11月10日）。

——《东西民族根本思想之差异》，《新青年》，1915年第1卷第4号（12月15日）。

——《今日之教育方针》，《新青年》，1915年第1卷第2号（10月15日）。

——《人生真义》，《新青年》，1918年第4卷第2号（2月15日）。

——《新文化运动是什么》，《新青年》，1920年第7卷第5号（4月1日）。

——《卑之无甚高论》，《新青年》，1921年第9卷第3号（7月1日）。

陈天华：《猛回头》，沈阳：辽宁人民出版社，1994年。

褚松燕：《论公民资格的构成》，载《上海行政学院学报》，2006年第1期。

——《20世纪90年代以来中国公民资格权利的发展》，载《政法论坛》，2007年第1期。

——《个体与共同体：公民资格的演变及其意义》，中国社会出版社，2003年。

——《权利发展与公民参与：我国公民资格权利发展与有序参与研究》，北京：中国法制出版社，2007年。

戴维·米勒、韦农·波格丹诺：《布莱克维尔政治学百科全书》，邓正来等译，北京：中国政法大学出版社，2002年。

戴维·莫利：《认同的空间—全球媒介、电子世界景观和文化边界》，司艳译，南京大学出版社，2001年。

戴维·赫尔德等：《全球化与反全球化》，陈志刚译，北京：社会科学文献出版社，2004年版。

丁守和：《辛亥革命时期期刊介绍》第1集，北京：人民出版社，1982年。

德里克·希特：《何谓公民身份》，郭忠华译，北京：吉林出版集团北京分公司，2007年。

杜亚泉：《个人与国家之界说》，载《东方杂志》，1917年第3期。

——《杜亚泉文存》，许纪霖、田建业编，上海：上海教育出版社，2003年。

恩靳·伊辛、布雷恩·特纳：《公民权研究手册》，王小章译，杭州：浙江人民出版社，2007年。

F. A. 哈耶克：《通往奴役之路》，北京：中国社会科学出版社，1998年。

——《自由宪章》，杨玉生等译，北京：中国社会科学出版社，1999年版。

F. A. 巴加图利亚：《马克思第一个伟大发现》，陆忍译，北京：中国人民大学出版社，1981年。

高力克：《梁启超的公民民族主义及其困境》，载《政治思想史》，2011年第3期。

高一涵：《乐利主义与人生》，《新青年》，1916年第2卷第1号（9月1日）。

辜正坤：《外来术语翻译与中国学术问题》，《北京大学学报》，1998年第5期。

郭台辉：《中日的"国民"语义与国家构建》，《社会学研究》，2011年第4期。

郭忠华：《解放政治的反思与未来：安东尼·吉登斯现代性思想研究》，中央编译出版社，2006年。

——《从危机管理到管理危机——克劳斯·奥菲对福利国家政府管理的探究》，载《武汉大学学报》，2008年第1期。

——《清季民初的国民语义与国家想象》，载《南京大学学报》，2012年第6期。

——《变动社会中的公民身份：概念内涵与变迁机制的解析》，载《武汉大学学报》，2012年第1期。

——《中国社会建设中的话语省思与策略选择》，《马克思主义与现实》，2013年第4期。

——《翻译中的话语建构：关于citizen、citizenship汉译的述评》，载《中国政治学年度评论》，2013年第2辑。

——《立民与立国：中国现代国家建构中的话语选择》，载《武汉大学学报》，2014年第3期。

郭忠华、刘训练主编：《公民身份与社会阶级》，南京：江苏人民出版社，2007年。

《自存篇》，载《东方杂志》第2卷5期（5月25日）。

哈贝马斯：《在事实与规范之间》，童世骏译，北京：三联书店，2003年。

——《交往行为理论》（第一卷），曹卫东译，上海：上海人民出版社，2004年。

哈罗德·伊罗生：《群氓之族：群体认同与政治变迁》，桂林：广西师范大学出版社，2008年。

汉密尔顿、杰伊、麦迪逊：《联邦党人文集》，程逢如等译，北京：商务印书馆，1997年。

汉娜·阿伦特：《公共领域与私人领域》，见汪晖、陈燕谷主编：《文化与公共性》，北京：三联书店，1998年。

——《极权主义的起源》，林骧华译，北京：三联书店，2008年。

哈贝马斯：《民主法治国家的承认斗争》，见汪晖、陈燕谷主编：《文化与公共性》，北京：三联书店，1998年。

——《在事实与规范之间》，童世骏译，北京：三联书店，2003年版。

黑格尔：《历史哲学》，王造时译，上海：上海书店出版社，1999年。

胡适：《胡适作品集》第18册，台北：远流出版事业公司，1986年。

——《胡适文存》第3卷，合肥：黄山书社，1996年。

——《胡适文集》第2卷，欧阳哲生编，北京：北京大学出版社，1998年。

家义：《个位主义》，《东方杂志》，1916年第2期。

基思·福克斯：《公民身份》，郭忠华译，北京：吉林出版集团有限责任公司，2009年。

江宜桦：《自由主义、民族主义与国家认同》，台湾：扬智文化事业股份有限公司，1998年。

姜士林等：《宪法学全书》，北京：当代世界出版社，1997年。

蒋林：《梁启超"豪杰译"研究》，上海：上海译文出版社，2014年。

杰克·古迪：《西方中的东方》，沈毅译，杭州：浙江大学出版社，2012年。

金观涛、刘青峰：《观念史研究》，北京：法律出版社，2009年。

卡尔·波兰尼：《大转型：我们时代的起源》，冯钢、刘阳译，杭州：浙江人民出版社，2007年。

卡尔·贝克尔：《论〈独立宣言〉——政治思想史研究》，南京：江苏教育出版社，2005年。

克劳斯·奥菲：《福利国家的矛盾》，长春：吉林人民出版社，2006年。

柯武刚、史漫飞：《制度经济学》，韩朝华译，北京：商务印书馆，2002年，第36页。

拉尔夫·达仁多夫：《现代社会冲突》，林荣远译，北京：中国社会科学出版社，2004年。

李猛主编：《韦伯：法律与价值》，上海：上海人民出版社，2001年。

李亦民：《人生唯一之目的》，载《新青年》，1915年第1卷第2号（10月15日）。

梁启超（中国之新民）：《政治学大家伯伦知理之学说》，《新民丛报》38、39号合刊（八月十四日），光绪二十九年。

——《国民心理学与教育之关系》，载《新民丛报》，1903年第25号（2月11日）。

——《新大陆游记》，《新民丛报》临时增刊，1904年（2月14日）。

——《说幼稚》，见《庸言》第1卷第8号（3月16日），1913年。

——《饮冰室文集》（第1卷），台北：中华书局，1960年。

——《新民说》，宋志明选注，沈阳：辽宁人民出版社，1994年。

——《梁启超全集》第5册，北京：北京出版社，1999年。

——《戊戌政变记》，桂林：广西师范大学出版社，2010年。

刘禾：《跨语际实践：文学、民族文化和被译介的现代性》，北京：三联书店，2008年。

刘擎主编：《公共性与公民观》，南京：江苏人民出版社，2006年。

卢梭：《社会契约论》，何兆武译，北京：商务印书馆，1996年。

罗伯特·希斯：《危机管理》，北京：中信出版社，2004年。

洛克：《政府论》，叶启芳、瞿菊农译，北京：商务印书馆，1996年。

吕佺孙：《请改铸钱钱疏》，《皇清道咸同光奏议》第38卷，1854年。

马可·奥勒留：《沉思录》，何怀宏译，北京：三联书店，2008年。

《马克思恩格斯选集》第1卷，北京：人民出版社，1995年。

《马克思恩格斯选集》第2卷，北京：人民出版社，1995年。

《马克思恩格斯选集》第3卷，北京：人民出版社，1995年。

《马克思恩格斯全集》第37卷，北京：人民出版社，1971年。

《马克思恩格斯全集》第42卷，北京：人民出版社，1979年。

《资本论》第1卷，北京：人民出版社，2004年。

马克斯·韦伯：《民族国家与经济政策》，甘阳译，北京：三联书店，1997年。

——《学术与政治》，冯克利译，北京：三联书店，1998年。

——《经济与社会》（上），林荣远译，北京：商务印书馆，1998年。

——《社会科学方法论》，杨富斌译，北京：华夏出版社，1999年。

——《韦伯作品集：中国的宗教，宗教与世界》，康乐、简惠美译，桂林：广西师范大学出版社，2004年。

——《韦伯作品集之六：非正当性的支配——城市的类型学》，康乐、简惠美译，桂林：广西师范大学出版社，2005年。

——《经济通史》，姚曾廙译，韦森校订，上海：上海三联出版社，2006年。

——《新教伦理与资本主义精神》，于晓、陈维刚等译，西安：陕西师范大学出版社，2006年。

——《韦伯作品集：新教伦理与资本主义精神》，康乐、简惠美译，桂林：广西师范大学出版社，2007年。

——《韦伯政治著作选》，阎克文译，北京：东方出版社，2009年。

——《马克斯·韦伯社会学文集》，阎克文译，北京：人民出版社，2010年。

T. H. 马歇尔：《公民身份与社会阶级》，郭忠华、刘训练编，南京：江苏人民出版社，2007年。

迈克尔·卡门：《自相矛盾的民族：美国文化的起源》，南京：江苏人民出版社，2007年。

迈克尔·曼：《社会权力的来源》第一卷，上海：上海人民出版社，2002年。

曼纽尔·卡斯特：《认同的力量》，曹荣湘译，北京：社会科学文献出版社，2006年。

毛泽东：《伦理学原理批注》，《毛泽东早期文稿》，长沙：湖南出版社，1990年。

孟德斯鸠：《论法的精神》（上册），张雁深译，北京：商务印书馆，1997年。

——《孟德斯鸠法意》（上册），严复译，北京：商务印书馆，1981年。

密尔：《论自由》，许宝骙译，北京：商务印书馆，2006年。

明恩溥，《中国人的气质》，刘文飞、刘晓旸译，上海：文汇出版社，2010年。

墨之魂：《地方自治之精神论》，载《云南》第1期（八月二十六日），光绪三十二年。

尼·伊·雷日科夫：《大国悲剧：苏联解体的前因后果》，徐昌翰译，北京：新华出版社，2008年。

尼格尔·多德：《社会理论与现代性》，陶传进译，北京：社会科学文献出版社，2002年。

尼克·史蒂文森:《文化与公民身份》,陈志杰译,北京:吉林出版集团有限责任公司,2007年。

潘毅:《中国女工:新兴打工阶级的呼唤》,香港:香港明报出版有限公司,2007年。

佩雷菲特:《停滞的帝国:两个世界的撞击》,王国卿等译,北京:三联书店,1993年。

蒲鲁东:《贫困的哲学》,余叔通、王雪华译,北京:商务印书馆,1998年。

佩弦生:《论中国救亡当自增内力》,《清议报》,1900年第41册(4月10日)。

佩雷菲特:《停滞的帝国:两个世界的撞击》,王国卿等译,北京:三联书店,1993年。

齐亚乌丁·萨达尔:《东方主义》,马雪峰、苏敏译,长春:吉林人民出版社,2005年。

乔·萨托利:《民主新论》,冯克利、阎克文译,北京:东方出版社,1998年。

乔治·萨拜因:《政治学说史》(上卷),邓正来译,上海人民出版社,2008年。

渠敬东,《缺席与断裂:有关失范的社会学研究》,上海:上海人民出版社,1999年。

萨义德,E. W.:《东方学》,王宇根译,北京:三联书店,1999年。

——《世界·文本·批评家》,李自修译,北京:三联书店,2000年。

塞缪尔·亨廷顿:《文明的冲突与世界秩序的重建》,北京:新华出版社,1999年。

伤心人:《论中国国民创生于今日》,载《清议报》,1900年第67册(12月22日)。

社员:《孟子》,载《云南》,1907 年第 3 号(1 月 12 日)。

沈松侨:《国权与民权:晚清的"国民"论述,1895—1911》,台北:台湾中央研究院《历史语言研究所集刊》,2002 年第七十三本,第四分册。

沈原:《公民资格建设是"和谐社会"的基本依据》,载《社会学研究》,2007 年第 2 期。

施路赫特:《理性化与官僚化:对韦伯之研究与诠释》,顾忠华译,桂林:广西师范大学出版社,2004 年,第 5 页。

史和等(编):《中国近代报刊名录》,福州:福建人民出版社,1991 年。

宋建丽:《公民资格与正义》,北京:人民出版社,2011 年。

苏国勋:《理性化及其限制:韦伯思想引论》,上海:上海人民出版社,1988 年。

——《序言》,《韦伯作品集:新教伦理与资本主义精神》,桂林:广西师范大学出版社,2007 年。

苏珊·邓恩:《姊妹革命:美国革命与法国革命启示录》,上海:上海文艺出版社,2003 年。

太平洋客(欧渠甲):《新广东》,见张枬、王忍之编:《辛亥革命前十年间时论选集》第一卷,上册,香港:三联书店,1962 年。

托马斯·雅诺斯基:《公民与文明社会》,柯雄译,沈阳:辽宁教育出版社,2000 年。

王汎森:《从新民到新人:近代思想中的"自我"与"政治"》,见王汎森等:《中国近代思想史的转型时代:张灏院士七秩祝寿论文集》,台北:联经出版事业公司,2007 年。

王树愧:《清末翻译名词的统一问题》,见台湾中央研究院近代史研究所主编:《中央研究院近代史研究所集刊》,1969 年第 1 期。

王小章:《走向承认:浙江省城市农民工公民权发展的社会学研

究》，杭州：浙江大学出版社，2010年。

魏源：《弥利坚国即育奈士迭国总记》，《海国图志》第16卷，1843年。

吴康：《论吾国今日道德之根本问题》，《新潮》，1919年第1卷第2期（2月1日）。

狭间直树编：《梁启超·明治日本·西方：日本京都大学人文科学研究所共同研究报告》，北京：社会科学文献出版社，2001年。

肖滨、郭忠华、郭台辉：《现代政治中的公民身份》，上海：上海人民出版社，2010年。

夏瑞春（编），《德国思想家论中国》，陈爱政等译，南京：江苏人民出版社，1995年。

许纪霖：《现代中国思想的核心观念》，上海：上海人民出版社，2011年。

雅克·德里达：《马克思的幽灵》，何一译，北京：中国人民大学出版社，1999年。

亚里士多德：《政治学》，北京：商务印书馆，1997年。

易白沙：《我》，《新青年》，1916年第1卷第5号（1月15日）。

尤尔根·哈贝马斯：《重建历史唯物主义》，郭官义译，北京：社会科学文献出版社，2000年。

——《合法化危机》，刘北成，曹卫东译，上海：上海人民出版社，2000年。

——《包容他者》，曹卫东译，上海：上海人民出版社，2002年。

——《后民族结构》，曹卫东译，上海：上海人民出版社，2002年。

余音时：《现代儒学论》，上海：上海人民出版社，1998年。

余志森：《美国通史》第4卷，北京：人民出版社，2002年。

与之：《论中国现在之党派与将来之政党》，《新民丛报》，1906年第4年第20号（原第92号）（11月30日）。

易白沙：《我》，载《新青年》，1916 年第 1 卷第 5 号（1 月 15 日）。

约翰·洛克：《政府论》（下篇），北京：商务印书馆，1996 年。

亚当·斯密：《国民财富的性质和原因的研究》上卷，郭大力、王亚南译，北京：商务印书馆，1972 年。

亚里士多德：《政治学》，吴寿彭译，北京：商务印书馆，1997 年。

张灏：《梁启超与中国思想的过渡（1890—1907）》，南京：江苏人民出版社，1995 年。

张静：《身份认同研究：观念、态度、理据》，上海：上海人民出版社，2006 年。

张朋园：《梁启超与清季革命》，北京：吉林出版社集团有限责任公司，2007 年。

张枬、王忍之：《辛亥革命前十年间时论选集》第 2 卷（上册），北京：三联书店，1977 年。

周宁：《跨文化研究：以中国形象为方法》，北京：商务印书馆，2011 年。

周作人：《周作人全集》第 3 册，台中：蓝灯文化出版公司，1982 年。

邹容：《革命军》，北京：华夏出版社，2002 年。

张灏：《幽暗意识与民主传统》，北京：新星出版社，2006 年。

——《梁启超与中国思想的过渡（1890—1907）》，南京：江苏人民出版社，1995 年。

张玉法：《清末的立宪团体》，台北：中央研究院近代史研究所，1971 年。

周昌龙：《新思潮与传统：五四思想家史论集》，南昌：百花洲文艺出版社，2004 年。

周宁：《世界之中国：域外中国形象研究》，南京：南京大学出版社，2007 年。

——《跨文化研究：以中国形象为方法》，北京：商务印书馆，2011年。

茱迪·史珂拉：《美国公民权：寻求接纳》，上海：上海人民出版社，2006年。

# 后 记

从 2006 年最初接触到公民身份这一学术主题到 2007 年决定投身于公民身份研究,屈指算来,时间不觉已过去近 10 年。当决定正式研究主题后,我曾制定庞大的学术计划:一是组织翻译一套公民理论译丛;二是组织一系列关于公民身份的学术会议;三是出版一系列关于该主题的研究性论文和著作;四是组建关于公民身份的研究团队,出版《公民身份研究》专刊。之所以会形成如此庞大的学术计划,主要考虑到当时国内学术界对这于这一主题知之甚少,除个别学者做过简单的介绍外,国内学术界几乎很少人研究过这一主题。这种状况与西方公民身份研究形成强烈的反差。事隔近 10 年之后再来回望这一计划,有部分的欣悦,也有部分的失落。

先从高兴处开始说起吧。首先,在曹海军先生和吉林出版集团有限责任公司崔文辉先生的帮助下,由本人和肖滨教授共同主编的"西方公民理论书系"于 2007—2009 年陆续出版,该书系共 9 册,全部集中于公民身份主题,它将西方公民身份研究的重要著作介绍到中国,其中既包括公民身份的入门性著作(如《公民身份》、《何谓公民身份》等),也包括公民身份的专题性著作(如《公民身份:女性主义的角度》、《文化公民身份》等),尽管其中可能遗漏了许多重要著作,它还是使国内学者第一次有了全面了解公民身份主题的机会。这些著作与笔者主编(与刘训练教授共同主编)的《公民身份与社会阶级》等著作结合在一起，成为国内学者理解西方公民身份理论和研究状况的基本素材。

其次，在中山大学政治与公共事务管理学院以及国外诸多公民身份研究专家的帮助下，笔者先后组织召开"公民身份、公民社会：世界主义的挑战"、"东方社会的公民身份"、"东西之间的公民身份"等国际学术会议或者工作坊，John Keane、Philippe Schmitter、Gerard Delanty、Thomas Janoski、Dorothy Solinger 等著名学者先后参加会议，大大促进了中国学者与西方公民身份研究者之间的交流。尤其重要的是，这种合作还扩展到公民身份研究人才的培养。2013 年，笔者有幸与《公民身份研究》(Citizenship Studies) 期刊主编、英国开放大学公民身份研究中心教授 Engin F. Isin 共同主持"东方社会的公民身份"中英博士联合培养和科研合作项目，双方联合培养博士和博士后人员共 12 人。通过这些合作渠道，一个高度国际化的合作网络基本形成。

再次，在研究成果的呈现方面，经过近十年的笔耕不缀，笔者先后发表有关公民身份研究的学术论文近 30 篇，并且在《中国政治学刊》(Journal of Chinese Political Science) 等期刊上组织有关中国公民身份研究的专刊。同时，还先后出版《变动社会中的公民身份》（广东人民出版社，2011 年）、《现代政治中的公民身份》（与肖滨、郭台辉合著，上海人民出版社，2010 年），主编《中国公民身份：历史发展与当代实践》（格致出版社，2014 年）以及英文著作 Theorizing Chinese Citizenship (Lexington Books, 2015)。可以说，研究成果的国内和国际呈现已初见规模。

最后，在组建公民身份研究团队和出版《公民身份研究》专刊方面，尽管与国内同仁多有合作，但真正稳定而目标明确的研究团队的建立却仍需时日。同时，除在《中大政治学评论》《中国政治学年度评论》刊物上组织单期专刊外，真正连续性的《公民身份研究》期刊迟迟没有启动。相比之下，国际合作网络比国内合作网络似乎更加稳固和频繁。

多年来在这一领域摸爬滚打，感慨不可谓不多。首先，概念体系的中西接合问题。如本书第一、二章所展示的那样，citizenship 概念存在着丰富的涵义，它可以指成员身份、公民权利、公民义务、公民品德、公民行动、公民教育等一系列意思。西方研究者可以在 citizenship 这个统一的词汇下选择自己所要研究的要素，这不会带来太多交流上的障碍。但 citizenship 在中文语境下的情况却差异甚迥。目下，该概念被翻译为公民、公民权、公民身份、公民资格、公民权责、公民性等一系列不同的词汇，而作为其组成要素的 civil right 则被翻译为法律权利、民事权利、公民权利等，作为权利总体称谓的 citizenship right 被翻译为公民身份权利、公民权利、公民权等。Social citizenship、political citizenship 则被翻译为社会公民权或者政治公民权、社会公民身份或者政治公民身份等不同概念。毫无疑问，术语翻译的混乱已经严重影响到学术交流。尤其当学者们将 citizenship 翻译成"公民权"术语时，更是让人感到困惑，似乎这一术语所指的仅仅是"权利"——实际情况显然不是这样。同时，这种翻译方式也使其很难与作为该概念组成部分的 citizenship right 区分开来。笔者在研究过程中统一将 citizenship 翻译为"公民身份"，这种翻译尽管未必尽如人意，但却是权衡再三的结果——相关解释可参阅本书导论或者第一章的第一节。但对于对这一概念毫无知识的读者而言，它也同样可能带来问题，如仅仅把它理解为"身份证"、"国籍"等。可以预见，中国公民身份研究的进一步发展首先必须逾越概念上的障碍。

第二，本土公民身份的研究问题。时至今日，我深感中国已经超越了翻译和介绍的阶段，下一步的任务应当是如何立足中国实际，探究中国公民身份的状况，加强与西方学者对话的问题。可以断言，不论从产生方式、发展轨迹、公民教育、制度设计、行动方式、美德要求等哪个方面来看，中国公民身份都具有自身的特殊性。总结本土公民身份实践的经验和使之理论化，同时加强与西方公民身份研究的交流，应当是中国公民身份研究的下一阶段目标。但就目前的研究情况而言，关于中国公民观念起源和发展轨迹的研究几乎还是一片有待开垦的处女地，关于公民教育的研究主要停留在教育学领域，他们不仅很少意识到 citizenship 概念的存在，而且还深受意识形态的影响。关于公民身份制度的研究主要体现在对户籍制度的研究上，但从公民身份角度研究民族区域自治制度、少数民族问题、一国两制问题、公民权利的省域差异问题等，还极为有限。关于公民行动的研究近年来较为常见，但太多从社会抗争的角度进行研究，很少意识到社会抗争后面的公民身份意涵，从而无法对各种类型的抗争进行具有政治分量的提升。可以肯定，如果能将中国公民身份实践的各个领域进行充分挖掘，中国公民身份的丰富性将不亚于西方。

第三，公民身份研究的现实关怀问题。任何学术研究都必须具有现实投照点，一种缺乏关怀的学术无论多么深刻或者打动人心，最终都不可能长久。从目前的情况而言，公民身份研究在中国尽管是政治发展所必需，但在与现实接合的时候却显得困难重重。大凡有一点政治学常识的人或许都会同意，一个国家仅有国家主权、市场经济甚至是福利制度是不够的，它最终还必须是一个公民国家。公民国家并不就意味着公民对政府的不信任，并不就意味着公民对政府的夺权，并不就意味着公民与政府的对抗。一个理想的公民国家应当是既有公民对政府的授权和监督，又有对政府的信任和合作。公民国家就是政府与社会合作共治的国家。因为在这个被称作"风险社会"和"全球社会"的时代，政府不可能包揽一切，而公民社会也不可能置政府管理于不顾。道理尽管如此，公民身份的系列话语对于各级政府组织或者管理者来说却未必是可欲的词汇和观念。长期以来，他们在思想观念上对公民话语常怀戒备之心。这不仅使公民身份话语的普及面临现实困难，而且还使公民身份研究的空间受到挤压。可以相信，观念的变革不仅依赖于公民身份话语本身的"脱敏"，而且也依赖于公民身份研究者持之以恒的努力。

本书实际上是上述庞大学术计划中的一部分。2009 年在英国留学之时，笔者便酝酿写作公民身份研究著作上下卷：上卷交待公民身份理论的核心问题，下卷则交待中国公民身份的相关问题。当时已制定出详细的写作提纲，并计划以单篇论文的形式先写出大部分文稿，然后再整合为完整的著作。数年来，有关公民身份理论的论文的确写作了不下二十篇，但由于内容重复、思路调整或者现在看来完全就不满意等情况，最终能入选者不到一半，而且还涉及繁重的修改任务。除导论之外，本书凡12章，其中10章曾以论文形式发表在国内学术刊物上，有4章（本书的第八、九、十、十二章）则以篇章形式收录在笔者与肖滨、郭台辉教授共同著述的《现代政治中的公民身份》（上海人民出版社，2010年）一书中——对于熟悉该书的读者来说，对于那四章的阅读或许可以跳过，但笔者在收入本书时，已经进行过大量修改。之所以把该书中的部分章节应用于本书，原因在于写作它们的本意就是出于本书的框架设计，把它们纳入本书显得更加完整和连贯。还有一点必须交待的是，书中部分引文既存在中文版，又存在同一著作的英文版。这主要是由于笔者的资料分布所致。2014年，笔者在中山大学幸运地获得一间斗室作为办公室，当时把相当一部分资料搬至办公室，结果造成资料在办公室和居室的两地分布。笔者在修改各章节时，只能根据手边能够获得的资料版本进行修改。如果由此带来不便，我谨向读者致以歉意。我向我所指导的博士生练睿民同学表示由衷的感谢，他在本书的前期文字工作方面为我提供了大量的帮助。同时，我对中央编译出版社贾宇琰女士表示诚挚的谢意，其耐心细致的工作为本书增色不少。最后，我还要把这本书献给我的妻子王鹏艳女士，她给我提供的后方支持是本书得以完成的先决条件。

郭忠华

2015年仲夏于祈乐苑

### 图书在版编目（CIP）数据

公民身份的核心问题／郭忠华
著．—北京：中央编译出版社，2016.1
ISBN 978-7-5117-2936-1

Ⅰ．①公…
Ⅱ．①郭…
Ⅲ．①公民－研究
Ⅳ．①D032

中国版本图书馆 CIP 数据核字（2016）第 003157 号

### 公民身份的核心问题

出 版 人：刘明清
出版统筹：董　巍
策划编辑：贾宇琰
执行编辑：黄海明
责任编辑：韩继海
责任印制：尹　珺
出版发行：中央编译出版社
地　　址：北京西城区车公庄大街乙 5 号鸿儒大厦 B 座（100044）
电　　话：(010) 52612345（总编室）　　(010) 52612313（编辑室）
　　　　　(010) 52612316（发行部）　　(010) 52612317（网络销售）
　　　　　(010) 52612346（馆配部）　　(010) 55626985（读者服务部）
传　　真：(010) 66515838
经　　销：全国新华书店
印　　刷：山东鸿君杰文化发展有限公司
开　　本：787 毫米×1092 毫米　1/16
字　　数：278 千字
印　　张：22.5
版　　次：2016 年 1 月第 1 版第 1 次印刷
定　　价：85.00 元

网　　址：www.cctphome.com　　　邮　箱：cctp@cctphome.com
新浪微博：@中央编译出版社　　　　微　信：中央编译出版社（ID：cctphome）
淘宝店铺：中央编译出版社直销店(http://shop108367160.taobao.com)　(010)52612349

**本社常年法律顾问：北京嘉润律师事务所律师　李敬伟　问小牛**
凡有印装质量问题，本社负责调换，电话：(010) 55626985